DIE KLÜGSTEN
TIERE
DER WELT

DIE KLÜGSTEN TIERE DER WELT

DR. SALLY BOYSEN

UNTER MITARBEIT VON
DR. DEBORAH CUSTANCE

Bibliographische Information der
Deutschen Bibliothek

Die Deutsche Bibliothek verzeichnet diese Publikation in
der Deutschen Nationalbibliographie; detaillierte bibliographische Daten sind im Internet über http://dnb.ddb.de
abrufbar.

BLV Buchverlag GmbH & Co. KG
80797 München

Titel der englischen Originalausgabe:
The Smartest Animals On The Planet
Copyright © 2009 Quarto Publishing plc.

Deutsche Ausgabe:
© 2009 BLV Buchverlag GmbH & Co. KG, München

Das Werk einschließlich aller seiner Teile ist urheberrechtlich
geschützt. Jede Verwertung außerhalb der engen Grenzen des
Urheberrechtsgesetzes ist ohne Zustimmung des Verlags unzu-
lässig und strafbar. Das gilt insbesondere für Vervielfältigungen,
Übersetzungen, Mikroverfilmungen und die Einspeicherung
und Verarbeitung in elektronischen Systemen.

Senior Editor: Lindsay Kaubi
Lektorat englische Ausgabe: Claire Waite Brown
und Richard Rosenfeld
Layout: John Grain
Illustrationen: William Donohoe und
Malcolm Swanston
Umschlagfotos:
Vorderseite: H. Schmidbauer/Blickwinkel
Rückseite und Klappen: Quarto Publishing plc.

Übersetzung: Dr. Harald Gebhardt
Lektorat: Dr. Friedrich Kögel, Dr. Eva Dempewolf
Herstellung: Ruth Bost
DTP: Satz+Layout Peter Fruth GmbH, München

Printed in Singapore by
Star Standard Industries Pte Ltd
ISBN 978-3-8354-0528-8

INHALTSVERZEICHNIS

Vorwort	6
Über dieses Buch	7
Einführung	8

KAPITEL 1
Werkzeuggebrauch — 13

Spechtfinken sondieren mit Stöcken	14
Krähen angeln sich Festschmaus	16
Gefangene Krähen als begabte Werkzeugnutzer	20
Seeotter hämmern für eine Mahlzeit	24
Meeresschwämme als Schutzkissen	26
Nacktmulle schützen ihren Besitz	30
Warum Elefanten Fliegenwedel verwenden	32
Der Werkzeugkasten wilder Schimpansen	34
Wilde Schimpansen verwenden Speere	38
Sumatraner entwickeln Werkzeuge	40
Wilde Gorillas verblüffen Forscher	44
Wilde Kapuzineraffen passen ihren Werkzeuggebrauch an	48
Werkzeuginnovationen bei Kapuzineraffen	50
Werkzeuggebrauch bei Schimpansen in Menschenobhut	54

KAPITEL 2
Kommunikation — 61

Die Tanzsprache der Honigbienen	62
Ziesel achten auf Artgenossen	66
Die Warnrufe der Grünmeerkatzen	68
Paviane – Meister des Ausdrucks	70
Diana-Affen als Nachrichtensprecher	74
Schimpansen: Meister der Kommunikation	76
Erkennungs-Pfeiftöne bei Delfinen	80
Wale sind grandiose Sänger	84
Hören Elefanten mit den Füßen?	86

KAPITEL 3
Imitation und soziales Lernen — 89

Nachäffen?	90
Nachahmer im Dschungel	94
Ein Spatzenhirn funktioniert am besten	96
Die große Affendebatte	100
Affenkultur?	102

KAPITEL 4
Erkennen des Spiegelbildes — 107

Schimpansen sehen im Spiegel, wie sie ausschauen	108
Delfine bewundern sich selbst im Spiegel	114
Starren ist unhöflich – Gorillas schenken Spiegeln keinen zweiten Blick	116
Elefanten kapieren es – mit einem sehr großen Spiegel	120

KAPITEL 5
Tiere, die zählen — 125

Der Fall des »klugen Hans«	126
Man kann darauf zählen, dass Ameisen den Weg nach Hause finden	130
Löwen zeigen Talent zum Brüllen	132
Vögel: Die Zahlenjongleure	136
Ratten können zählen	138
Salamander lieben große Portionen	142
Schimpansenkinder lernen das Zählen	144

KAPITEL 6
Sprachstudien mit Tieren — 149

Kann man einem Schimpansen wirklich das Sprechen beibringen?	150
Wie ein Schimpanse die Zeichensprache lernte	152
Schimpansen und Menschen: Denken zwei große Gehirne ähnlich?	154
Frag einen Delfin, und du bekommst die richtige Antwort	156
Koko, der einzige Gorilla, der die Zeichensprache lernte	158
Ist er klug, oder plappert er nur Gehörtes nach?	160
Eine junge Schimpansin ordnet ihre Antworten	162
Ein Orang-Utan lernt Zeichen verwenden	164
Rocky, der Seelöwe mit logischem Denkansatz	166

KAPITEL 7
Kooperation und Altruismus — 169

Eine Hand wäscht die andere	170
Schimpansen versöhnen sich nach Auseinandersetzungen	172
Gähne, und die Welt gähnt mit – empathische Reaktionen	176
Eine Hundemahlzeit ist ein Gemeinschaftserlebnis	178
Zusammenarbeit – Teamwork oder eher zufälliges Zusammenwirken?	180
Affen lassen sich nicht über den Tisch ziehen	184

Glossar	186
Register	188
Bildnachweis	192

VORWORT

Mein Interesse an tierischer Intelligenz entstand aus meiner Liebe zu Tieren, als ich noch zur Grundschule ging. Ich war eine unersättliche Leserin und verschlang jedes Buch über Tiere, das ich in unserer örtlichen Bibliothek fand. Schon sehr früh wollte ich Tierärztin für Zootiere werden. Meine besondere Liebe galt den Menschenaffen – besonders Orang-Utans und Schimpansen. Dann aber hat mein erster Collegekurs in Tierverhaltensforschung alles verändert. Mir wurde klar, dass das Handeln der Tiere unendlich viel spannender ist als reine Tiermedizin, und ich wollte mehr darüber erfahren. Als Spezialgebiet wählte ich das Studium der kognitiven Leistungen von Schimpansen. Dieses schloss bestimmte Versuche zur Erforschung der numerischen Fähigkeiten von Schimpansen und ihr Verständnis für maßstabgetreue Modelle sowie die Möglichkeit ein, ihr Verständnis für kausale Zusammenhänge beim Werkzeuggebrauch nachzuweisen.

Selbst nach 35-jähriger Arbeit mit Schimpansen faszinieren mich ihr Verstand und ihr Verhalten noch genauso wie als Kind. Ich hoffe, mit diesem Buch beim Leser eine ähnliche Spannung zu erzeugen und die Neugier auf viele Tierarten zu wecken, die jede ihre eigenen, einzigartigen Fähigkeiten besitzt, die ihrerseits ein Maß an Intelligenz reflektieren. Bei einigen Tieren ist dies leicht zu erkennen. Etwas schwieriger wird es vielleicht bei den Fähigkeiten weiter von uns entfernter und weniger gut bekannter Arten. Dies erfordert mehr an tiefgründigen Überlegungen darüber, inwiefern der natürliche Lebensraum zu einem spezialisierten »klugen« Verhalten in einer besonderen Umgebung beigetragen haben kann. Und denken Sie immer daran: Was Sie hier lesen, ist lediglich ein Tropfen im Meer an neu entdecktem Wissen und bemerkenswerten Erkenntnissen über alle anderen klugen Tiere auf der Welt!

Dr. Sally Boysen

ÜBER DIESES BUCH

Dieses Buch ist in sieben Kapitel eingeteilt: Werkzeuggebrauch, Kommunikation, Imitation und soziales Lernen, Erkennen des Spiegelbildes, zählende Tiere, Tiersprache sowie Zusammenarbeit und Altruismus (Uneigennützigkeit). Jedes Kapitel betrachtet verschiedene Tierarten, die besondere Fähigkeiten und Begabungen auf diesen Gebieten gezeigt haben. Beschrieben werden auch die Methoden, die Forscher anwenden, um diese Anzeichen von Intelligenz ausfindig zu machen und einzuordnen.

EINFÜHRUNG
In der Einführung wird dargestellt, wie Wissenschaftler die Intelligenz bei Tieren definieren und untersuchen.

FASZINIERENDE TATSACHEN
Interessante Fakten zu den in diesem Buch aufgeführten Tieren liefern Hintergrundinformationen über deren Biologie.

KARTEN
Eine Verbreitungskarte zu jedem Beitrag zeigt, in welchen Gebieten auf der Welt die einzelnen Tierarten in der Natur leben.

SCHRITT-FÜR-SCHRITT-DIAGRAMME
Schritt-für-Schritt-Diagramme zeigen im Detail das Verhalten von klugen Tieren sowie die zu Untersuchungszwecken durchgeführten Experimente.

EINFÜHRUNG

WAS VERSTEHT MAN KONKRET UNTER DEN »KLÜGSTEN TIEREN DER WELT«, UND WIE KANN MAN DIE INTELLIGENZ VON TIEREN BEURTEILEN, WENN SICH DOCH WISSENSCHAFTLER KAUM ÜBER DAS WESEN MENSCHLICHER INTELLIGENZ EINIGEN KÖNNEN?

Menschliche Intelligenz spiegelt angeblich wider, was in einem Intelligenztest gemessen wird, und das ist von einer zufriedenstellenden Definition weit entfernt. Bei der Definition tierischer Intelligenz geht es mehr um den Vergleich einer Art mit einer anderen oder mit dem Menschen. Es scheint offensichtlich, dass ein Kapuzineraffe klüger ist als ein Grashüpfer. Man beachte dabei, dass der Vergleich auf Fähigkeiten basiert, die sich Affe und Mensch teilen. Vielleicht ist diese »artenfokussierte« Betrachtung unvermeidlich, da wir als Menschen natürlich am meisten mit unserem eigenen Verhalten vertraut sind. Aber was bedingt unser eigenes Denken und Verhalten bzw. unsere Intelligenz?

Tierische und menschliche Intelligenz

Nach gegenwärtigem Verständnis handelt es sich beim menschlichen Gehirn um einen ca. 1,4 kg schweren, außergewöhnlich komplexen, gelatinehaltigen Gewebeklumpen, der jeden Augenblick unseres Lebens bestimmt. Wir wissen, dass eine Reihe von neuronalen Mechanismen und Fähigkeiten zur Informationsverarbeitung uns ein enormes Potenzial für Lernen und Verhaltensflexibilität verschaffen. Einige Wissenschaftler glauben, dass sich unsere intellektuellen Fähigkeiten deutlich von denen anderer Spezies abheben und in vielerlei Hinsicht auf dem enormen Beitrag basieren, den Sprache und Kultur aufgrund individuellen Lernens geleistet haben. Andere sehen menschliche Intelligenz als Teil von dem, was Charles Darwin als »kognitives Kontinuum« bezeichnete, eine Verteilung von kognitiven Fähigkeiten und Komplexität, die sich bei allen Tierarten unterscheidet. Dies fängt mit dem kleinsten Einzeller an und erstreckt sich über das gesamte Tierreich. Tiere, die zu einem hoch entwickelten Grad von Lernen und komplexen Sozialstrukturen fähig sind, mit Möglichkeiten zur Zusammenarbeit, Altruismus und Aussöhnung, die Einfühlungsvermögen und Werkzeugverwendung aufweisen – wie bei Delfinen, Schimpansen und Menschen bekannt –, liegen am anderen Ende des Spektrums.

Es gibt auch Unterschiede unter Tieren, die dressiert werden können, komplexe Verhaltensweisen auszuführen. Beispielsweise können Hunde für eine behinderte Person Türen öffnen oder

CLEVERE KAPUZINERAFFEN
Kapuzineraffen gelten als eine der intelligentesten Affenspezies. Sie wurden beim Werkzeuggebrauch beobachtet und zeigen zudem eine Art »Fairness«.

Gegenstände apportieren. Hunde wurden über Hunderte von Generationen domestiziert und selektiv von Menschen auf ein bestimmtes Sozialverhalten und ihre Lernfähigkeit gezüchtet. Diese außerordentliche Lernfähigkeit verbunden mit einem hohen Grad von Geselligkeit mit Menschen können sie wirklich intelligent erscheinen lassen. Genau genommen ist es freilich die Kombination aus ihrer Willigkeit zur Dressur und ihrer genetisch ausgeprägten Bereitschaft, einen Trainer zufriedenzustellen, die zu solchen Fertigkeiten führt.

Menschenaffen

Menschenaffen kommen dem Menschen in Bezug auf die Fähigkeit, Probleme zu lösen, und hinsichtlich kognitiver Flexibilität sehr nahe. Der Schimpanse ist die uns am nächsten stehende Primatenspezies: Über 98 Prozent seines genetischen Materials bzw. der DNA stimmen mit der des Menschen überein. Weil wir vor nur fünf oder sechs Millionen Jahren einen gemeinsamen Vorfahren hatten – ein wirklich kurzer Zeitraum in der Evolutions- und Erdgeschichte –, ist diese enorme Überschneidung nicht verwunderlich. Diese Merkmale schließen anatomische, physiologische, morphologische, neurologische und Verhaltensähnlichkeiten ein, inklusive der Fähigkeit, zu lernen und Probleme zu lösen, die charakteristisch für die Affenabstammung sind. So kann etwa Werkzeugherstellung und -gebrauch sowohl bei Menschen als auch bei Schimpansen beobachtet werden. Aber während unsere eigene Kultur beide Fähigkeiten immens weiterentwickelt hat, blieb die Verwendung und Konstruktion von unterschiedlichen Werkzeugen bei verschiedenen Schimpansengemeinschaften im äquatorialen Zentral- und Westafrika auf einem sehr niederen Niveau.

Vergleichende Wahrnehmung

Wir haben Themen ausgewählt, die einen weiten Bogen über das Entwicklungsfeld von Tieren oder der vergleichenden Wahrnehmung schlagen. Dies beinhaltet eine große Vielfalt an Arten, Methoden, Themen und wissenschaftlichen Fragen, die Einblicke in die möglichen Gedanken und die Intelligenz von anderen Tieren ermöglichen. Die Kapitel dieses Buches können freilich nur einen Teil der außergewöhnlichen Ansätze und Fragen und nur einige der bedeutenden bahnbrechenden Studien berühren, die diese wichtige neue Disziplin vorangetrieben haben.

Aufgrund unserer eigenen Geschichte der Werkzeugherstellung und -verwendung überrascht es nicht, dass Vergleiche mit anderen Tieren, die Gegenstände – v.a. für den Nahrungserwerb – benutzen, von großem Interesse für Forscher aus vielen Disziplinen sind. So zeigen Anthropologen, Linguisten, Psychologen, Biologen und Philosophen enormes wissenschaftliches Interesse an der Entwicklung der menschlichen Sprache, insbesondere an Studien über tierische Kommunikation und Vokalisation.

Den gleichen Nerv treffen die bemerkenswerten Studien über das Erlernen der Zeichensprache und anderer künstlicher Sprachsysteme durch eine Anzahl von Schimpansen, einen Orang-Utan und einen Gorilla in den letzten 40 Jahren. Diese Studien haben viele Ähnlichkeiten hinsichtlich gegenständlicher Symbolverwendung und dem Verständnis enthüllt, das zwischen diesen Spezies und dem Menschen herrscht. Die experimentelle Forschung zur Erkennung des eigenen Spiegelbildes bei Affen, Delfinen, Elefanten und inzwischen sogar bei Elstern fordert unser Verständnis für andere intelligente Wesen heraus, was es im Hinblick auf das Selbstverständnis bedeutet, ein Schimpanse oder ein Delfin zu sein.

KEIN SPATZENHIRN
Papageien sind für die Nachahmung menschlicher Sprache bekannt. Studien an Afrikanischen Graupapageien haben gezeigt, dass sie die menschliche Sprache tatsächlich benutzen und verstehen können.

KLUGE SCHWIMMER
Delfine stehen in dem Ruf, intelligent zu sein, und legen viele »kluge« Verhaltensweisen an den Tag. So sind sie etwa in der Lage, sich in einem Spiegel zu erkennen.

KAPITEL 1
WERKZEUG-GEBRAUCH

Lange Zeit nahm man an, dass der Me[nsch] die einzige Spezies ist, die Werkzeuge herstellt und benutzt. Wie die folgende[n] Seiten zeigen, könnte nichts weiter vo[n] der Wahrheit entfernt sein. Mehr und mehr Beweise zeugen von der Findigk[eit] frei lebender und in Menschenobhut befindlicher Tiere, die Materialien aus ihren Lebensräumen als Werkzeuge n[ut]zen, um ihre Kraft, Reichweite, Stand– haftigkeit und andere körperliche Fäh[ig]keiten im Überlebenskampf zu erhöhe[n]. Meeressäuger, Vögel, Elefanten und natürlich (Menschen-)Affen – sie alle stellen Werkzeuge her und benutzen s[ie] zur Futtersuche, zur Jagd oder um si[ch] schützen. Einige Verhaltensweisen we[rden] eindeutig erlernt, andere scheinen ins[tink]tiv gesteuert, aber alle sind erstaunlic[h]

SPECHTFINKEN SONDIEREN MIT STÖCKEN

SPECHTFINKEN AUF DER GALAPAGOSINSEL SANTA CRUZ BENUTZEN STÖCKE UND KAKTUSDORNEN ALS SONDIERWERKZEUGE IN DEN TROCKENEREN KLIMATEN AUF DER INSEL. ANDERS DIE FINKEN, DIE IN IMMERGRÜNEN WÄLDERN LEBEN, WO SIE REICHLICH NAHRUNG FINDEN.

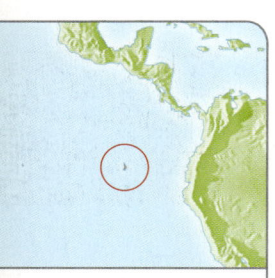

VERBREITUNG
Galapagosinseln, südwestlicher Pazifik

Obwohl sehr viele Informationen über Werkzeuggebrauch bei den verschiedensten Tierarten vorliegen, haben nur wenige Studien substanzielle Beweise für die ökologische Bedeutung der Werkzeugverwendung erbracht. Empirische Untersuchungen an einer Vogelart, dem Spechtfinken, der auf der Galapagosinsel Santa Cruz vorkommt, gehören zu den Ausnahmen. Bei anderen Vögeln, darunter Schmutzgeier, Mangrovereiher, Seidenlaubenvögel und Neukaledonische Krähen, beobachtete man gelegentlichen Werkzeuggebrauch. Allerdings dachte man, dass sich die Werkzeugverwendung beim Spechtfinken als Reaktion auf die trockenen und unberechenbaren Lebensräume auf Santa Cruz entwickelt hat. Der Spechtfink ist eine von 13 verbliebenen der ursprünglich 15 Spezies, die Charles Darwin während seiner Reise mit der HMS Beagle erforschte.

Ein Bericht über zwei Klimate

Spechtfinken wurden dabei beobachtet, wie sie Zweige oder Kaktusdornen benutzen, um Insekten aus Spalten und Baumhohlräumen zu holen. Die Verwendung dieser Werkzeuge erlaubt ihnen, an besonders große, andernfalls unerreichbare Beute zu gelangen. Um den potenziellen Beitrag zu ermitteln, den eine Werkzeugverwendung für die Spechtfinken haben könnte, verglich ein Forschungsteam verschiedene Populationen von Finken, die zwei unterschiedliche Klimazonen bewohnen. Beide Zonen wurden sowohl während der nassen Jahreszeit als auch während der Trockenzeit untersucht. Man stellte die Hypothese auf, dass die beiden Finkengruppen Unterschiede in der Quantität des Werkzeuggebrauchs sowohl hinsichtlich der Jahreszeiten als auch der Klimate zeigen würden.

Bei der ersten Klimazone handelt es sich um ein arides, in Küstennähe gelegenes und aus Halbwüste und offenem Baldachinwald bestehendes Gebiet mit zwei Kaktusformen sowie Laub abwerfenden Bäumen und Büschen. Die zweite Klimazone ist die sogenannte Scalesia, ein höher gelegener, immergrüner, üppiger Nebelwald, der üblicherweise während des ganzen Jahres feucht ist.

Für die aride Zone mit eher begrenztem Nahrungsangebot ergaben sich zwei Voraussagen: 1) Die Finken sollten hier eine häufigere Werkzeugverwendung zeigen. 2) Es sollte während der Trockenzeit – wenn die Ressourcen noch weiter eingeschränkt sind – eine noch gesteigerte Werkzeugverwendung zu beobachten sein.

Da die Vögel an Inseltouristen gewöhnt sind, konnten die Wissenschaftler ihre Beobachtungen aus nächster Nähe, aus weniger als 10 m Entfernung, vornehmen. Deshalb war es möglich, die Beutestücke zu identifizieren. Zudem waren Beurteilungen der Beutegröße möglich, da die durchschnittliche Schnabelgröße der Spechtfinken bekannt ist.

Werkzeuggebrauch wurde definiert als das Einführen eines mit dem Schnabel gehaltenen kleinen Zweiges oder Kaktusdorns in einen Riss oder Spalt in der Baumborke. Außerdem wur-

SONDIEREN NACH FUTTER
Spechtfinken benutzen kleine Zweige oder Kaktusdornen, die auf Santa Cruz in ariden Gebieten vorkommen, um damit in Spalten oder unter Blättern, Flechten und Moosen sowie in der Borke von toten oder lebenden Bäumen nach Insekten und anderer Beute zu stochern.

> **Siehe auch**
> Wilde Schimpansen verwenden Speere, *Seite 38*

den einige Verhaltensweisen als Sondierungsaktionen der Vögel eingestuft. Bei diesen handelt es sich um: 1) den Schnabel in Moos oder eingerollte Blätter stecken; 2) das Wegschlagen von Borke mit dem Schnabel als Schlagwerkzeug; 3) das Auflesen von Beute direkt von der Substratoberfläche; 4) das Picken mit dem Schnabel; 5) das »Beißen« in Blattoberflächen. Diese Beobachtungen wurden gemacht, wenn die Vögel in Moos, Blättern, in der Borke von Totholz und an Flechten Futter suchten.

Wähle dein Werkzeug weise

Es stellte sich heraus, dass die Finken die unterschiedlichen Nahrungsgrundlagen beider Klimazonen nutzen, sowohl in der trockenen als auch in der feuchten Jahreszeit jeder Zone. Größtenteils suchten sie in der feuchten Jahreszeit in der Scalesia-Zone Futter in Moosen, während sie in der trockenen Jahreszeit Borke bevorzugten. Die Finken der ariden Zone wählten bei der Nahrungssuche zuerst die Borke, obwohl diese dort viel schwieriger zu bearbeiten ist als in der Scalesia-Zone. Zweitens forschten sie in Baumhöhlen. Während der nassen Jahreszeit suchten die Vögel in der ariden Zone in der Borke, aber auch zwischen Flechten, Blättern und Früchten nach Futter und forschten in Baumhohlräumen nach Fressbarem. Eine Auswertung der Menge des mittels Werkzeugeinsatz gewonnenen Futters ergab, dass 50 Prozent der Beute durch extrahierendes Futtersuchen der Finken, die in der ariden Zone ansässig sind, erzielt wurde.

KRÄHEN ANGELN SICH FESTSCHMAUS

VERBREITUNG
Neukaledonien, südwestlicher Pazifik

FRÜHER GING MAN DAVON AUS, DASS NUR MENSCHENAFFEN MANNIGFALTIGE WERKZEUGARTEN STÄNDIG BENUTZEN. INZWISCHEN MÜSSEN AUCH DIE KRÄHEN NEUKALEDONIENS AUF DIE LISTE DER TIERE GESETZT WERDEN, DIE EINE REIHE VON WERKZEUGTYPEN EINSETZEN. SIE BEARBEITEN STÖCKE, ZWEIGE UND TEILE VON BLÄTTERN, UM DAMIT EINE HILFE FÜR DIE NAHRUNGSBESCHAFFUNG ZU ERHALTEN.

Die Familie der Rabenvögel schließt wilde Krähen, Elstern, Dohlen, Saatkrähen und Raben ein. Diese sind seit Langem für ihre kreativen Verhaltensweisen als Beleg für ihre hohe Intelligenz bekannt. Wissenschaftler haben kürzlich systematische Beobachtungen an Krähen durchgeführt, die endemisch für Neukaledonien sind, einen etwa 1500 km von Australien entfernten Archipel. Dort hat der Werkzeuggebrauch von Krähen Eingang in die Folklore der Aborigines gefunden. Wissenschaftler entdeckten ein bemerkenswertes Spektrum an Werkzeugen, die diese Vögel benutzen: Zweige, Teile von Blättern der Pandanuspflanze, gemauserte Krähenfedern, Blattstiele und sogar geborgene Kartonstücke.

Form und Anwendung

Die Krähen benutzen Werkzeuge, die sich drei Kategorien zuordnen lassen: a) gerade Stöcke oder Blattstängel, b) hakenförmige Zweige oder Kletterpflanzen sowie c) abgerissene Stücke von den Blättern des Pandanusbaums. Die Form dieser Blattwerkzeuge kann in Neukaledonien lokal variieren, und sie finden sich in bestimmten Krähengemeinschaften, d. h. die Techniken könnten unter den Krähen einer Gruppe durch Imitation und empirisches Lernen übermittelt werden, was eine primitive Art von Protokultur darstellt.

Die Stock-, Haken- und Blattwerkzeuge werden benutzt, um Raupen aus Baumstämmen zu ziehen. Jüngste, detaillierte Beobachtungen zeigen, wie die Vögel einen hakenförmigen Zweig und Werkzeuge mit Widerhaken herstellen: Ein hakenförmiger Zweig wird von einem größeren Ast gebrochen und Borke und Blätter werden entfernt. Die Krähe arbeitet dann damit, indem sie den kleinen Haken am Zweigende mit dem Schnabel festhält. Werkzeuge mit Widerhaken werden entlang der Ränder von Blättern

WIE ANDERE VÖGEL WERKZEUGE VERWENDEN

Nur bei wenigen weiteren Vogelspezies findet man eine ähnliche Art von Werkzeuggebrauch: Der Spechtfink benutzt Stockwerkzeuge (siehe S. 14); Hyazinth-Aras verkeilen mit Holzsplittern oder Blättern die Nüsse, um sie besser spalten zu können, und Schmutzgeier lassen Steine auf Straußeneier fallen.

Siehe auch
Der Werkzeugkasten wilder Schimpansen, *Seite 34*

ANGEBORENES VERHALTEN
Jüngste Studien an gezüchteten Krähen zeigen, dass die Vögel im Alter von etwa zweieinhalb Monaten spontan mit der Werkzeugnutzung beginnen, auch wenn sie niemals erwachsene Krähen oder Menschen beim Werkzeuggebrauch beobachtet haben.

NACH MASS GEFERTIGT

Neukaledonische Krähen verarbeiten vielfältige Materialien zu Werkzeugen, die sie als Sonden benutzen, um in Totholz oder lebenden Bäumen nach Raupen zu suchen. Dieselben Werkzeuge werden oft mehrfach an unterschiedlichen Stellen benutzt. Wilde Krähen sind einmalig unter den Vogelarten hinsichtlich ihrer variationsreichen und systematischen Vorgehensweise bei der Verarbeitung von Zweigen und Blättern zu funktionstüchtigen Werkzeugen.

Eine lokale Briefmarke rühmt die Neukaledonische Krähe als eines der bemerkenswertesten und einfallsreichsten Geschöpfe.

Ein Blatt des Pandanusbaumes wird abgetrennt, um ein konisches Werkzeug mit Widerhaken entlang des unbearbeiteten Randes anzufertigen.

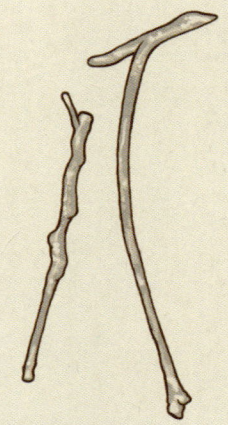

Zweige werden abgebrochen und dann von der Borke befreit.

Die Fahnen von langen Federn werden entfernt und Federkiel und Federschaft für die Untersuchung benutzt.

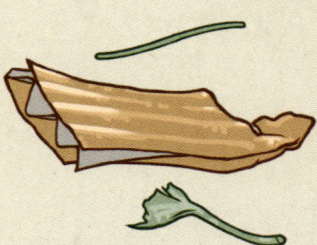

Blattstängel- und Kartonwerkzeuge

WERKZEUGGEBRAUCH

des Pandanusbaumes abgetrennt, um ein konisches, spitzes Werkzeug mit Widerhaken zu schaffen.

Krähen benutzen Werkzeuge sowohl an abgestorbenen als auch an lebenden Bäumen, und sie suchen zahlreiche Stellen am gleichen Baum ab. Dabei verwenden sie Werkzeuge in mannigfaltiger Weise: Rasche Bewegungen kommen zum Einsatz, wenn sich die Beute unter Blättern verkriechen möchte, während langsame bevorzugt werden, wenn Nahrung aus einem kleinen Loch geangelt werden soll oder vor dem Fang nicht sichtbar ist.

Die Krähen nehmen ihr Werkzeug oft zu einem neuen Platz mit und halten es während des Fressens mit den Füßen fest, um es später wieder benutzen zu können. Fast unglaublich ist die Entdeckung, dass Neukaledonische Krähen die funktionalen Anforderungen eines Werkzeugs für einen bestimmten Suchzweck zu erkennen scheinen. Darüber hinaus sind sie die erste Spezies, die Haken als Werkzeug einsetzt. Außerdem ähneln sich die Werkzeugtypen bei verschiedenen Krähengruppen ausreichend, um eine Art Standardisierung annehmen zu lassen, d. h. die Krähen fertigen für unterschiedliche Verwendungszwecke unterschiedliche Werkzeuge an.

Gefangenschaftsstudien

Da Krähen in freier Natur äußerst schwer zu beobachten sind, wurden kürzlich Studien zur Entwicklung des Werkzeuggebrauchs bei handaufgezogenen Vögeln durchgeführt und dokumentiert (siehe S. 20). In einem Fall bekamen zwei Jungkrähen täglich die

KRÄHEN ANGELN SICH FESTSCHMAUS

Verwendung eines Stockwerkzeuges durch einen menschlichen Lehrer vorgeführt, der damit Nahrung aus beköderten Löchern und Spalten herausholte. Der Lehrer demonstrierte nur, wie man das Werkzeug benutzen kann, aber nie, wie man ein derartiges Hilfsmittel anfertigt. Zwei andere Jungkrähen erfuhren die gleiche menschliche Zuwendung und Unterbringung, wurden aber nie Zeuge einer Werkzeugverwendung. Im Alter von 79 Tagen setzten alle vier Vögel Stockwerkzeuge ein, um damit angeköderte Nahrung aus Spalten zu holen. Die Verwendung von Werkzeugen hatte sich spontan entwickelt. Bei keinem Vogel gab es einen Unterschied beim Starten mit dem Werkzeuggebrauch, was darauf hindeutet, dass dafür eine genetische Grundlage existieren könnte.

Aus ihren Beobachtungen leiteten die Wissenschaftler auch ab, dass die Krähen, bevor sie Zweigwerkzeuge richtig einsetzen, den Umgang damit üben. In einer Art »Untersuchung vortäuschen« hielten die Vögel einen Zweig im Schnabel und bewegten den Kopf vor und zurück gegen ihre Sitzstange. Die gesamten Bewegungsabläufe waren Krähen sehr ähnlich, die man beim Gebrauch von Stockwerkzeugen in der freien Wildbahn beobachtet hat. Dieses Üben ist für die Krähen notwendig, damit sie ihre Geschicklichkeit im Werkzeuggebrauch vervollkommnen können – so, wie jemand einen Tennisaufschlag oder den Golfabschlag trainiert. Es scheint, dass gewisse Verhaltensmuster der Werkzeugverwendung bei Krähen vererbt sind und die Vögel ihre Geschicklichkeit durch soziales Lernen und Erfahrung perfektionieren.

FAMILIENLEBEN
Neukaledonische Krähen leben in Familiengruppen und verspeisen als Allesfresser viele unterschiedliche Nahrungsarten. Diese schließen zahlreiche Spezies von Insekten und Wirbellosen ein, zudem einige Nuss- und Samenarten, Eier, Nestlinge und Schnecken. Letztere lassen die Vögel aus der Höhe auf Felsen fallen.

GEFANGENE KRÄHEN ALS BEGABTE WERKZEUGNUTZER

VERBREITUNG
Neukaledonien, südwestlicher Pazifik

EXPERIMENTE MIT GEFANGENEN NEUKALEDONISCHEN KRÄHEN HABEN UNSER VERSTÄNDNIS FÜR DEREN FÄHIGKEIT ZUM WERKZEUGGEBRAUCH IMMENS ERWEITERT.

LEISTUNGSFÄHIGKEIT BEIM LERNEN
Versuche mit in Menschenobhut befindlichen Neukaledonischen Krähen beweisen, dass sich Werkzeugherstellung und erfolgreicher Werkzeugeinsatz spontan entwickelt haben.

Aufgrund von Berichten zur innovativen Werkzeugverwendung bei Neukaledonischen Krähen in ihrem natürlichen Lebensraum waren Wissenschaftler begierig, diese Fähigkeiten unter kontrollierten, experimentellen Bedingungen zu erforschen. Unter Verwendung von Gefangenschaftsbruten wurde eine Serie von einmaligen Versuchen durchgeführt, die den Krähen ein tiefer gehendes und flexibles Leistungsvermögen bei der Werkzeugbenutzung bescheinigt hat.

Bisherige Beobachtungen in der freien Natur belegten, dass diese Vögel in der Lage sind, verschiedene Werkzeugarten zu benutzen, um sich unterschiedliche Nahrungsquellen zu erschließen. Studien mit Gefangenschaftsvögeln ermöglichen jedoch weitaus strengere Testbedingungen bei Aufgaben und mit Materialien, auf die wilde Krähen niemals treffen würden. Das in diesen Versuchen aufgedeckte Geschicklichkeitsniveau bescheinigte Neukaledonischen Krähen einmalige Fähigkeiten im Vergleich mit anderen Vogelspezies. Lediglich bei Menschenaffen – besonders Schimpansen – und Menschen findet man eine ähnliche Flexibilität und einen erheblichen Einfallsreichtum bei der Verwendung von Werkzeugen.

Eine Forschungsgruppe der Oxford-Universität wollte herausfinden, ob die Krähen die den Aufgaben innewohnenden Beziehungen verstanden, d. h. welcher Werkzeugeinsatz zur Problemlösung erforderlich ist. Erkennen Neukaledonische Krähen wirklich, was erforderlich ist, um eine Futterbelohnung in einem speziellen Experiment zu erlangen? Wäre es möglich, eine Testsituation zu schaffen, die mehr darüber enthüllen würde, wie die Vögel schlussfolgern (sofern sie überhaupt schlussfolgern), um

Siehe auch
Krähen angeln sich
 Festschmaus, *Seite 16*
Der Werkzeugkasten wilder
 Schimpansen, *Seite 34*

sich den schmackhaften Leckerbissen zu holen, den die Experimentatoren außerhalb ihrer Reichweite platziert haben?

Inhärentes Verhalten

Ein guter Ausgangspunkt zum Verständnis des Werkzeuggebrauchs bei Neukaledonischen Krähen war es, die Geschicklichkeitsentwicklung bei sehr jungen Vögeln über einen bestimmten Zeitraum zu studieren. Dabei war wichtig, dass die jungen Krähen keine Gelegenheit hatten, andere Krähen bei der Werkzeugbenutzung zu beobachten. Nur so ließ sich feststellen, wie die Vögel auf Werkzeugmaterialien reagieren, die ihnen erstmalig und allein zur Verfügung stehen. Ein weiterer Test zur Frage, wie die Krähen die Werkzeugverwendung lernen, war ebenfalls vorgesehen: Eine Hälfte der jungen Vögel sah niemals irgendeine Art von Werkzeuggebrauch bei anderen Krähen oder ihren menschlichen Pflegern. Die andere Hälfte der Jungvögel erhielt tägliche Vorführungen durch ihre menschlichen Zieheltern, die ihnen den richtigen Einsatz von Zweigen als Sonden zeigten.

Trotz dieser Unterschiede zeigten alle Jugendkrähen im Alter von rund drei Monaten die Fähigkeit, Zweige als Sonden einzusetzen. Diese Ergebnisse stützen die Vermutung, dass sich die Werkzeugverwendung bei Neukaledonischen Krähen spontan entwickelt. Außerdem wiesen alle Vögel vorher Ansätze einer Werkzeugnutzung auf, beispielsweise »einen Zweig im Schnabel halten« und das »Vor- und Zurückbewegen der Köpfe« – beides Verhaltensweisen, die für einen erfolgreichen Werkzeuggebrauch notwendig sind. Diese Beobachtungen lassen den Schluss zu, dass die Vögel mit Verhaltensneigungen geboren werden, die eine Werkzeugnutzung unterstützen.

Ein Problem mit Werkzeugen lösen

Wissenschaftler waren auch interessiert, herauszufinden, ob Krähen Werkzeuge tatsächlich für das Lösen bestimmter Aufgaben benutzen. Durch Veränderung der Aufgabenstellung und der verfügbaren Materialien wollten die Forscher erfahren, ob die Krähen flexible Werkzeugnutzungsfähigkeiten zeigen. Um diese These zu überprüfen, wurden in Gefangenschaft geborene, erwachsene Krähen individuell mit Aufgaben konfrontiert. Dabei war die Verwendung eines bestimmten Werkzeugtyps nötig, um eine Futterbelohnung zu erhalten, die außerhalb ihrer Reichweite lag. Zum Beispiel benutzten die Vögel ohne Weiteres Stöcke oder andere Untersuchungswerkzeuge, um Futter – das von den Experimentatoren versteckt worden war – aus Spalten oder Löchern zu holen. Dabei reproduzierten sie die Typen eines natürlichen Zweiggebrauchs wie bei wilden Krähen beobachtet. Auch wenn größere Anforderungen gestellt wurden, waren die Vögel erfolgreich. Eine Krähe namens Betty wurde sogar beim Biegen eines Drahthakens beobachtet, mit dem sie anschließend einen winzigen Eimer mit Futter aus einem durchsichtigen Plastikrohr zog. Obwohl diese Art der Werkzeugherstellung nur unter Laborbedingungen stattfand, kann daraus geschlossen werden, dass Neukaledonische Krähen mit flexiblen Verhaltensweisen reagieren und Schlussfolgerungen für eine bestimmte Problemlösung ableiten können.

DAS STOCK-UND-ROHR-RÄTSEL

Das Stock-und-Rohr-Rätsel war ursprünglich entwickelt worden, um den Werkzeuggebrauch bei Primaten zu untersuchen. Nur die Menschenaffen und Kapuzineraffen haben durchweg die Lösung geschafft. Niemand hatte erwartet, dass es ein Vogel lösen könnte – doch Betty hat es gemeistert.

1| Ein Futterbrocken wird bis zur halben Länge in ein durchsichtiges, waagerechtes Rohr geschoben. Im Vordergrund liegt ein Sondierstock.

GEFANGENE KRÄHEN ALS BEGABTE WERKZEUGNUTZER

BETTYS ERFINDUNG

Betty, eine erwachsene weibliche Krähe, holt einen Eimer mit Futter vom Boden eines durchsichtigen Rohres herauf. Sie benutzt dazu ein Stück Draht, das sie zu einem einfachen Haken biegt, indem sie den Draht in ein Loch in der Käfigwand einfügt und ihn in eine Richtung drückt. Sie wurde von ihren menschlichen Pflegern nicht dressiert, dies zu tun, sondern erfand die Vorgehensweise ganz von allein. Dies zeigt, dass Betty nicht nur zur Verwendung, sondern auch zur Herstellung von Werkzeugen fähig ist.

1| Ein kleiner Eimer mit Futter wird außerhalb der Reichweite des Schnabels am Boden eines durchsichtigen Rohres platziert. Betty nimmt ein Stück geraden Draht und biegt ihn zu einem einfachen Haken.

2| Sie führt den Draht ins Rohr ein und hakt ihn unter dem gebogenen Henkel des Eimers fest.

3| Betty hebt den Eimer mit dem Drahthaken aus dem Rohr.

4| Sobald Betty den Eimer gehoben hat, kann sie ihre Futterbelohnung kassieren.

2| Um das Futter zu erreichen, muss Betty den Stock in ein Ende des Rohres einführen und den Brocken aus dem anderen Ende stoßen.

3| Betty hat das Stock-und-Rohr-Rätsel erfolgreich gelöst und schnappt sich die Futterbelohnung.

SEEOTTER HÄMMERN FÜR EINE MAHLZEIT

SEEOTTER SIND GESCHICKTE GESCHÖPFE, DIE DIE IN IHRER UMGEBUNG REICHLICH VORHANDENEN STEINE ALS WERKZEUG NUTZEN. DAMIT GELINGT DER ZUGRIFF AUF VIELE NAHRUNGSARTEN, DIE ANSONSTEN UNERREICHBAR WÄREN.

VERBREITUNG
Küsten des nördlichen und östlichen Nordpazifiks

Seeotter, die kleinsten Meeressäuger, verbringen einen guten Teil des Tages mit der Suche nach Schalentieren und anderer verfügbarer Beute aus den Gewässern des Pazifischen Ozeans vor der Westküste der Vereinigten Staaten, von Kalifornien bis nach Alaska. Und sie verwenden Steine, die sie auf ihrem Bauch platzieren, um die Schalentiere aufzubrechen. Dies erlaubt ihnen, Nahrungsressourcen zu erschließen, auf die andere Spezies der gleichen ökologischen Nische nicht zugreifen können. Folgerichtig kann die Fähigkeit der Seeotter zum Werkzeuggebrauch wesentlich zu ihrer Gesundheit und zum Überleben beitragen.

Doppelter Verwendungszweck

Niemand weiß genau, wann Seeotter begannen, Werkzeuge zu gebrauchen, um an ihre Mahlzeit heranzukommen. Heute setzen sie Steine jedenfalls in zweierlei Hinsicht höchst effizient ein: Zum einen benutzen sie die Steinoberfläche als einen Amboss, gegen den sie Schalentiere schmettern oder schlagen. Aber sie verwenden auch Steine als Hammer, um Tiere von felsigem Untergrund unter Wasser zu entfernen.

Der Prozess des Werkzeuggebrauchs beim Seeotter ist eine bemerkenswerte Abfolge von Tätigkeiten: Nachdem er zum Ozeanboden getaucht ist, packt der Otter seine Beute und sucht nach einem Stein, den er unter seinen Arm steckt. Die Achselhöhlen eines Otters sind beutelartig und insofern ein perfekter »Werkzeugkasten«. Mit der im Maul gehaltenen Beute schwimmt der Otter zur Wasseroberfläche und dreht sich dort auf den Rücken. Er deponiert den Stein auf seinem Bauch und schlägt die Muschel oder den Seeigel gegen den Stein. Die harte Oberfläche des Steins dient also als Amboss, und seine schwimmhäutigen Pfoten und Klauen erlauben einen festen Griff, wenn er seinen Fang aufhämmert. Otter haben einen äußerst hohen Stoffwechsel und müssen täglich das Äquivalent von 30 Prozent ihres Körpergewichts an Nahrung aufnehmen, um ihre Körpertemperatur aufrechterhalten zu können. Da die Beute von Seeottern einen sehr hohen Proteingehalt aufweist, verschaffen sie sich mit jedem Schalentier eine gute Nahrungsgrundlage.

SEEOTTER ALS ÖKO-KRIEGER

Einige Tiere, die auf dem Speiseplan des Otters stehen, wie z. B. Seeigel, können äußerst schädlich für die Seetangwälder im Ozean sein. Die Seetangbestände dienen Schnecken und Fischen als Futter und stellen für viele Spezies schützende Unterstände dar. Otter sorgen durch das Verspeisen von Seeigeln dafür, dass die Seetangwälder und die von ihnen abhängigen Arten gedeihen. Dies hilft, das ökologische Gleichgewicht für alle Arten aufrechtzuerhalten

KNACKIGER SNACK

Seeotter sind die einzigen Meeressäuger, die Steine als Werkzeug benutzen.

Ein kalifornischer Seeotter lässt sich auf dem Rücken treiben und balanciert einen Stein auf seinem Bauch, auf dem er Krebse, Venusmuscheln und andere Meeresfrüchte knacken wird, sobald sich die Gelegenheit ergibt.

Siehe auch
Der Werkzeugkasten wilder Schimpansen, *Seite 34*
Wilde Kapuzineraffen passen ihren Werkzeuggebrauch an, *Seite 48*

UNTERMEERISCHE TAUCHGÄNGE

Mit 14–15 kg sind Seeotter im Vergleich mit anderen Mitgliedern der Marderfamilie recht schwer. Sie können an Land, aber auch ausschließlich im Meer leben. Otter sind zum Tauchen wie geschaffen: Sie haben schwimmhäutige Vorderpfoten und halb einziehbare Klauen sowie kräftige, mit Schwimmhäuten bestückte Hinterfüße, die wie Flossen fungieren. Der bewegliche, stromlinienförmige Körper lässt sie im Wasser schnell manövrieren und macht aus ihnen flinke und geschickte Taucher. Seeotter besitzen zudem Lungen, die die zweifache Kapazität der Lungen eines Landsäugetiers von vergleichbarer Größe aufweisen. Diese Anpassung ermöglicht es ihnen, Tiefen von bis zu 55 m zu erreichen. Rund 40 unterschiedliche marine Wirbellose, darunter Seeigel, Seeohren, Venusmuscheln, Krebstiere, sowie einige Fischarten bilden ihre Nahrung.

1| Der Otter taucht nach einem leckeren Happen. Wenn er eine Venusmuschel erspäht, packt er sie mit den Pfoten, um sie dann in seinem Maul festzuhalten.

2| Als Nächstes sucht er nach einem Stein, den er in seine Achselhöhle steckt.

3| Der Otter schwimmt zur Wasseroberfläche, dreht sich dort auf den Rücken und legt den Stein auf seinen Bauch.

4| Mit den Pfoten ergreift er die Muschel und schlägt sie gegen den Stein. Er zertrümmert die Schale und zieht dann das fette, schmackhafte Fleisch heraus.

MEERESSCHWÄMME ALS SCHUTZKISSEN

DER ERSTE WERKZEUGGEBRAUCH UNTER MEERESSÄUGERN WURDE BEI WILDEN WEIBLICHEN DELFINEN WESTAUSTRALIENS BEOBACHTET. DIESE NUTZEN SCHWÄMME, UM IHREN SCHNABEL BEI DER FUTTERSUCHE ZU SCHÜTZEN. DIESES VERHALTEN GEBEN SIE AN IHRE TÖCHTER ÜBER BEOBACHTUNGSLERNEN WEITER.

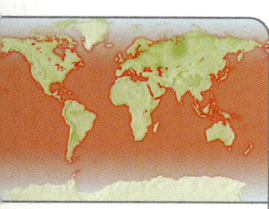

VERBREITUNG
Weltweit, zumeist in Flachwassermeeren des Festlandsockels

Die letzte Tierart, bei der man vielleicht den Gebrauch von Werkzeugen erwarten würde, sind Mitglieder der marinen Säugetierfamilie. Dennoch haben Meeresbiologen, die Große Tümmler vor der Küste Westaustraliens, in der sogenannten Shark Bay, studierten, gerade dies beobachtet.

Delfine, die nahe des Monkey Mia Beach in der Shark Bay leben, begannen vor Jahren, nahe ans Ufer zu kommen, und zeigten mit der Zeit geringer werdende Scheu vor schwimmenden Menschen. Als die Besucher sie zu füttern begannen, verbrachten die Tiere immer mehr Zeit strandnah im Flachwasser. Forscher, die sich für das Delfinverhalten interessierten, starteten bald eine langfristige Studie über die Tiere. Sie folgten ihnen weiter hinaus aufs Meer, um ihre sozialen Interaktionen und Aktivitäten in ihrer natürlichen Umgebung zu beobachten. Da die Delfine die Menschen um sich herum gewöhnt waren, schenkten sie den Wissenschaftlern wenig Beachtung. Dieses Arrangement erbrachte eine Fülle von Beobachtungen, die niemals zuvor bei einer frei lebenden Delfinpopulation festgestellt wurde.

Ein kurioses Verhalten

Delfine haben einen Schnabelfortsatz am Ende ihrer Köpfe, der als »Rostrum« bekannt ist. Dieses ragt ungefähr 7,5 cm über den Körper hinaus, mit einer seitlichen Falte entlang des Kiefers. Die Augen befinden sich seitlich am Kopf, sehr nahe an den Mundwinkeln. Die Forscher waren zuerst verblüfft, einen erwachsenen weiblichen Delfin mit einem Meeresschwamm um das Rostrum zu sehen. Sie wussten nicht, ob dieses Verhalten unabsichtlich war, und spekulierten, dass das Tier vielleicht nahe einer Stelle mit Schwämmen gefressen und den Schwamm versehentlich aufgespießt hatte. Allerdings tauchten immer mehr gleichartige Beobachtungen auf, weswegen die ratlosen Wissenschaftler nach einer Begründung für diese kuriose Aktivität suchten. Handelte es sich vielleicht um eine Art von Delfinerkennungsmarke, oder war es möglich, dass das »Schwammtragen«, wie sie es alsbald nannten, eine echte Funktion hatte?

NATÜRLICHER NASENSCHUTZ

Weiblicher Nachwuchs lernt, wie Schwämme als Schutzwerkzeug zu benutzen sind. Dies geschieht durch die Beobachtung der Mutter.

1| Bevor sie sich auf die Nahrungssuche begibt, durchsucht eine Delfinin eine Stelle mit Schwämmen.

2| Sie wählt einen kegelförmigen Schwamm aus, um ihn an ihren Schnabel anzulegen, was ihre Tochter beobachtet.

3| Als Nächstens stöbert sie unter Korallen, wo sich kleine Fische und andere Beutetiere verstecken können, und nutzt dabei diese Art von natürlichem Nasenschutz.

VERHALTENSMUSTER
Die Technik des »Schwammtragens« scheint innerhalb einer Herde kulturell von Mutter zu Tochter durch soziales Lernen weitergegeben zu werden.

Siehe auch
Der Werkzeugkasten wilder Schimpansen, *Seite 34*
Nachäffen?, *Seite 90*

WERKZEUGGEBRAUCH

Sobald die Forscher die Delfine unter Wasser beobachteten, wurde die Zweckmäßigkeit der Schwämme klar: Neben den verschiedenen Strategien zum Fischfang ernähren sich Delfine auch aus dem Ozeansediment. Sie können kräftige Gräber sein und bis zu den Brustflossen in den Boden eindringen. Die Beute, die sie suchen, sind kleine Krebstiere und bodenbewohnende Fische. Nun kann ein Delfin, während er im Meeresboden oder unter den Korallenriffen gräbt, unerwartet einem Steinfisch oder einer anderen stechenden Spezies begegnen oder sein Rostrum auch an einer scharfen Koralle verletzen. Bei dem Schwamm scheint es sich um eine Art Schutzpolster zu handeln, das das Rostrum des Delfins vor direktem Kontakt mit gefährlichen Geschöpfen und scharfen Gegenständen auf dem Meeresboden schützt.

Familienangelegenheit

Bei den zahlreichen Sichtungen von Delfinen mit Schwammschutz in der Shark Bay handelte es sich durchwegs um erwachsene oder junge Weibchen. Nun könnte sein, dass sich männliche Delfine mit anderen Männchen zusammenschließen, um die Weibchen zu schützen, oder sich einfach auf die Nahrungssuche begeben, anstatt sich mit dem Schwammschutz aufzuhalten.

Das Sozialverhalten männlicher und weiblicher Delfine ist recht unterschiedlich. Weibchen und ihre Kälber gehen enge Bindungen ein, die jahrelang halten. Ihren Nachwuchs säugen sie dreieinhalb Jahre oder länger, obwohl dieser schon im Alter von wenigen Monaten selbst Fische fängt. Auch wenn die Kälber nicht mehr gesäugt werden, bleiben sie noch drei bis sechs Jahre bei ihren Müttern. Interessanterweise scheint die Schwammschutztechnik der jungen Delfine über ihre Mütter erworben und damit kulturell innerhalb einer Herde durch soziales Lernen übertragen zu werden. Forscher interessierten sich für die Methode des Schwammschutzes innerhalb einer Delfingruppe und untersuchten DNA-Proben von 13 der 15 Tiere, darunter zwölf Weibchen, und eines alleinstehenden Männchens, die regelmäßig mit Schwammschutz beobachtet wurden. Sie hofften herauszufinden, ob die Schwammschutztechnik eine genetische Basis hat oder sozial übertragen wird, und verglichen ihre Ergebnisse mit 172 DNA-Proben von Delfinen, die keine Schwämme nutzten. Die Daten enthüllten, dass die meisten Schwammnutzer über ihre Mütter miteinander verwandt waren und die gleiche DNA besaßen. Da tatsächlich alle Schwammnutzer nah miteinander verwandt waren, bedeutet dies, dass sie die Nachkommen eines einzigen Weibchens darstellten. Allerdings stützt das Erbmuster der schwammtragenden Delfine keine genetische Prädisposition für dieses Verhalten. Vielmehr unterstrichen die Ergebnisse die Theorie, dass die Schwammtechnik von jeder neuen Generation des Delfinnachwuchses erlernt wird, die danach ihrerseits die eigenen Kälber die Schwammverwendung lehrt.

SCHNELLE SCHWIMMER
Delfine benutzen ihr vorragendes Rostrum zur Nahrungssuche auf dem Meeresgrund. Ihre Augen befinden sich direkt hinter dem Rostrum, und sie atmen durch ein Atemloch auf dem Scheitel des Kopfes. Die dorsale Flosse mitten auf dem Rücken dient als Kiel zum Halten des Gleichgewichts, während sie sich schnell durchs Wasser bewegen oder hoch in die Luft springen. Die Fluke (Schwanzflosse) und die Brustflossen werden dazu benutzt, den Delfin mit sehr hoher Geschwindigkeit im Wasser voranzutreiben.

NACKTMULLE SCHÜTZEN IHREN BESITZ

NACKTMULLE, DIE IHRE RIESIGEN VORDERZÄHNE BENUTZEN, UM HÖHLEN ZU GRABEN, HABEN GELERNT, DASS EIN KLEINES WERKZEUG MUND UND RACHEN VOR DEM EINDRINGEN VON ERDREICH UND ANDEREN MATERIALIEN SCHÜTZEN KANN.

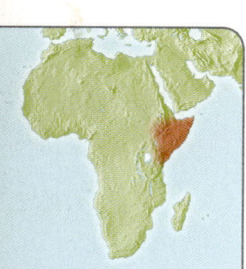

VERBREITUNG
Graslandschaften Ostafrikas

Einer der unwahrscheinlichsten Kandidaten für den Werkzeuggebrauch im Tierreich ist der Nacktmull. Diese Geschöpfe sind in den trockeneren Graslandgebieten des tropischen Ostafrika, insbesondere Kenia, Somalia und Äthiopien, heimisch. Es sind kleine, haarlose, rosafarbene oder gelbliche Nagetiere mit 8–10 cm Länge und einem Gewicht von 30–35 g. Ihre Nahrung besteht hauptsächlich aus Pflanzenzwiebeln und Wurzelknollen.

Nacktmulle leben in Kolonien unter der Erde mit einer hochorganisierten Sozialstruktur – mit nur einem gebärenden Weibchen, der »Königin«, und ein bis drei begattenden Männchen – in Gruppen von 12–100 Individuen. Die übrigen Koloniemitglieder werden zwei Kategorien zugeordnet: »Arbeiter«, die ihre Tage mit dem Tunnelbau und der Nahrungssuche verbringen, und »Soldaten«, die die Kolonie vor Fressfeinden schützen. Während diese Art der Sozialstruktur bei Insekten wie beispielsweise Ameisen oder Bienen häufig vorkommt, ist sie bei Säugetieren ausgesprochen selten.

Ein gefesseltes Publikum

Da sich ihre Kolonien in ausgedehnten unterirdischen Höhlen befinden, überrascht es nicht, dass die Fähigkeit der Nacktmulle zum Werkzeuggebrauch unentdeckt blieb, bis Wissenschaftler begannen, sie in Gefangenschaft zu studieren. So konnten sie sie beim Ganggraben beobachten, da die Tiere in einer Reihe von durchsichtigen Rohren mit separaten Brut- und Toilettenboxen untergebracht waren. In ihrem natürlichen Lebensraum ist das Erdreich verdichtet und hart, weswegen die Nacktmullarbeiter ihre großen Vorderzähne benutzen, um sich durch den Boden zu »fressen«. Und um das Eindringen von Erde und anderen Gegenständen in ihren Mund zu verhindern, klemmen sie einen zurechtgebissenen Holzspan oder die Schale einer Wurzelknolle

SCHUTZWERKZEUG IN AKTION

Nacktmulle, die mit ihren großen Vorderzähnen im harten Erdreich graben, hoffen, auf eine große Wurzelknolle oder Zwiebel zu stoßen. Diese würde die Kolonie wochenlang ernähren.

Nacktmulle sind rosafarben, runzlig und praktisch blind, mit nur kleinen Augenschlitzen. Sie sind sehr geschickt im Graben, und die Tunnel, die von den Arbeitern angelegt werden, können zusammengenommen bis zu 5 km lang sein.

1| Um Mund und Rachen vor Fremdkörpern oder Erde zu schützen, klemmen sich Nacktmullarbeiter vor dem Graben einen Holzspan oder die Schale einer Wurzelknolle hinter ihre kräftigen Zähne.

2| Wenn ein Nacktmull auf der Nahrungssuche für die Kolonie einen Tunnel gräbt, dient der Holzspan oder die Schale als Werkzeug. Dieses verhindert ein Ersticken oder die Aufnahme von Erde oder anderen Gegenständen, auf die er während des Grabens trifft.

3| Stößt ein Nacktmull auf eine geeignete Nahrungsquelle, reißt er mit seinen großen vorderen Schneidezähnen Stücke ab. Diese werden zur Kolonie gebracht, um das Muttertier und die zahlreichen Würfe an Jungtieren, die im letzten Jahr geboren wurden, zu füttern.

NACKTMULLE SCHÜTZEN IHREN BESITZ

WAS DU FÜR GROSSE ZÄHNE HAST
Ein sehr junger Nacktmull, dessen Augen noch geschlossen sind, hält ein Stück Nahrung in seinen Pfoten, um es mit seinen riesigen Vorderzähnen zu benagen.

Siehe auch
Meeresschwämme als Schutzkissen, *Seite 26*

UNTERIRDISCH ÜBERLEBEN
Nacktmulle haben verschiedene Anpassungen ausgebildet, die ihnen das Überleben in ihrem unwirtlichen Lebensraum ermöglichen.

• Sie haben keine Schmerzrezeptoren in ihrer Haut und – für ein Nagetier sehr ungewöhnlich – einen fast kaltblütigen Stoffwechsel. Da sie ihre Körpertemperatur nicht regulieren können, ist es wichtig, dass sie in einer Umgebung mit stabilen Temperaturen leben.

• Ihre Lungen sind sehr klein, und ihre Respirationsrate ist ausgesprochen niedrig. Dies ist besonders wichtig wegen der beschränkten Luftverfügbarkeit innerhalb der Tunnel, in denen sie leben. Dafür besitzt ihr Blut eine sehr große Aufnahmekapazität für Sauerstoff, weshalb sie das begrenzte Luftangebot optimal ausnutzen können.

• Eine wichtige Hilfe, um unter der Erde überleben zu können, ist auch die niedrige Stoffwechselrate des Nacktmulls. Diese könnte auch zu der für Nagetiere ungewöhnlich langen Lebensspanne beitragen: bis zu 20 Jahre für gebärende Nacktmulle, aber nur drei Jahre für Arbeiter. In Menschenobhut erreichen Nacktmulle ein Alter von 28 Jahren.

• Wissenschaftler vermuten, dass durch den niedrigen Stoffwechsel nur eine geringe Anzahl potenziell schädigender oxidativer Prozesse auf die Organe des Nacktmulls einwirken können. Darüber hinaus verbringen die Tiere lange Zeitspannen mit Schlafen.

hinter ihre Vorderzähne und vor die Lippen, bevor sie zu graben beginnen.

Bei den Versuchen, bei denen erstmals Werkzeugbenutzung bei Nacktmullen beobachtet wurde, schufen die Wissenschaftler künstliche Barrieren innerhalb durchsichtiger Tunnel. Die Forscher bauten Barrieren aus Kork, Ton, Styropor und Backstein sowie – versehentlich – aus Kunststoff. Gleich zu Beginn der Studie bemerkten die Forscher, dass einige Individuen einen Holzspan oder die Schale einer Wurzelknolle aufnahmen und diese hinter ihre Vorderzähne klemmten, bevor sie mit dem Nagen innerhalb der Plastikrohre begannen. Zwischen den Nagearbeitsgängen kratzten die Nacktmulle mit ihren Krallen am Plastik. Falls notwendig, klemmten die Tiere den Span oder die Schale danach wieder an Ort und Stelle. Interessanterweise benutzten sie einen solchen Zahnschutz nur, wenn sie an Plastik oder Ziegelstein nagten, und niemals, wenn die Barriere aus Kork, Styropor oder Lehm bestand – all diese Hindernisse brechen auseinander, sobald die Nacktmulle sie zu bearbeiten beginnen. Bei größeren Individuen beobachtete man den Einsatz von Schalen oder Spänen häufiger als bei kleineren. Vielleicht spiegelten sich darin die Unterschiede im Alter und/oder an Erfahrung wider. Nacktmulle, die jünger als drei Jahre waren, benutzten sie offenbar nie.

WARUM ELEFANTEN FLIEGENWEDEL VERWENDEN

WERKZEUGGEBRAUCH BEI ELEFANTEN HAT SCHON CHARLES DARWIN BESCHRIEBEN. JÜNGSTE STUDIEN AN ZAHMEN ASIATISCHEN UND AFRIKANISCHEN ELEFANTEN ZEIGEN, DASS DIE TIERE ÄSTE UND ZWEIGE ZU FLIEGENWEDELN UMFUNKTIONIEREN, UM SICH NERVTÖTENDE FLIEGEN VOM LEIB ZU HALTEN.

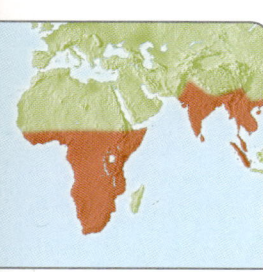

VERBREITUNG
Afrika, Indien, Sri Lanka, Südostasien, Malaysia, Indonesien und Südchina

Elefanten bewohnen die Savannen, Wälder und Wüsten Afrikas sowie Wälder in Teilen Asiens. Die »Dickhäuter« nutzen bestimmte eigene Körperteile, um ihre Haut in Schuss zu halten. So verwenden die Tiere ihren Rüssel zum Wassersprühen, um sich zu reinigen, oder sie spritzen sich Schlamm als Sonnenschutz auf die Haut. Elefanten sind dafür bekannt, dass sie ihre Rüssel zum Tragen von Gegenständen benutzen, einschließlich der eigenen Kleinkinder in Notsituationen. Ihre großen Ohren sind nicht nur als Fächer unter heftiger Sonne hilfreich, sondern spielen auch eine Rolle bei der Kommunikation. Aber Elefanten sind auch fähig, Gegenstände aus ihrer Umgebung als Werkzeuge zu benutzen. So beobachtete man bei ihnen die Verwendung von Zweigen oder Pflanzenbüscheln, um sich Fliegen und andere lästige Insekten vom Leib zu halten.

Erste Beobachtungen

Jüngere Beobachtungen in einem Park in Nepal enthüllten, dass eine Gruppe Asiatischer Elefanten, die zum Touristentransport eingesetzt wurden, Zweige oder Vegetation mit dem Rüssel packten und sie als Fliegenwedel benutzten. Auch wenn ihnen Zweige in ihren Unterkünften angeboten wurden, verwendeten sie diese zum Vertreiben der lästigen Insekten. Allerdings stellt sich auch die Frage, ob die Zweigwerkzeuge nicht noch eine zusätzliche Funktion hatten: Halfen sie auch, die Elefanten abzukühlen, oder dienten sie nur dazu, Fliegen zu vertreiben oder fernzuhalten?

SOZIALE TIERE

Die massige Statur des Elefanten und der unverwechselbare Rüssel sind auf der ganzen Welt bekannt. Die Elefantengemeinschaft ist matriarchalisch organisiert; die Gruppen sind sehr sozial und werden von einer älteren, dominanten Kuh geleitet.

NATÜRLICHER SUNBLOCKER

Mit ihrem beweglichen Rüssel sind Elefanten ungemein geschickt darin, sich mit Schlamm zu bespritzen. Dies ist ausgesprochen nützlich, da der Schlamm die Haut vor der sengenden Mittagssonne schützt.

VOR ORT HERGESTELLT
Elefanten stellen Zweigwedel hauptsächlich aus Büschen her, die in ihrer Umgebung häufig sind; allerdings werden an unterschiedlichen Standorten auch unterschiedliche Pflanzenarten genutzt.

Detaillierte Studien

Um diese Frage zu beantworten, ließen sich die Wissenschaftler eine systematische Studie über das Elefantenverhalten unter unterschiedlichen Bedingungen einfallen. Die Wedelverwendung wurde definiert als ein vom Elefanten durchgeführtes Ergreifen der Vegetation oder eines Zweiges mit dem Rüssel und das Einschlagen auf einige Körperteile. Diese schlossen die Front und Seiten des Kopfes, Schultern, Beine, Brustkorb und die Bauchunterseite ein. Wurde ein belaubter Zweig benutzt, hielten die Elefanten den Wedel am verholzten Ende und schlugen den belaubten Teil gegen den Körper.

Im ersten Versuch wurde eine Gruppe Elefanten mit Wedeln ausgestattet, die jenen ähnlich waren, die die Elefanten selbst von Bäumen und Büschen abgebrochen hatten. Die Tiere konnten einen Zweig mit dem Maul, den Vorderfüßen oder mit dem Rüssel durch Abreißen der Seitenzweige modifizieren. Darüber hinaus wurde auch die Rüsselspitze genutzt, um den Zweig zu verkürzen. Sobald die Elefanten die Zweige erhalten hatten, zeichneten die Forscher die Anzahl an Wedelbewegungen zu unterschiedlichen Tageszeiten auf. Dies waren die frühe Morgendämmerung, wenn es wenige Fliegen gibt, sowie tagsüber um 8 Uhr, 11 Uhr, 15 Uhr und 18 Uhr, wenn die Fliegendichte in der Umgebung der Tiere unterschiedlich hoch war. Verglichen mit der Zahl der während der Morgendämmerung durchgeführten Wedelbewegungen (ca. 30 pro 10 Minuten), nahmen die Wedelbewegungen der Elefanten zu (150–186 pro 10 Minuten). Diese deutliche Änderung in der Häufigkeit der Fliegenwedelbenutzung wurde sodann mit der Änderung der Tagestemperaturen und den Fütterungszeiten der Elefanten verglichen. Daraus ergab sich die Schlussfolgerung, dass die Verhaltensweise mit diesen Aspekten nicht in Beziehung stand und auch kein Ausdruck von Langeweile aufgrund beengter Verhältnisse war. Die Elefanten benutzten ihre Wedel noch genauso häufig, sogar während der Nahrungsaufnahme.

Ein zweiter Versuch wurde mit einer anderen Elefantengruppe um ungefähr 11 Uhr durchgeführt, wenn die Fliegenplage am stärksten war. Schwanzwedeln wurde festgestellt, wenn den Tieren keine Zweige zur Verfügung standen. Schließlich beobachtete man das Wedeln erneut, nachdem ihnen Zweige als Hilfsmittel zur Verfügung standen. Nachdem die Elefanten Wedelwerkzeuge erhalten hatten, ging die Fliegenzahl in ihrer direkten Umgebung um 43 Prozent zurück. All dies weist darauf hin, dass die Elefanten die Pflanzenwedel benutzen, um beißende Fliegen zu vertreiben.

DER WERKZEUG-KASTEN WILDER SCHIMPANSEN

MEHR ALS JEDE ANDERE SPEZIES – MIT AUSNAHME DES MENSCHEN – NUTZEN FREI LEBENDE SCHIMPANSEN EINE VIELFALT AN WERKZEUGEN, UND JEDES JAHR WERDEN NEUE EINSATZARTEN ENTDECKT.

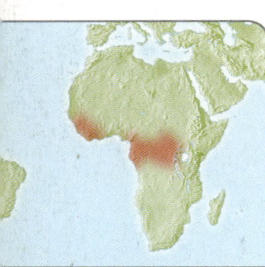

VERBREITUNG
West- und Zentralafrika

Die vielleicht unglaublichste wissenschaftliche Entdeckung des letzten Jahrhunderts machte Dr. Jane Goodall bei der Beobachtung wilder Schimpansen im Dschungel. Sie berichtete in den frühen 1960er-Jahren von Schimpansen, die durch das Entfernen der Blätter Äste und Zweige verändern, die sie dann als Werkzeuge benutzen, um Löcher in Termitenhügel zu stoßen. Die Termiten attackierten das eindringende Stockwerkzeug, indem sie dieses mit ihren Mandibeln packen. Die Schimpansen ziehen den Stock heraus und lassen ihn wie ein Termitenkebab durch ihren Mund gleiten; so kommen sie scheinbar mühelos an eine leckere Mahlzeit. Mit Goodalls Bericht schien der »besondere« Platz der Menschheit im Tierreich plötzlich angefochten. Unserer Spezies hatte man bis zu dieser Zeit die alleinige Rolle als »Werkzeugbenutzer und Werkzeughersteller« zugeschrieben. Jetzt war diese Definition von Menschsein mit einem Schlag über den Haufen geworfen.

Ein riesiger Werkzeugkasten

Nach Goodalls ursprünglichem Bericht über den Werkzeuggebrauch bei Schimpansen im Gombe-Strom-Reservat, Tansania, wurde auch von

STÖSSELSTAMPFEN

Die Schimpansen von Bossou in Guinea, Westafrika, setzen ein geschicktes Verfahren ein, »Stößelstampfen« genannt, um das Zentrum einer Ölpalmenkrone zu bearbeiten, bevor sie das Palmherz fressen.

1| Ein Schimpanse drückt mit Händen und Füßen die obersten Zweige einer Ölpalme auseinander.

2| Der Affe trennt einen Palmenwedel ab, um ihn als Stößel zum Zerstampfen des Palmherzens zu verwenden.

3| Zuletzt schöpft der Schimpanse das zerstampfte Palmherz mit seiner Hand auf.

AUSHÖHLUNGEN
Die Schimpansen von Bossou wurden dabei beobachtet, wie sie das Zentrum von Ölpalmen zerstampften und aushöhlten, um an das schmackhafte Palmenherz zu gelangen.

Siehe auch
Wilde Schimpansen verwenden Speere, *Seite 38*

CLEVERE SCHIMPANSIN
Eine junge Schimpansin benutzt einen flachen Stein als Hammer zum Öffnen von Nüssen, die sie auf einen anderen ebenen Stein, der als Amboss dient, gelegt hat.

anderen Orten Afrikas über den Gebrauch unterschiedlicher Werkzeugtypen berichtet. In Langzeitstudien dokumentierte man die unterschiedlichen Werkzeugtypen und deren Verwendung in Schimpansengemeinschaften. Insgesamt konnten bisher mehr als 35 Werkzeugtypen identifiziert werden. So offenbaren beispielsweise Studien, dass in der freien Wildbahn lebende Schimpansen Farnwedel benutzen, um Algen von der Wasseroberfläche zu sammeln. Darüber hinaus kauen sie Blätter und formen daraus einen Klumpen, den sie als Schwamm zum Wasserschöpfen aus Baumlöchern einsetzen. Noch spannender sind die jüngsten Erkenntnisse, dass Schimpansen einfache Speere herstellen, um Buschbabys aus tiefen Baumhöhlen zu erbeuten.

Jüngeren Datums sind die Beobachtungen an Schimpansen von unterschiedlichen Standorten in Afrika, die den Einsatz von Steinwerkzeugen als Hammer und Amboss beschreiben, um Nüsse von Ölpalmen aufzubrechen. Ölpalmennüsse haben eine sehr harte Außenschale, und die Schimpansen wären ohne die Verwendung von Steinwerkzeugen nicht in der Lage, auf diese nährstoffreiche Futterquelle zuzugreifen. Noch zeigen allerdings nicht alle Schimpansen Afrikas Steinwerkzeuggebrauch, selbst wenn in ihrem Lebensraum Ölpalmen vorkommen.

Vergleiche aller Schimpansenvorkommen in Zentral- und Westafrika und ihrer jeweiligen Werkzeuge haben ergeben, dass Schimpansen möglicherweise eine rudimentäre Kultur aufbauen, seit sie unterschiedliche Werkzeuge nutzen. Es werden aber nicht alle Werkzeuge an jedem Standort eingesetzt. Dieses Phänomen lässt den Schluss zu, dass Schimpansengruppen Sachkenntnisse über die Typen der Werkzeugverwendung innerhalb ihrer eigenen Gruppe durch empirisches Lernen von ihren Müttern erwerben.

Von Mama abgeschaut

Detaillierte Beobachtungen an wilden Schimpansen haben auch geschlechtsspezifische Unterschiede in der Verwendung von Werkzeugen offenbart. Weibliche Schimpansen sind bei Weitem die be-

DER WERKZEUGKASTEN WILDER SCHIMPANSEN

EINE JAGDGESELLSCHAFT

Der Gemeine Schimpanse ist ein Allesfresser und nimmt alles auf, was nicht giftig ist, darunter Vögel, Eier, Blüten, Früchte und kleine Säugetiere. Darüber hinaus verspeist er auch gelegentlich andere Affenarten, deren Revier sich mit dem der Schimpansen überschneidet. Schimpansen gelten als »opportunistische Allesfresser«, was bedeutet, dass sie die Jagd auf lebende Beute nicht planen. Jagdgesellschaften von Schimpansen bestehen üblicherweise nur aus Männchen. Wenn ein nichts ahnender Affe in ihr Gebiet einwandert, ergreifen sie die Gelegenheit beim Schopf: Sie rotten sich zusammen und jagen ihre Beute durch Einkreisen, d.h. sie treiben ihr Opfer auf andere Schimpansen zu, bis es keinen Ausweg mehr gibt. Das Fleisch wird unter den Männchen aufgeteilt, wobei derjenige Schimpanse, der den Affen erlegt hat, die Beute verteilt und hierbei auch bettelnde Weibchen berücksichtigt.

ständigsten Werkzeughersteller und -benutzer. Erwachsene Schimpansenmänner setzen Werkzeuge nicht sehr oft ein, und folglich hängt ihre Futterbeschaffung auch nicht von einer Werkzeugverwendung ab. Schimpansenweibchen sind dagegen auf ein breites Spektrum an Werkzeugen angewiesen, die kreativ hergestellt und für den Erwerb eines bedeutenden Teils ihrer Kost genutzt werden.

Sowohl junge männliche als auch weibliche Schimpansen beobachten ihre Mutter beim Werkzeuggebrauch. Sie ahmen sie nach, bei frühen Versuchen freilich oft ohne Erfolg.

Keine Werkzeuge für die Vettern

Überraschenderweise wurde der Bonobo oder Pygmäen-Schimpanse (*Pan paniscus*), eine vom Gemeinen Schimpansen (*Pan troglodytes*) zu unterscheidende Art, niemals beim Werkzeuggebrauch in seinem natürlichen Lebensraum beobachtet. Dies steht in auffälligem Widerspruch zum umfassenden Werkzeugrepertoire seiner Vettern. Die beiden Schimpansenspezies gehören der gleichen Gattung (*Pan*) an, gelten aber als eigene Arten.

Der Lebensraum der Bonobos kann einige Anhaltspunkte liefern, warum bei ihnen keine Werkzeugverwendung in der Wildnis beobachtet wird. Zum einen sind Bonobos eher Baumbewohner als ihre terrestrisch lebenden Vettern. Alles, was sie zum Leben benötigen, finden sie in den Bäumen und Büschen. Folglich ist es für sie nicht notwendig, sich durch Einsatz von Werkzeugen unerreichbare Nahrungsquellen auf dem Boden zu erschließen. Bonobos jagen auch nicht nach Fleisch. Ihre Nahrung setzt sich hinreichend aus Früchten, Eiern und Blättern zusammen, ohne zusätzliche Eiweißquellen wie Termiten, Ameisen oder Fleisch von Kleinsäugern oder Affen.

ENGE VERWANDTSCHAFT

Schimpansen sind unsere nächsten Verwandten in der Tierwelt. Wie wir besitzen sie einen opponierbaren Daumen, der ihnen die Werkzeugverwendung erleichtert.

WILDE SCHIMPANSEN VERWENDEN SPEERE

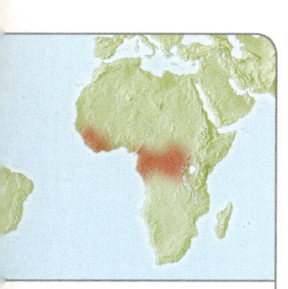

VERBREITUNG
West- und Zentralafrika

NEUERE BEOBACHTUNGEN BEI SCHIMPANSEN IM SENEGAL (WESTAFRIKA) ZEIGEN, DASS SIE SPEERE HERSTELLEN UND BENUTZEN, UM KLEINERE PRIMATEN ZU JAGEN – DIE ERSTE DOKUMENTIERTE SICHTUNG EINES WAFFENGEBRAUCHS BEI AFFEN.

Nichts hätte eine kleine Gruppe von Anthropologen auf das vorbereiten können, was sie bei ihrer Studie über Schimpansen im Senegal zu sehen bekamen. Sie trauten kaum ihren Augen, als sie Schimpansen funktionstüchtige Speere aus Stöcken herstellen und als Waffen benutzen sahen. Zielobjekt der Schimpansen war das Buschbaby, ein kleiner Primat aus der Unterordnung der Feuchtnasenaffen.

Buschbabys sind in ganz Afrika weit verbreitet und zudem wegen ihrer geringen Größe und ihres knuddeligen Aussehens beliebte Haustiere. Allerdings suchten die Schimpansen des Fongoli im südwestlichen Senegal, die die Forscher sieben Jahre lang beobachteten, keine niedlichen Begleiter. Sie wollten eine Mahlzeit.

Talentierte Werkzeugmacher

Die Speerjagd beginnt damit, dass eine Schimpansin einen in Länge und Durchmesser passenden Stock auswählt. Als Nächstes benagt sie das eine Ende, um eine Speerspitze zu formen. Sobald sie einen möglichen Aufenthaltsort in einer Baumhöhle ausfindig gemacht hat – wo Buschbabys oft ihre Jungen aufziehen –, stößt die Jägerin den Speer in das Loch. Wurde kein Buschbaby beim Zurückziehen des Werkzeugs erbeutet, beschnüffelt sie das Speerende, wahrscheinlich nach Blut. Wenn sie erfolgreich war und ein Buschbaby gefangen hat, wird es an Ort und Stelle verspeist. Schimpansen müssen ihre Beute nicht sehen – offenbar reicht die Vorstellung von der wahrscheinlichen Mahlzeit, die im Baum gefunden werden könnte. Ohne die Verwendung von Speeren würde eine Störung der Buschbabykinderstube die kleinen Geschöpfe schnell aus der Reichweite des Schimpansen treiben.

Die Verwendung von Speeren bei den Fongoli-Schimpansen ist eine Art von Nahrungserwerb, die dem »Ameisenstippen« oder dem »Termitenfischen« bei Schimpansen in Tansania ähnlich ist. In allen Fällen werden Werkzeuge dazu benutzt, Futterressourcen zu erschließen, die ansonsten unzugänglich bleiben würden.

Weiblicher Einfallsreichtum

Vermutlich ist es kein Zufall, dass ausschließlich Weibchen oder sehr junge Schimpansen bei der Benutzung von Werkzeugen

JAGDHILFE
Die Speerjagd erfordert Planung durch die Schimpansin.

1| Zuerst wählt sie einen starken Stock aus, dann benutzt sie die Zähne, um ein Ende zuzuspitzen. Als Nächstes sucht sie nach dem möglichen Versteck eines schlafenden (nachtaktiven) Buschbabys.

2| Die Schimpansenjägerin ergreift den Stock und stößt ihn in die Baumhöhle, in der Hoffnung, eine Mahlzeit aufzuspießen.

3| Der Stock erlaubt es dem Tier, sich eine außerhalb der Reichweite befindliche Mahlzeit zu beschaffen.

PRAKTISCHE WAFFEN
Während die Speerverwendung sehr selten ist und erst kürzlich beobachtet wurde, benutzen Schimpansen gern und häufig Stöcke und große Steine als Waffen.

Siehe auch
Der Werkzeugkasten wilder Schimpansen, *Seite 34*
Nachäffen?, *Seite 90*

beobachtet wurden. In anderen Gebieten Afrikas, in denen Studien an Schimpansen über Jahrzehnte hinweg durchgeführt wurden, sind Weibchen die begeistertsten Werkzeughersteller und -benutzer. Diese Beobachtungen haben Paläontologen und Archäologen zu dem Schluss kommen lassen, dass Frauen auch die innovativen Werkzeugbenutzer unter den frühesten Menschen waren. Diese Hypothese beinhaltet auch, dass es frühe hominide Weibchen waren, die die ersten Werkzeuge herstellten.

Die Forscher nehmen an, dass die Schimpansenweibchen und jüngere Tiere Konkurrenzschwierigkeiten mit den erwachsenen Männern hatten. Die Werkzeugverwendung könnte sich also als Hilfsmittel zur zusätzlichen Eiweißbeschaffung entwickelt haben.

Fongoli-Schimpansen heben sich von der Masse ab

Die Fongoli-Schimpansen zeichnen sich noch durch weitere neuartige Verhaltensweisen aus, die bei keiner anderen Schimpansengemeinschaft Afrikas beobachtet wurden. Das Forscherteam berichtete, dass die Gruppe kühle Höhlen in ihrem Revier aufsuchte, um der heißen Savannensonne zu entkommen. Dorthin bringen sie auch Futter für ein improvisiertes »Picknick«. Noch bemerkenswerter ist, dass die Gruppe planschend und watend in Bächen und Tümpeln gesehen wurde. Schimpansen in anderen Teilen West- und Zentralafrikas meiden Wasser. In der Tat wurde früher angenommen, dass die Tiere wegen ihres geringen Körperfettanteils eine natürliche Angst vor Wasser haben. Ein Schimpanse würde schnell im Wasser sinken, wenn es zu tief wäre. Folglich schien das Meiden von Wasser ein sehr angepasstes Verhalten zu sein.

Bemerkenswerterweise haben sich die in der Savanne lebenden Schimpansen des Senegal gleich über eine ganze Reihe von üblichen Verhaltensannahmen hinweggesetzt, wie sie von Feldforschern für andere Standorte berichtet wurden. Hier fertigen und benutzen Weibchen Waffen für die Jagd auf kleinere Beutetiere; die Gruppe sucht Höhlen auf, um tagsüber der brennenden Sonne zu entgehen; und sie scheinen auch das Spielen im Wasser zu genießen, in krassem Kontrast zu Schimpansen, die in anderen Regionen leben.

SUMATRANER ENTWICKELN WERKZEUGE

VERBREITUNG
Borneo und Sumatra

ALS FORSCHER, DIE IN BORNEO ORANG-UTANS BEOBACHTETEN, IHRE UNTERSUCHUNGEN NACH SUMATRA AUSDEHNTEN, ENTDECKTEN SIE, DASS ORANG-UTAN NICHT UNBEDINGT GLEICH ORANG-UTAN IST. DAS FEHLEN DES WERKZEUGGEBRAUCHS IN EINER GRUPPE BEDEUTET KEINESWEGS, DASS NICHT EINE ANDERE GRUPPE DIESE KUNST SEHR WOHL BEHERRSCHT.

Werkzeuggebrauch zeigte sich bei in Menschenobhut gehaltenen Orang-Utans als eine hervorstechende Fähigkeit. Ähnliche Geschicklichkeit trat auch bald bei verwaisten Orang-Utans auf, die in Rehabilitationszentren auf Borneo gebracht wurden. Gleichzeitig warfen diese Beobachtungen Fragen auf, denn eine Langzeitstudie hatte keinerlei Werkzeuggebrauch bei wilden Orang-Utans dokumentiert – und größtenteils lebten die Tiere völlig allein. Da die Nahrungsressourcen knapp und weit verteilt waren, konnte die Futtersuche außerhalb einer Gruppe für das Überleben entscheidend sein, um nicht mit Artgenossen konkurrieren zu müssen. Dann aber zeichnen neue Beobachtungen an wilden Orang-Utans auf einer Insel nahe bei Sumatra ein völlig anderes Bild dieser Spezies.

Es lebe der Unterschied!
Obwohl zwischen den Orang-Utans Sumatras und Borneos gewisse Unterschiede auftreten, sind sie sich in ihren körperlichen Merkmalen sehr ähnlich. Man war deswegen davon ausgegangen, dass sich die Sumatraner in Vielem so verhielten wie ihre Verwandten auf Borneo. Allerdings entspricht dies keineswegs den Tatsachen. Feldforschern, die den zweistündigen Geländemarsch durch hüfthohes Wasser mit Blutegeln und Moskitoscharen nicht scheuten, gelang es nämlich, verblüffende Unterschiede zu entdecken. Sie sahen die Orang-Utans in einem ganzen neuen Licht.

In den Sumpflebensräumen auf Sumatra benutzen Orang-Utans nicht nur Werkzeuge, sondern sie verwenden zur Nahrungssuche sogar verschiedene Werkzeugarten. Um beispiels-

DIE FRÜCHTE DER ARBEIT GENIESSEN
Ein wildes Sumatra-Orang-Utan-Weibchen benutzt einen Stock als Werkzeug und genießt das Fruchtmark und die Samen der Neesiafrucht. Neesiabäume sind in dem Lebensraum der Tiere weit verbreitet. Allerdings ist das Innere der Frucht mit kleinen, dünnen, aber äußerst spitzen nadelartigen Haaren geschützt. Es wäre also sehr unangenehm, die Samen mit den Fingern herauszuholen.

> **WALDSTIMMEN**
> Orang-Utans sind durch ihr langes, rotes Haar sehr gut erkennbar. Erwachsene Männchen werden bedeutend größer als Weibchen und weisen große Backenpolster im Gesicht auf, die ihnen dabei helfen, über große Entfernungen tragende Laute auszustoßen.

Siehe auch
Der Werkzeugkasten wilder Schimpansen, *Seite 34*
Wilde Kapuzineraffen passen ihren Werkzeuggebrauch an, *Seite 48*

weise an die sehr eiweißreichen Samen und das tief im Zentrum der Neesiafrucht verborgene, sehr fett- und eiweißreiche Fruchtfleisch zu gelangen, ist ein Werkzeug notwendig. Ohne Stockwerkzeuge, mit denen sie die Früchte aufbrechen, könnten die Tiere nicht an das Fruchtmark gelangen. Die Verwendung der Hände oder Zähne wäre sehr schmerzhaft, weil die essbaren Samen im Innern der hartschaligen Frucht von kleinen nadelartigen Haaren umgeben sind. Folglich ermöglicht das Werkzeug den Orang-Utans, eine wertvolle Nahrungsquelle zu erschließen, die anderen Urwaldbewohnern nicht zur Verfügung steht.

Inzwischen wurden auch Orang-Utans bei der Verwendung verschiedener Werkzeugtypen beobachtet. Sie modifizierten Stöcke, um damit Honig oder Insekten aus Baumhöhlen herauszuholen, setzten aber eine andere Art von Stöcken ein, wenn sie Früchte öffneten.

Verglichen mit anderen Lebensräumen, wo Werkzeuggebrauch einen bedeutenden Beitrag zur täglichen Nahrung der Tiere leistet und insofern überlebenswichtig ist, ist der Sumpfwald der Sumatra-Orang-Utans sehr ressourcenreich. Allerdings erlaubt der Werkzeugeinsatz den Zugriff auf eine größere Vielfalt an Nahrungsquellen. Die vorhandene Fülle ermöglicht es den Tieren, nahe zusammen zu bleiben, statt des solitären Fressens, das früher die Strategie nahrungssuchender Orang-Utans gewesen war.

Eine Gruppentradition

Die Wissenschaftler fragten sich nun, ob Orang-Utans überall dort Werkzeuge benutzen würden, wo es Neesiabäume gab, und beobachteten Tiere, die jenseits des Flusses in einem kleineren Sumpf lebten. Es gab dort zwar Neesiabäume, aber keine Werkzeugverwendung bei dieser Primatengruppe, weswegen die Früch-

> **GEMEINSCHAFTSLEBEN**
> Früher war man der Auffassung, dass Orang-Utans ein vollkommen solitäres Leben führen. Jedoch versammeln sich auf Sumatra manchmal Gruppen von bis zu 100 Individuen im Wald.

te nicht zu ihrer Nahrung gehörten. Dagegen benutzten Orang-Utans in den größeren Sümpfen diesseits des Flusses häufig Werkzeuge. Dieser Unterschied demonstriert, dass Werkzeuggebrauch unter den Orang-Utans auf der einen Flussseite eine kulturelle Tradition war, die von einer Generation an die nächste weitergegeben wurde. Die Tiere am anderen Flussufer waren zu einer Flussüberquerung nicht in der Lage und hatten somit nie Gelegenheit, die Werkzeugverwendung zu beobachten bzw. zu erlernen.

Ein weiterer deutlicher Unterschied, der den Forschern unter den Sumatra-Orang-Utans auffiel, war der Umfang ihrer sozialen Interaktionen. Die Tiere waren sehr sozial und äußerst tolerant zueinander, sodass sie sich in Gruppen mit bis zu 100 Tieren versammelten. Das Zusammensein einer solch großen Zahl von Orang-Utans war vor den Entdeckungen auf Sumatra unbekannt. Dort begaben sich Orang-Utans jeden Alters gemeinsam auf Nahrungssuche, benutzten Werkzeuge und aßen sogar miteinander. Keine dieser Verhaltensweisen wurde jemals unter den Populationen von Borneo-Orang-Utans beobachtet. Diese Entdeckungen gaben einen Fingerzeig, warum Orang-Utans in Menschenobhut so erfinderisch und auch so sozial sind. Trotz des Engagements der Wissenschaftler, die die Borneo-Orang-Utans erforschten, und trotz ihrer Berichte zum Sozialverhalten, über die Strategien bei der Nahrungssuche und über das Fehlen eines Werkzeuggebrauchs beschrieben sie sein großes kognitives Potenzial nicht vollständig.

ERSTAUNLICH GESCHICKT
Der Orang-Utan hat gewaltige Hände, mit Fingern vom Format einer großen Banane. Es ist bemerkenswert, dass Sumatra-Orang-Utans trotz dieser riesigen Hände fähige Werkzeugbenutzer sind.

WILDE GORILLAS VERBLÜFFEN FORSCHER

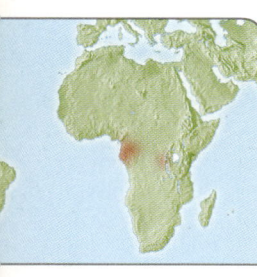

VERBREITUNG
Westliches Zentralafrika

WIE ERST KÜRZLICH AUFGRUND EINIGER BEOBACHTUNGEN BEKANNT WURDE, BENUTZEN WILDE GORILLAS STÖCKE ALS WERKZEUGE.

Im Vergleich mit den anderen drei Menschenaffen wurden Gorillas ungerechterweise auf den letzten Platz verbannt, wenn es um Intelligenz geht. Vielleicht hängt dies teilweise damit zusammen, dass ihr Verhalten sanfter, scheuer und weniger aggressiv als das von Schimpansen ist. Gorillas in der Wildnis jagen nicht nach Fleisch wie Schimpansen, sondern sind strikte Vegetarier. Ihre Sozialstruktur unterscheidet sich ebenfalls von Grund auf von der ihrer Vettern: Ein dominierendes Silberrücken-Männchen überwacht seinen Harem aus gebärfähigen Weibchen und ihrem unreifen Nachwuchs. Dieses Arrangement bestimmt und hält das tägliche Miteinander auf einem recht konstanten Level, da alle Mitglieder ihren Platz innerhalb der Gruppe kennen. Zudem haben Gorillas gelernt, dass Verstöße gegen die sozialen Regeln vom massigen Silberrücken-Männchen rasch und hart bestraft werden.

Beweise, dass alle im Irrtum sind

Bedeuten diese Verhaltensunterschiede zwischen Gorillas und anderen Menschenaffen jedoch, dass Gorillas nicht klug sind? Nicht unbedingt, sagen die Feldforscher, die 2005 erstmals über Werkzeuggebrauch bei wilden Gorillas berichteten. Im westlichen Tiefland des Kongo hatte das Wissenschaftlerteam Gorillas über zehn Jahre lang beobachtet und vor den beiden nachstehend beschriebenen Sichtungen, die unterschiedliche Arten von Werkzeuggebrauch darstellen, nie eine Werkzeugverwendung gesehen. Entsprechend überrascht war der Forscher, als er ein erwachsenes Weibchen, das er »Leah« getauft hatte, durch ein tiefes von Elefanten zurückgelassenes Wasserloch waten sah. Als ihr das Wasser bis zur Brust reichte, ergriff sie einen über ihr hängenden Zweig, brach ihn ab und begann, ihn als Gehstock zu benutzen; sie überprüfte mit seiner Hilfe die Wassertiefe und watete insgesamt 33 m, bevor sie zum Ufer zurückkehrte.

WILDE GORILLAS VERBLÜFFEN FORSCHER 45

GORILLAS IN DER WILDNIS
Gorillas sind die ruhigen Riesen des Waldes, aber ihre Anzahl sinkt tagtäglich in ganz Afrika durch Entwaldung und Zerstörung des Regenwaldes.

WERKZEUGGEBRAUCH

Nicht weniger spektakulär war eine zweite Beobachtung, bei der »Efi«, ein Gorillaweibchen aus einer anderen Gruppe, den Stumpf eines Busches nahm, um ihn als Sitz zu verwenden, während sie gleichzeitig einen langen Stock zum Ausgraben von Kräutern benutzte. Efi setzte also ein Hilfsmittel ein, um ihren Körper zu stabilisieren, sodass sie ein weiteres Werkzeug für einen anderen Zweck gebrauchen könnte.

Diese Entdeckungen bedeuteten eine enorme Überraschung für die Wissenschaft, und Fotos von den beiden Werkzeugverwendungen gingen um die Welt. Natürlich bedeuten – bezogen auf die vielen Tausend Stunden jahrzehntelanger Beobachtung von Gorillas – zwei Sichtungen einen Aktivitätsmangel wilder Gorillas beim Werkzeuggebrauch. Dennoch war die Dokumentation dreier unterschiedlicher funktioneller Verwendungen von Naturmaterialien als Werkzeug bei diesen Menschenaffen beispiellos. Von zusätzlichem Interesse ist die Tatsache, dass die zwei Werkzeuge benutzenden Tiere erwachsene Weibchen waren. Schließlich war über die geschlechtsspezifische Werkzeugverwendung bei wilden Schimpansen von zahlreichen Freilandwissenschaftlern berichtet worden. So sind es Schimpansenweibchen, die als die konsequentesten und kreativsten Werkzeugbenutzer gelten und dies über einen Zeitraum von drei bis fünf Jahren an ihren aufmerksamen Nachwuchs weitergeben.

GORILLAS UNTERWEGS

Die Tieflandgorillas des Nouabale-Ndoki-Nationalparks in der Demokratischen Republik Kongo suchen regelmäßig sumpfige Lichtungen im Regenwald auf.

DER BADEZWEIG DES GORILLAS

Menschenaffen, einschließlich Gorillas, sind schlechte Schwimmer und vermeiden wenn möglich das Betreten von tiefem Wasser. Zudem fällt allen das Gehen auf zwei Beinen schwer. Deswegen ist ein Zweig, der als Kombination aus Gehstock und Tastinstrument zur Überprüfung der Wassertiefe in einem Tümpel genutzt wird, eine äußerst nützliche Erfindung. Die erste Beobachtung eines frei lebenden Gorillas bei der Werkzeugherstellung und -benutzung bezog sich auf einen solchen Untersuchungs- und Gehstock.

1| Das Gorillaweibchen Leah begann, in einen tiefen Tümpel zu waten, kehrte aber zum Ufer zurück, als ihr das Wasser bis zum Bauch reichte.

2| Leah brach einen langen Zweig von einem abgestorbenen Baum ab und ging zum Tümpel zurück.

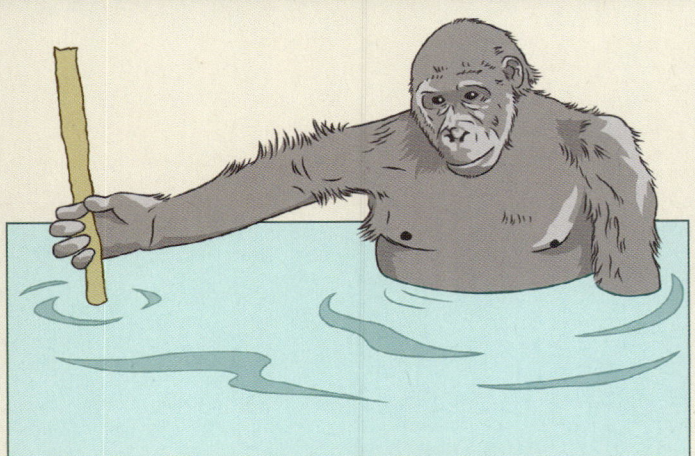

Siehe auch
Der Werkzeugkasten wilder Schimpansen, *Seite 34*
Wilde Schimpansen verwenden Speere, *Seite 38*

3| Dann watete sie 10 m hinaus in den Tümpel und testete dabei mit ihrem improvisierten Gehstock immer wieder die Wassertiefe.

EIN UMWERFENDER ANBLICK
Leah war der erste wilde Gorilla, der bei der Werkzeugherstellung und -verwendung beobachtet wurde.

WILDE KAPUZINERAFFEN PASSEN IHREN WERKZEUGGEBRAUCH AN

IM REGENWALD SETZEN WILDE KAPUZINERAFFEN STOCKWERKZEUGE EIN, UM INSEKTEN AUFZUSPÜREN, WÄHREND SIE IN TROCKENEREN LEBENSRÄUMEN STEINE ALS HÄMMER ZUM NÜSSEKNACKEN VERWENDEN.

VERBREITUNG
Zentral- und mittleres Südamerika

Kapuzineraffen sind katzengroß, wiegen 1,3–2,3 kg und sind in Zentral- und Südamerika weit verbreitet. Seit Langem ist bekannt, dass sie unter experimentellen Bedingungen leicht den Gebrauch vielfältiger Werkzeuge erlernen. Zudem lagen zahlreiche Berichte von Feldforschern vor, die beschreiben, wie wilde Kapuzineraffen Werkzeuge benutzen, um Nahrung zu lokalisieren, die nicht sichtbar ist. Die Affen wurden einerseits dabei beobachtet, wie sie mit kleinen Ästen auf verrottete Baumstämme hämmerten, um Raupen freizulegen, zum anderen, wie sie Stöcke oder Zweige einsetzten, um auf Insekten oder deren Larven in Spalten oder Löchern in Bäumen zugreifen zu können.

Die meisten Feldstudien wurden im tropischen Regenwald durchgeführt, wo Saisonfrüchte und andere Nahrung, die zu ihrem Speiseplan gehört, reichlich vorkommen. Viele Ressourcen sind ohne Weiteres verfügbar, weshalb Werkzeuggebrauch zum Erschließen zusätzlicher Futterquellen in diesem Gebiet nicht unbedingt notwendig ist. Allerdings wurde bei wilden Kapuzineraffen in Brasilien, die in einer schrofferen, trockeneren und unwirtlicheren Umwelt leben, erst kürzlich beobachtet, dass sie Felsbrocken als Steinwerkzeuge zum Aufschlagen harter Nüsse verwenden. Der Werkzeuggebrauch erlaubt es den Affen, die magere verfügbare Nahrung, die ihr Lebensraum bietet, zu ergänzen, und eröffnet ihnen den Zugang zu einer wertvollen Eiweißquelle. Die Primatenforscher, die die unter diesen Umständen lebenden Affen beobachteten, waren die Ersten, die diesen spezialisierteren Werkzeugeinsatz dokumentierten.

Verwendung von Steinen

Die Affen verwenden überraschend schwere Steine, um Palmnüsse aufzubrechen, die sie zu bestimmten Felsflächen tragen, die sie als Amboss nutzen. Diese »Ambosse« wurden so oft in Anspruch genommen, dass flache »Schüsseln« in der Felsoberfläche entstanden. Die große Zahl solcher schüsselartigen Vertiefungen im Gebiet lässt vermuten, dass eine bedeutende Menge von Affen diese zur gleichen Zeit nutzten.

TYPISCH KAPUZINERAFFE
Wie bei allen Neuweltaffen zeigen die Nasenlöcher des Kapuzineraffen zur Seite. Es gibt eine Reihe von Arten, die unterschiedlich gefärbtes Haar im Gesicht aufweisen. Andere haben schwarzes Kopfhaar, das wie ein gut frisierter Haardutt aussieht.

Siehe auch
Der Werkzeugkasten wilder Schimpansen, *Seite 34*
Werkzeuginnovationen bei Kapuzineraffen, *Seite 50*

JE GRÖSSER JE BESSER
Obwohl Steine unterschiedlichster Größe reichlich vorhanden sind, wählen Kapuzineraffen zur Überraschung der Forscher solche, die im Verhältnis zu ihrem geringen Körpergewicht ausgesprochen schwer sind.

Hinsichtlich Technik stellten Forscher fest, dass die Affen die Palmnüsse auf zwei unterschiedliche Arten knacken. Trotz der beträchtlichen Größe der Steine wurden einige Affen aufrecht auf zwei Beinen stehend gesehen, die den Stein auf ihre Schultern hievten, um ihn dann auf die Nuss krachen zu lassen. Das zweite Verfahren war etwas dezenter. Der sitzende oder stehende Affe hält beidhändig den Felsbrocken und schlägt mit mehrmaligen Auf-und-ab-Bewegungen unter Einsatz der Arm- und Schultermuskulatur auf die Nuss ein.

Aufgrund der Beobachtungen eines Werkzeuggebrauchs bei Kapuzineraffen in Gefangenschaft sollte es nicht überraschen, dass Wissenschaftler auch eine Werkzeugnutzung bei wild lebenden Tieren entdeckten. Allerdings waren die Fähigkeiten des Werkzeuggebrauchs der Affen der einheimischen Bevölkerung schon seit Jahrzehnten bekannt. Aber erst vor Kurzem wurde diese auch wissenschaftlich bestätigt. Ebenfalls bemerkenswert ist, dass die gesamte Affenpopulation Steinwerkzeuge benutzte, nicht nur ein paar innovative Individuen. Früher hatte man diese Art der Werkzeugverwendung nur bei wilden Schimpansen in Westafrika und ausschließlich bei Weibchen und Kindern beobachtet.

Ein weiterer interessanter Aspekt, den es noch zu klären gilt, ist die Herkunft der Steine, da diese groß und von Wasser geglättet sind. Vergleichbare Steine wurden in dem Gebiet, in dem sie zum Einsatz kommen, nicht gefunden. So bleibt es künftigen Forschern überlassen, zu untersuchen, ob die Affen die Steine vielleicht sogar aus einem anderen Gebiet herbeigeschafft haben, möglicherweise von weit her.

Stöcke und Steine

In anderen Teilen Brasiliens wurden noch weitere Arten von Werkzeuggebrauch dokumentiert. In einem trockenen Waldgebiet etwa dienen den Kapuzineraffen bearbeitete Zweige und Stöcke als Sondierinstrumente zum Insektenfang. Diese Affen verwenden zudem Steinwerkzeuge unterschiedlicher Form und Größe zum Ausgraben und Heraustreiben der Beute. Die Forscher argumentieren, dass die Affen, weil sie in einem solch schroffen Klima leben, damit die begrenzte Verfügbarkeit an Nahrungsmitteln ausgleichen. Mit anderen Worten: Die Beschaffung von Nahrung, die nicht sofort sichtbar und/oder erreichbar ist, macht den Einsatz eines Werkzeugs erforderlich.

WERKZEUGINNOVATIONEN BEI KAPUZINERAFFEN

KAPUZINERAFFEN IN MENSCHENOBHUT SETZEN NICHT NUR WERKZEUGE ZIELGERICHTET UND FUNKTIONELL EIN, SONDERN SIND AUCH ERFINDERISCH HINSICHTLICH SONSTIGER MATERIALIEN.

Siehe auch
Spechtfinken sondieren mit Stöcken, *Seite 14*
Gefangene Krähen als begabte Werkzeugnutzer, *Seite 20*

VERBREITUNG
Zentral- und mittleres Südamerika

Seit Langem sind Wissenschaftler von Kapuzineraffen fasziniert. In Menschenobhut gehaltene Tiere zeichneten sich als exquisite Werkzeugbenutzer aus, führten fesselnde Neuerungen vor, verwendeten unterschiedliche Materialien und lösten schwierige Probleme, die den Einsatz neuartiger Werkzeuge erforderlich machten. Kapuzineraffen wurden als Versuchstiere für diesen Typ von Experiment ausgewählt, weil sie über bemerkenswerte Bearbeitungsfähigkeiten verfügen, die in Gefangenschaftshaltungen seit Jahrhunderten beobachtet werden. In ihrem natürlichen Verbreitungsgebiet in Mittel- und Südamerika hatten ähnliche Beobachtungen unter den Einheimischen zum Spitznamen des Kapuzineraffen als »Schimpanse des armen Mannes« geführt. Gewiss stützten die weite Verbreitung und das Ausmaß ihres Leistungsvermögens beim Werkzeugeinsatz, die man in Zoos und Laboren gesehen hatte, diese Ansicht. Denn gefangene Kapuzineraffen verwendeten nicht nur Werkzeuge, sie stellten sie, wenn nötig, auch her.

Eine Frage der Hände

Nicht zuletzt ist es die Primatenhand mit ihren langen Fingern und dem Bewegungsspielraum des opponierbaren Daumens – alles Modifikationen, die sich in der Primatenordnung über einen langen Zeitraum adaptiver Veränderungen hinweg entwickelten –, die die Vielfalt und Präzision ermöglicht, mit der Kapuzineraffen Werkzeuge einsetzen. Außerdem sind Kapuzineraffen einmalig unter den Arten der Neuen Welt, weil sie alle Finger unabhängig voneinander bewegen können. Dies erlaubt ihnen die nachgewiesene Flexibilität bei der Bearbeitung von Gegenständen. Diese Veränderungen versetzen die Affen in die Lage, sich des sogenannten Präzisionsgriffs zu bedienen, der feinmotorische Bewegungen zwischen Daumen und Zeigefinger erlaubt.

Sondierungsexperiment

In vielen Versuchssituationen benutzen Kapuzineraffen fertige Stöcke oder andere Gegenstände als Verlängerung ihrer Arme, um an Nahrung zu gelangen, die andernfalls außerhalb ihrer Reichweite läge. Unter halbnatürlichen, frei variierenden Bedingungen in einem privaten, tropischen Tiergarten konnten Affen innerhalb ihres Geheges ungehindert nach Insekten, Früchten, Laubwerk und Wirbellosen suchen. Forscher wollten nun herausfinden, ob die Tiere die Chance ergreifen würden, sich angebotener natürlicher Materialien zu bedienen, die einen Werkzeugeinsatz in Form von Sonden erforderten. Einige Tiere hatten Erfahrungen mit dem Werkzeuggebrauch aus einer früheren experimentellen Studie, waren aber niemals unter naturnahen Bedingungen getestet worden. Nun ging es darum, zu erfahren, ob die Affen sich an die strengeren Aufgabenanforderungen anpassen würden. Dabei war der Zugriff auf Werkzeuge von ihren eigenen handwerklichen Fähigkeiten und dem Erkennen des benötigten, Erfolg versprechenden Werkzeuges abhängig.

AUSGANGSMATERIAL
Der Präzisionsgriff ermöglicht es Kapuzineraffen, Werkzeuge herzustellen und einzusetzen.

IN DEN GRIFF BEKOMMEN
Wegen ihres opponierbaren Daumens sind Kapuzineraffen zu einem Präzisionsgriff fähig, der dem des Menschen ähnlich ist.

WERKZEUGGEBRAUCH

Löcher mit einer Tiefe von ca. 6,5 cm und einem Durchmesser von 0,8–1,2 cm wurden in einen großen Baumstumpf gebohrt und mit Honig beködert. Um den Honig zu erreichen, benötigten die Kapuzineraffen also ein funktionierendes Werkzeug, das mindestens 6,5 cm lang und stabil genug war, um als ein Tauchinstrument zu dienen; darüber hinaus musste es dünn genug sein, um in die vorhandenen Löcher zu passen. Es überraschte nicht, dass die Affen mit früheren Erfahrungen in puncto Werkzeuggebrauch in 69 bis 97 Prozent der Experimente ein Hilfsmittel einsetzten. Sie versuchten selten, sich unangebrachter Werkzeuge zu bedienen, und damit schien ihre Werkzeugwahl nicht zufällig zu sein. Als potenzielle Werkzeuge wurden Äste und Zweige von Büschen, Bäumen oder Kletterpflanzen abgebissen und abgerissen, die die Affen zuerst in kleinere Stücke brachen, bevor sie die Blätter und Stängel entfernten. Sie beseitigten gebrochene oder welke Enden, und, wenn nötig, spalteten sie Stöcke in brauchbarere Durchmesser. Diese Verhaltensweisen replizieren wahrscheinlich die Modifikationstypen, die Kapuziner in freier Natur anwenden, bevor sie Werkzeuge für eine ähnliche Futtersuche einsetzen. Diese Bearbeitung setzt laut einiger Wissenschaftler bei den Kapuzineraffen eine kognitive Fähigkeit zur Erkennung eine Bildes voraus – eine Art von geistiger Schablone –, wie das benötigte Werkzeug beschaffen sein muss.

Ursache und Wirkung

Eine andere Aufgabenstellung ließen sich italienische Forscher einfallen. Ihnen ging es darum, festzustellen, ob Kapuzineraffen etwas über die ursächliche Beziehung zwischen Werkzeuggebrauch und den funktionellen Anforderungen an ein Werkzeug sowie über die Wirkungen ihres eigenen Handelns verstanden. Obwohl zahlreiche Beweise der Werkzeugverwendung bei Kapuzineraffen vorlagen, war es schwierig, herauszufinden, in welchem Umfang die Tiere tatsächlich verstanden, wie und warum sie gewisse Werkzeuge in besonderer Weise benutzen sollten.

In einer Versuchsreihe wurde ein waagerechtes, durchsichtiges Plastikrohr auf ein erhöhtes Traggestell montiert. Vom Affen unbeobachtet, platzierte man eine Erdnuss in der Mitte des Rohres und legte bei der Röhre einen Holzstab ab, der als Werkzeug eingesetzt werden konnte und dem Affen den Zugriff erlaubte. Der Affe konnte das Werkzeug von jedem Rohrende aus einführen, aber er musste die Erdnuss von sich wegschieben, damit sie am anderen Ende herausfiel. Diese Art von Bewegung, das Futter wegzuschieben, um es zu erreichen, ist natürlich gegen die Intuition der Affen gerichtet. Dennoch setzten drei der vier Versuchstiere das Werkzeug spontan richtig ein.

Für die drei erfolgreichen Affen wurden komplexere Versuchsbedingungen eingeführt, die erforderten, dass sie Stöcke miteinander verbanden oder Werkzeuge bearbeiteten, um effektiver damit umgehen zu können. Zum Beispiel stellte man einige Stöcke bereit, die zu kurz waren, um die Erdnuss zu erreichen. Die Affen mussten mindestens zwei kürzere Stöcke ins Rohr schieben, um das Futter hinauszustoßen. In einer anderen Versuchsanordnung war ein Steg am Ende jedes Holzstabes ange-

FÄHIGE KAPUZINERAFFEN

Kapuziner sind sehr sozial lebende Affen aus Zentral- und Südamerika. Sie sind die einzigen Affen (außer den Menschenaffen), die regelmäßig Werkzeuge herstellen und benutzen.

ENTSCHEIDUNGEN, ENTSCHEIDUNGEN

Die Belohnung für die Rohrfallenaufgabe kann auf beiden Seiten des zur Falle führenden Loches platziert werden Der Affe muss sich für die günstigere Seite zur Werkzeugeinführung entscheiden.

Misserfolg

1| Wenn der Affe das Werkzeug so einführt, dass er die Erdnuss zuerst erreicht, …

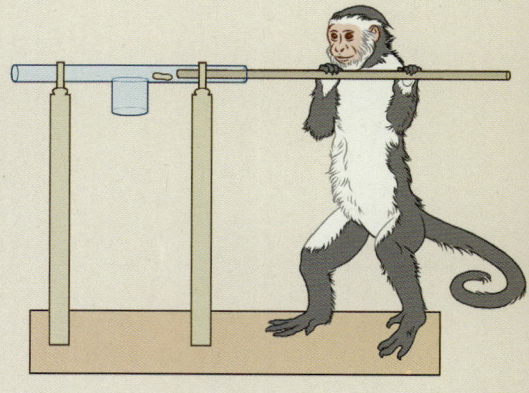

2| … und dann mit dem Schieben fortfährt, fällt die Erdnuss in die Rohrfalle und ist verloren.

WERKZEUGINNOVATIONEN BEI KAPUZINERAFFEN

bracht. D.h. die Tiere mussten einen der Stege entfernen, bevor der Holzstab in das Rohr eingefügt werden konnte. Unter anderen Bedingungen wurde den Affen ein zu dicker Stab sowie ein Bündel dünner, passender Schilfhalme gereicht. Und in einer weiteren Versuchsanordnung musste ein Stock, der im Durchmesser für das Rohr zu groß war, verändert werden, um daraus ein dünneres Instrument herzustellen. Alle drei Kapuzineraffen waren bei allen Versuchsanordnungen innerhalb weniger Minuten erfolgreich, obwohl jedes Tier unterschiedliche Verfahren zur Problemlösung anwandte. Obwohl die Tiere sich als geschickte Werkzeugbenutzer und -hersteller erwiesen, sortierten sie oft hilfreiche Werkzeuge zugunsten weniger geeigneter aus. Dies deutet an, dass sie kein klares Ziel für die Aufgabenlösung im Auge hatten. Zum Beispiel bearbeiteten sie Werkzeuge ausschließlich dann, wenn sie anfänglich beim Einsatz eines neuen Werkzeuges gescheitert waren. Dies bedeutet, dass die durchgeführten Modifikationen das Ergebnis von »Versuch und Irrtum«, d.h. Fehlschlägen waren, auf die sie mittels Werkzeugveränderung reagierten, bis sie Erfolg hatten.

Die Rohrfallenaufgabe

Um zu erforschen, ob die Kapuziner die wirklichen, kausalen Zuammenhänge einer komplexen Werkzeugaufgabe verstehen könnten, kreierten die Wissenschaftler als Nächstes ein neues Rohr mit einem Loch in der Mitte, an dem unterseits eine kleine Falle befestigt war. Jetzt ging es darum, dass die Affen ihre Aufmerksamkeit der Lage der Belohnung widmeten. Führte das Versuchstier das Werkzeug in die der Belohnung nächstgelegene Seite ein, fiel die Erdnuss beim Nachschieben in die Falle. Steckte der Affe das Werkzeug dagegen von der anderen, der weiter von der Erdnuss entfernten Seite hinein, kam die Erdnuss auf der anderen Seite heraus. Nur eine Kapuzineräffin lernte es, die Rohrfallenaufgabe zu lösen. Sie schaute immer ins Rohr und stellte sich auf die eine oder andere Seite ein, je nach der Platzierung der Erdnuss. Um zu testen, ob sie wirklich das Problem verstanden hatte, drehten die Experimentatoren die Rohroberseite nach unten, sodass die Falle nicht mehr wirksam war. Unter diesen Testbedingungen verfolgte die Äffin genau die gleiche Strategie, als ob die Falle noch an Ort und Stelle wäre. Damit wurde klar, dass sie eine perzeptuelle (wahrnehmende) Strategie einsetzte und die ursächlichen Zusammenhänge der Aufgabe nicht wirklich begriff.

Vor Bekanntwerden ihrer vielfältigen Fähigkeiten zum Werkzeuggebrauch in freier Natur wurden Kapuzineraffen als »destruktive Nahrungssucher« beschrieben. Dies hängt damit zusammen, dass sie sich Nahrungsquellen zugänglich machen, indem sie Baumstämme aufbrechen, potenzielle Nahrungsquellen heftig bearbeiten und mit Holzstücken auf totes Holz oder andere Gegenstände schlagen, um die Beute herauszutreiben. Obwohl sie die Rohraufgabe letztlich meisterten, zeigte ein ähnlicher Ansatz, dass Kapuzineraffen die Ursache-Wirkung-Beziehungen der verschiedenen Werkzeugaufgaben nicht zu verstehen scheinen.

Erfolg

1| Roberta, die als einziger Kapuzineraffe den Versuch mit einer hängenden Rohrfalle erfolgreich meisterte, führte das Werkzeug so ein, dass sie damit zuerst die Falle (und nicht das Futter) erreichte, …

2| … um so die Erdnuss mit Erfolg hinauszuschieben.

WERKZEUGGEBRAUCH BEI SCHIMPANSEN IN MENSCHENOBHUT

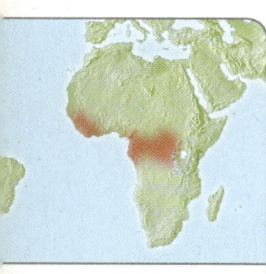

SCHIMPANSEN HABEN IHRE FLEXIBILITÄT UND FÄHIGKEITEN ZUM WERKZEUGGEBRAUCH UNTER VIELFÄLTIGEN UND SCHWIERIGEN BEDINGUNGEN MEHRFACH UNTER BEWEIS GESTELLT.

VERBREITUNG
West- und Zentralafrika

Werkzeuggebrauch bei gefangenen Schimpansen

Jahrzehnte vor der Entdeckung, dass frei lebende Schimpansen Werkzeuge herstellen und diese verwenden, dokumentierten Gefangenschaftsstudien bei diesen Tieren ihre Fähigkeit, Probleme beim Werkzeuggebrauch zu lösen. Während des Ersten Weltkrieges begann der deutsche Psychologe Wolfgang Köhler, gefangene Schimpansen in einer Forschungsstation auf den Kanarischen Inseln zu studieren. Um zu verstehen, wie sie lernen, Probleme zu lösen, gab er ihnen Aufgaben, die Werkzeuge für die Futterbeschaffung erforderlich machten. Zum Beispiel konnten sie an der Decke ihrer Behausungen befestigte Bananen nur mittels großer, in der Nähe befindlicher Holzkisten erreichen. Die Tatsache, dass die Bananen so hoch hingen, hielt die Schimpansen nicht vom Handeln ab. Sie arbeiteten zusammen, indem einige die Kästen festhielten, während ein anderer hinaufstieg, um die Belohnung zu schnappen. Es ist wahrscheinlich, dass derjenige Schimpanse, der die Banane erbeutete, später anderen Schimpansen half, denn sie wechselten sich beim Festhalten der Kisten ab. In einem anderen Versuch hatten die Schimpansen Zugriff auf unterschiedlich lange Stöcke. Allerdings war keiner lang genug, um das Futter zu erreichen, das außer Reichweite jenseits des Käfigs platziert worden war. Die Schimpansen lernten schnell, dass ein Stock in einen anderen gesteckt ein längeres, geeignetes Werkzeug ergab, um damit die Aufgabe zu lösen. Ähnlich lernten die Schimpansen, einen Kasten und einen Stock zu kombinieren, indem sie sich auf eine Kiste stellten, um mit dem Stockwerkzeug eine Banane herunterzuschlagen.

AFFENUNTERRICHT

In Menschenobhut befindliche Schimpansen und zwei andere Menschenaffen wurden in der Feuersteinbearbeitung unterwiesen, d. h. darin, mit einem Granithammer gegen einen Feuerstein zu schlagen, um eine Steinklinge mit einem messerscharfen Rand herzustellen. Für diesen Versuch wurde ein Kasten mit einem darin befindlichen schmackhaften Leckerbissen entworfen, der nur geöffnet werden konnte, wenn man ein Messer zum Zerschneiden des Taues benutzt, das die Tür verschloss. Schimpansen, ein Orang-Utan und ein Bonobo lernten in getrennten Projekten eine Steinklinge herzustellen und diese als Messer einzusetzen, um an die Belohnung zu gelangen.

NAHE VERWANDTE
Schimpansen sind genetisch gesehen unsere nächsten Verwandten, da sich ihre DNA zu 98,6 Prozent mit der unseren deckt. Sie benehmen sich erstaunlich ähnlich zu uns Menschen – auch bei der Werkzeugherstellung und -benutzung.

HERAUSFORDERUNG FÜR SCHIMPANSEN

Köhler ersann viele unterschiedliche Aufgaben, um die Findigkeit seiner Schimpansen zu testen. Er wollte herausfinden, ob sie Probleme lösen können, ohne lange Zeit mit Versuch und Irrtum zu verschwenden.

1| Zwei Schimpansen halten zwei aufeinandergestapelte Kästen fest, während ein dritter eine aufgehängte Banane ergreift.

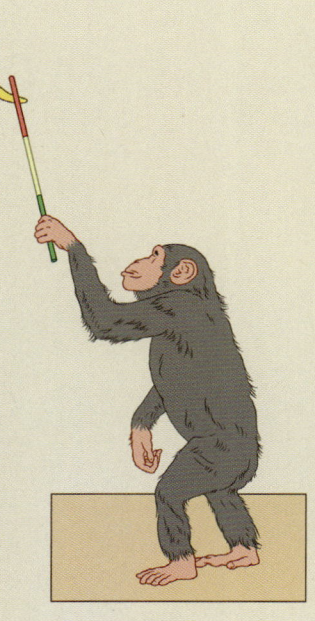

2| Ein Schimpanse benutzt einen langen Stock, um eine aufgehängte Banane herunterzuschlagen.

3| Die Schimpansen kombinieren gestapelte Kästen und einen Stock, um eine hoch über ihnen aufgehängte Banane zu erreichen.

Vorläufer der Wildnisstudien

In dem Buch, das er später über die Studien mit dem Titel »Die Mentalität von Affen« veröffentlichte, folgerte Köhler, dass die Schimpansen ein sogenanntes Verständnis-Lernen benutzen, um Aufgaben zu lösen. Allerdings legten von anderen Wissenschaftlern weitergeführte Studien dar, dass der Erfolg der Schimpansen den verschiedenen Herangehensweisen zuzuschreiben ist, mit denen sie experimentiert hatten. Die Affen hatten also das »Versuch-und-Irrtum-Lernen« genutzt, um einen Plan auszuarbeiten, wie sie die Belohnung erreichen konnten. Trotzdem stellen Köhlers frühe Studien über das Problemlösen bei Schimpansen eine Pionierleistung hinsichtlich der potenziellen Befähigung von Schimpansen zum Werkzeuggebrauch dar. Niemand hätte damals wissen können, wie viel und wie oft Werkzeugverwendung im Leben wilder Schimpansen auftrat, oder die umfangreichen Werkzeugtypen kennen können, die jetzt zunehmend in ganz Afrika entdeckt werden. Diese Beobachtungen offenbaren, dass der Werkzeuggebrauch gefangener Schimpansen eine natürliche Fähigkeit ist, die lediglich zuerst außerhalb ihres natürlichen Lebensraums beobachtet wurde.

Sozialstudien

Seit den bahnbrechenden Studien zum Werkzeuggebrauch bei Schimpansen in Menschenobhut im frühen 20. Jahrhundert gab es eine schier endlose Reihe von Folgestudien. Obwohl Vergleiche zur menschlichen Geschicklichkeit aufgrund der genetischen Nähe zwischen den beiden Spezies unvermeidlich sind, ist der Schimpanse eine gründliche Studie in eigener Sache wert. Seine komplexe Gesellschaftsstruktur in der Wildnis, die weitreichende Verwendung von Instrumenten für die Nahrungssuche – zum Lokalisieren und Ausbeuten von nicht direkt sichtbaren Nahrungsquellen – sowie eine bemerkenswerte Geschicklichkeit bei der Bearbeitung von Gegenständen, neben vielen anderen staunenswerten, nur dem Schimpansen eigenen Fähigkeiten, offenbaren

WERKZEUGGEBRAUCH BEI SCHIMPANSEN IN MENSCHENOBHUT

ANGELN GEHEN
Schimpansen benutzen Werkzeuge in vielfältigerer Weise als jede andere Tierart. Hier verwendet einer ein Holzstück, um nach Futter zu angeln, das außerhalb der Reichweite schwimmt.

eine Spezies mit grandioser Entwicklungsgeschichte. Studien konfrontierten Schimpansen mit einem weiten Feld von Aufgaben – von einfachen Vorhaben wie Farben oder Formen zuordnen, Gegenstände unterscheiden sowie miteinander kooperieren, um schwere Gegenstände zu bewegen, die von keinem einzelnen Tier bewegt werden könnten, bis hin zu Versuchen mit gegenständlichen Symbolsystemen. Sie alle zeigen, dass Schimpansen praktisch jede herausfordernde Aufgabe lösen können. Es ist wahrscheinlich, dass die anderen Menschenaffen, die keinen ähnlich ausführlichen Tests unterzogen wurden oder vergleichbaren Unterricht erhielten, sehr ähnliche Fähigkeiten aufweisen.

Erkennungstests

Zahlreiche Forschungsteams haben sich mit den kognitiven Fähigkeiten von Schimpansen befasst. Ein besonders interessantes Thema ist, ob Schimpansen eine präzise Sequenz mehrerer Schritte einer Werkzeugaufgabe nachahmen können. Bisherige Studien verglichen Schimpansen oft mit anderen Affen sowie deren Nachwuchs. Dabei wurde die Werkzeugverwendung zuerst von einem menschlichen Vorführer gezeigt. Die Tests resultierten häufig darin, dass die Tiere die Aufgaben ausführten, aber nicht in genau der gleichen Weise, wie sie vom Vorführer demonstriert worden waren. Auch der Nachwuchs passte sich nur annähernd den Methoden des Vorführers an, was die Beobachter schlussfolgern ließ, dass Schimpansen zu einer wahren Imitation unfähig waren.

Allerdings entwarf eine spätere Gruppe von Forschern Werkzeugaufgaben, die die bei wilden Schimpansen angetroffenen Schwierigkeitsgrade reproduzierten. Bei diesem Ansatz waren die Schimpansenkandidaten durchweg erfolgreich. Sie nutzten die gleichen Methoden wie der menschliche Trainer und widerlegten die Vorstellung, Schimpansen seien unfähig, eine Imitation zu zeigen, die der des Menschen ähnlich war. Um diese Studie zu erweitern, überlegten die Wissenschaftler, ob Schimpansen selbst als Kandidaten für eine neue Art von Werkzeugaufgabe fungieren könnten. Sie gaben drei Gruppen ein neuartiges Nahrungsbehältnis und brachten je einem hochrangigen Weibchen von zwei Gruppen eine besondere Handhabungsmethode bei. In der dritten Gruppe wurde keinem Schimpansen der Umgang mit dem Behältnis beigebracht. 30 der 32 Schimpansen, die einen Schimpansen-Vorführer hatten, erlernten die Handhabung des neuen Nahrungsbehältnisses. Dagegen lernte die dritte Gruppe niemals die Benutzung. Diese Studie lässt den Schluss zu, dass Werkzeuggebrauch kulturell, durch empirisches Lernen von ausgebildeten Werkzeugbenutzern übertragen werden könnte.

Erhöhung der Komplexität

Mit weiteren Experimenten versuchte man, sich die Strategien näher anzuschauen, die Schimpansen nutzen, wenn sie mit einer komplexeren Werkzeugaufgabe konfrontiert werden. Anfänglich wurden Kapuzineraffen unter Verwendung einer besonderen Werkzeugvorrichtung getestet. Diese bestand aus einem durchsichtigen Rohr, das an beiden Enden offen war, mit einem Mittelloch, das zu einem kleinen Becher oder Falle führte (siehe S. 52). Das Werkzeug musste von der richtigen Seite eingeführt werden, sodass es sich über die Öffnung der Falle bewegte, um die Erdnuss auf der anderen Seite des Loches zu treffen und sie die ganze Strecke zur anderen Öffnung zu schieben. Wurde der Stock von der Rohrseite eingeführt, bei der die Erdnuss vor dem Mittelloch lag, würde das Tier den Leckerbissen in die Falle stoßen. Allerdings war schließlich nur ein Affe fähig, das Problem zu lösen, aber er benutzte auch das gleiche Verfahren, als das Rohr so umgedreht wurde, dass die Falle ihre Funktion verlor. Die Wissenschaftler folgerten hieraus, dass der Affe Anzeichen wahrnahm, aus denen er schloss, welche Seite er benutzen sollte, aber nicht wirklich die Beziehung zwischen Falle und Werkzeugeinsatz verstand. Was würden Schimpansen machen, wenn man ihnen die gleiche Aufgabe stellte?

Eine Gruppe Schimpansen wurde mit dem gleichen Test konfrontiert. Die Schimpansen lernten leicht, einen Stock zu benutzen, um eine Süßigkeit aus dem offenen Rohr zu stoßen. Deshalb wurde die Rohrfalle eingebaut, um zu sehen, welche Art von Strategie sie bei einer komplizierteren Aufgabe benutzen würden. Bei 150 Versuchen führten einige der Schimpansen das Werkzeug in den meisten Tests von der richtigen Seite ein. Diese Ergebnisse zeigen, dass die Schimpansen im Gegensatz zu den Kapuzineraffen einsahen, was mit der Süßigkeit geschehen würde, bevor sie das Werkzeug von der falschen Seite einführten. Dies bedeutet, dass die Schimpansen fähig waren, die Aufgabe geistig zu lösen – durch Vergegenwärtigung der verschiedenen Aufgabenmerkmale, bevor sie das Werkzeug benutzten. Auf diese Weise konnten sie sich die richtige Seite vorstellen, um erfolgreich an die Belohnung zu gelangen.

Die Wissenschaftler folgerten, dass Schimpansen im Gegensatz zu Kapuzineraffen die notwendige geistige Fähigkeit besitzen, eine kognitive Strategie zu verwenden, statt nur visuelle Hinweise einzusetzen. Die Fähigkeit, eine geistige Vorstellung für eine Problemlösung anzuwenden, ist ein Kennzeichen des menschlichen Informationsprozesses, den Schimpansen mit uns in einem beträchtlichen Maß teilen.

WERKZEUGHERSTELLUNG
Schimpansen benutzen nicht nur Werkzeuge, sondern sie bearbeiten auch Gegenstände, um sie in Werkzeuge zu verwandeln. Hier fertigt ein Schimpanse durch das Entfernen von Borke einen Sondierstock an.

WERKZEUGGEBRAUCH BEI SCHIMPANSEN IN MENSCHENOBHUT 59

Siehe auch
Werkzeuginnovationen bei Kapuzineraffen,
Seite 50

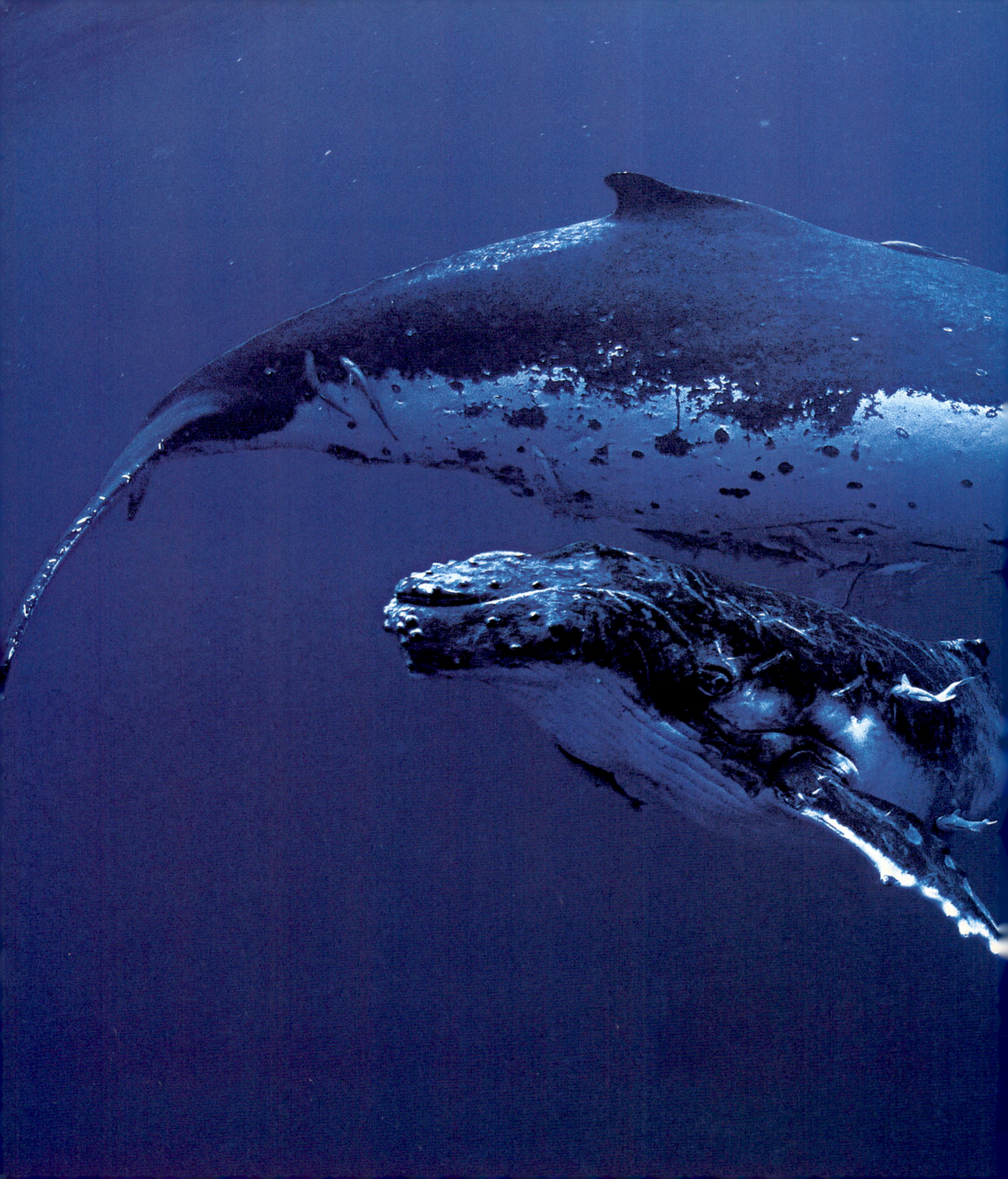

KAPITEL 2
KOMMUNIKATION

Lange bevor die Menschen ihre Sprache entwickelten, hatten viele Tierarten schon bemerkenswert wirksame Kommunikationssysteme. Alle Tiere sind darauf angewiesen, sich zuverlässig und rationell auszudrücken, ihren Standort mitzuteilen, sich an Paarungsritualen zu beteiligen oder Alarm zu geben. Wir stehen gerade am Anfang, das Rätsel der komplexen und unterschiedlichen Methoden zu lösen, wie Tiere Informationen austauschen. Dies schließt die inhaltsreichen Primaten-Lautäußerungen ebenso ein wie das komplexe Kommunikationssystem der Honigbienen und die neu entdeckte Fähigkeit von Elefanten, Laute abzugeben und sie über die Füße wahrzunehmen.

DIE TANZSPRACHE DER HONIGBIENEN

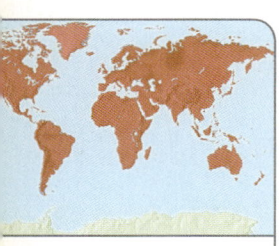

VERBREITUNG
Weltweit

TANZENDE BIENEN SIND AUSGEZEICHNETE KOMMUNIKATOREN, UND SIE SIND EBENSO MEISTER DARIN, DIESE TÄNZE ZU ENTSCHLÜSSELN. BEI DER RÜCKKEHR ZUM BIENENSTOCK ÜBERMITTELN SIE DEN ANDEREN BIENEN PER TANZ INFORMATIONEN ZU QUALITÄT UND GENAUER LAGE EINER NEUEN FUTTERQUELLE.

Es ist nur schwer vorstellbar, dass ein Spaziergang durch einen Garten oder Stadtpark es ermöglichen kann, den Anfang eines der komplexesten Kommunikationssysteme der Welt mitzuerleben. Dennoch kann ein auf eine Blume geworfener intensiver Blick uns bereits eine Ahnung davon vermitteln. Man halte Ausschau nach Bienen, die an das Zentrum einer Blüte heranfliegen, um Pollen oder Nektar zu finden und diese in den Bienenstock zurückzutragen. Bei der Rückkehr einer solchen Arbeiterbiene beginnt dann die erstaunliche Geschichte vom »Tanz der Bienen«.

Schau, was ich fand

Bienen sind soziale Insekten, die in einer hochgradig durchorganisierten, komplexen Gesellschaftsstruktur leben, die sich über Millionen von Jahren entwickelt hat. Der Bienenstock und seine Bewohner funktionieren sehr effektiv in einem eindrucksvollen, geordneten System, das Gesundheit und Wohlbefinden der sich entwickelnden Larven und der äußerst wichtigen Bienenkönigin maximiert. Nahrung ist eine der wichtigsten Grundlagen für die Bienenstockgemeinschaft. Bienen haben ein bemerkenswertes Kommunikationssys-

WIR BRAUCHEN DIE BIENEN

Rund um den Globus sind Bienen entscheidend für die Wirtschaft, da ein großer Teil des landwirtschaftlichen Ertrags von der Bestäubung vieler Feldfrüchte abhängt. Bienen sind unverzichtbare Mitwirkende bei der Bestäubung, und ohne ihre Hilfe könnten die Ergebnisse verheerend sein.

Während einiger Vegetationszeiten im letzten Jahrzehnt haben Krankheiten die Bienenbevölkerungen mit der Konsequenz dezimiert, dass ganze Ernten ausfielen. Erst kürzlich starben Bienenvölker vollkommen aus, und Wissenschaftler haben die Ursache noch nicht ermitteln können. Es ist jedoch enorm wichtig, den Grund zu finden, damit die Bienen in ihren Gemeinschaften gedeihen und fortfahren können, unsere Anstrengungen zur Nahrungsbeschaffung zu unterstützen.

DIE TANZSPRACHE DER HONIGBIENEN

BIENEN HALTEN ZUSAMMEN
Die emsigen Bienen teilen sich ihr Arbeitspensum. Honigbienen suchen gemeinschaftlich nach Futter, indem sie sich den Standort reicher Nektarquellen gegenseitig bekanntgeben.

Siehe auch
Man kann darauf zählen, dass Ameisen den Weg nach Hause finden, *Seite 130*

tem entwickelt, mit dessen Hilfe sie Informationen über die Futterqualität sowie die Entfernung und Lage einer Futterquelle übermitteln. Nach dem Entdecken eines neuen Futterplatzes vollführt die Biene eine wohl durchdachte Folge von Tanzbewegungen im Bienenkorb. Es sei angemerkt, dass die Waben im Stock, mit den parallel angeordneten Kammern, senkrecht hängen, sodass die zurückkommende Biene auf einer vertikal verlaufenden Oberfläche »tanzen« muss.

Karl von Frisch knackt den Code
Im Jahr 1973 teilte sich Karl von Frisch mit zwei anderen Tierverhaltensforschern, Konrad Lorenz und Niko Tinbergen, den Nobelpreis für Medizin. Sie alle galten ab diesem Zeitpunkt als die Väter der Freilandethologie, d. h. des typischen Verhaltens einer Tierart in ihrem natürlichen Lebensraum.

Während der 1940er-Jahre stellten bahnbrechende Studien von Karl von Frisch die erstaunlichen Fähigkeiten von Honigbienen dar. Dabei handelte es sich um die Versorgung der Bienenstockbewohner mit wichtigen Informationen, die durch zwei Tanzarten überbracht werden: Rundtanz und Schwänzeltanz.

Der Rundtanz
Liegt eine Futterquelle weniger als 100 m vom Stock entfernt, vollführt die Biene einen einfachen Rundtanz. Hierbei zeichnet sie einen Kreis in einer Richtung auf der senkrechten Oberfläche des Bienenstocks nach, dreht dann um und führt den Kreis in die andere Richtung aus. Durch Übersetzung des Rundtanzes wissen die Bienen, dass es Futter in der Nähe des Bienenstockes gibt. Ausfliegende, Futter suchende Bienen nutzen dann weitere Zeichen wie Farbe oder Geruch, um den Standort zu lokalisieren.

64 KOMMUNIKATION

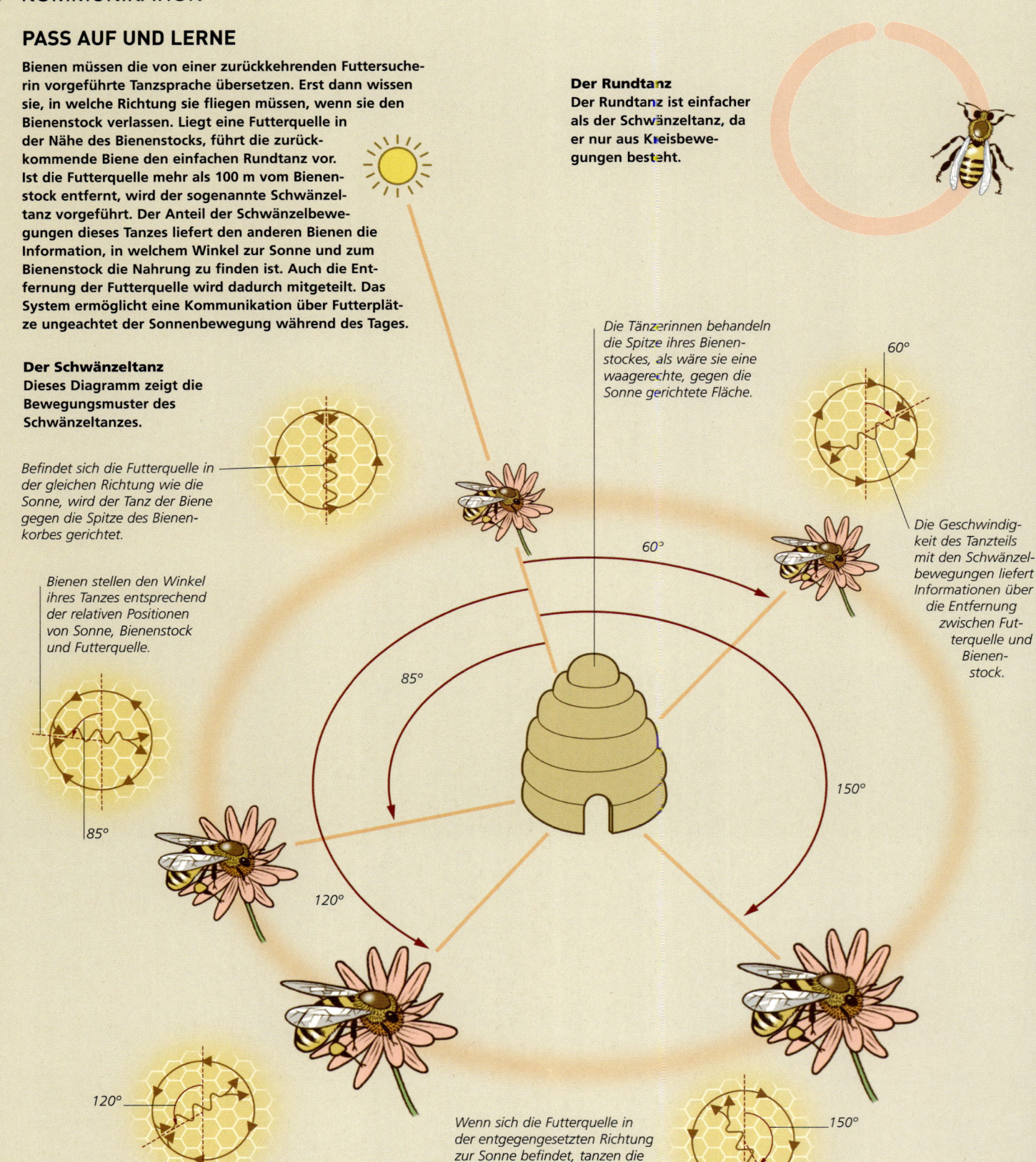

PASS AUF UND LERNE

Bienen müssen die von einer zurückkehrenden Futtersucherin vorgeführte Tanzsprache übersetzen. Erst dann wissen sie, in welche Richtung sie fliegen müssen, wenn sie den Bienenstock verlassen. Liegt eine Futterquelle in der Nähe des Bienenstocks, führt die zurückkommende Biene den einfachen Rundtanz vor. Ist die Futterquelle mehr als 100 m vom Bienenstock entfernt, wird der sogenannte Schwänzeltanz vorgeführt. Der Anteil der Schwänzelbewegungen dieses Tanzes liefert den anderen Bienen die Information, in welchem Winkel zur Sonne und zum Bienenstock die Nahrung zu finden ist. Auch die Entfernung der Futterquelle wird dadurch mitgeteilt. Das System ermöglicht eine Kommunikation über Futterplätze ungeachtet der Sonnenbewegung während des Tages.

Der Rundtanz
Der Rundtanz ist einfacher als der Schwänzeltanz, da er nur aus Kreisbewegungen besteht.

Der Schwänzeltanz
Dieses Diagramm zeigt die Bewegungsmuster des Schwänzeltanzes.

Befindet sich die Futterquelle in der gleichen Richtung wie die Sonne, wird der Tanz der Biene gegen die Spitze des Bienenkorbes gerichtet.

Bienen stellen den Winkel ihres Tanzes entsprechend der relativen Positionen von Sonne, Bienenstock und Futterquelle.

Die Tänzerinnen behandeln die Spitze ihres Bienenstockes, als wäre sie eine waagerechte, gegen die Sonne gerichtete Fläche.

Die Geschwindigkeit des Tanzteils mit den Schwänzelbewegungen liefert Informationen über die Entfernung zwischen Futterquelle und Bienenstock.

Wenn sich die Futterquelle in der entgegengesetzten Richtung zur Sonne befindet, tanzen die Bienen senkrecht abwärts.

60°
85°
120°
150°

DIE TANZSPRACHE DER HONIGBIENEN

Der Schwänzeltanz

Der Schwänzeltanz ist eine ganz andere Geschichte. Er wurde erst nach Hunderten von Untersuchungsstunden durch Karl von Frisch enträtselt. Der Schwänzeltanz enthält einige Elemente des Rundtanzes, wird wie dieser im Bienenkorb auf der senkrechten Oberfläche der Honigwabe ausgeführt und schließt Kreisbewegungen ein, die denen des Rundtanzes ähnlich sind. Wenn die Biene einen Halbkreis abgeschlossen hat, dreht sie sich allerdings und bewegt sich die Wabe hinauf, den Kreis halbierend. Während des geraden Laufs durch den Kreis schwänzelt sie mit ihrem Körper in einem tanzähnlichen Muster hin und her, als würde sie einen »Cha-Cha-Cha« die Wabe hinauftanzen. Sobald sie die Spitze des Kreises erreicht hat, dreht sie sich in die entgegengesetzte Richtung und vollendet einen weiteren Halbkreis. Dann führt sie erneut einen Schwänzeltanz die Wabe hinauf vor. Schließlich endet das Ganze in einem straffen Muster, das einer liegenden Acht ähnelt.

Wenn die Biene einen Schwänzeltanz vorführt, wissen die Zuschauer, dass es in einiger Entfernung vom Bienenkorb Futter gibt. Die Information, in welcher Richtung sie suchen sollen, wird ebenfalls über den Schwänzeltanz übermittelt. Die Biene vollzieht die Ausrichtung des Schwänzeltanzes auf den Sonnenstand und den Winkel gestützt, der zwischen dem Bienenstock, der Sonne und der Futterquelle gegeben ist (siehe Abb. S. 64). Die Ausrichtung der Schwänzeltanzlinie weist also die Richtung zur Futterquelle. Man erinnere sich allerdings daran, dass die Honigwabe senkrecht im Bienenstock sitzt. Um im Schwänzelteil des Tanzes den Sonnenstand, ganz gleich zu welcher Tageszeit, zu übermitteln, führt die Biene den Schwänzeltanz so aus, als wäre die Sonne an der Spitze des Bienenkorbes positioniert. Mit anderen Worten: Bienen haben ein eingebautes GPS-System, das jeden Tag, ungeachtet der Bewegungen der Sonne, benutzt werden kann. Der Winkel wird durch die Art und Weise angezeigt, in der die Biene durch den Kreis schwänzelt. Dies bedeutet, dass die anderen Bienen aus dem Bienenkorb in die durch den Tanz angegebene Richtung fliegen sollen.

Von vielleicht noch größerer Bedeutung ist, dass per Schwänzeltanz auch die Entfernung zur Futterquelle kommuniziert wird, was sich in der Geschwindigkeit des Schwänzelteils niederschlägt. Je langsamer der Tanz, desto weiter entfernt liegt der Futterplatz. Wenn zum Beispiel eine Futterquelle 10 km vom Bienenstock entfernt ist, tanzt die Biene den Schwänzelteil sehr langsam, ungefähr acht Schwänzelbewegungen pro Minute. Liegt aber die Futterquelle nur 500 m weit weg, erhöht sich die Geschwindigkeit auf ungefähr 25 Bewegungen pro Minute. Die zuschauenden Bienen können die Entfernung zur Futterquelle aus der Geschwindigkeit des Tänzers genau »berechnen«.

Fähigkeit auf Lebenszeit

Müsste jede Generation mit Tausenden von Bienen in einem Bienenstock jeden Tanz individuell lernen, würde die Bienengemeinschaft nicht im heutigen Maß funktionieren. Allerdings ist die Tanzsprache der Biene ein Teil der genetischen Ausstattung. Ihr Kommunikationssystem ist also »eingebaut«, weshalb eine Nahrung suchende Biene die Informationen verstehen kann, die von anderen Tanzbienen überbracht werden.

KOMMUNIKATION
Informationstänze sind integraler Bestandteil des komplexen sozialen Netzwerkes eines Bienenstocks.

ZIESEL ACHTEN AUF ARTGENOSSEN

BELDING-ZIESEL NUTZEN EIN KOMPLEXES SYSTEM DER LAUTKOMMUNIKATION, UM INSBESONDERE WEIBLICHE ARTGENOSSEN VOR LUFT- UND BODEN-RAUBTIEREN ZU WARNEN.

VERBREITUNG
Westküste der USA

Belding-Ziesel, eine sehr soziale Nagetierart, leben in großen Gruppen in einer subalpinen Umgebung in den weiten Westgebieten der Vereinigten Staaten und kommen dort in Wiesen, Wüstenbeifuß-Gebieten und Wäldern vor. Männliche Ziesel verlassen beim Erreichen eines angemessenen Alters ihre Geburtsgruppe und suchen sich neue Gemeinschaften aus, während die Weibchen auf Lebenszeit bei ihrer Geburtsgruppe bleiben. Das bedeutet, dass alle Weibchen in der Gemeinschaft verwandt sind. Diese Beziehungen bilden die Grundlage für ein altruistisches Alarmrufen, das die ganze Gruppe schützt und zur genetischen Kontinuität bei den Tieren beiträgt.

Trillern und Pfeifen

Obwohl Ziesel vielen Gefahren ins Auge sehen, zählen doch Wiesel, Schlangen, andere Zieselarten und unter den Vögeln v.a. Falken zu ihren ärgsten Feinden. Weibchen schützen ihre Höhlen mit einer Duftmarkierung, einerseits zur Identifizierung ihres Territoriums und andererseits zur Abschreckung von Eindringlingen. Besonders gefährdet sind sehr junge Ziesel, wenn sie gerade aus ihren Geburtshöhlen hervorkommen. Nur 40–60 Prozent des Nachwuchses eines Jahres überleben die Zeit bis zum Herbst.

Ziesel suchen gemeinschaftlich nach Futter, da dieses Verhalten Schutz vor dem Gefressenwerden bietet: Eine größere Anzahl von Individuen bedeutet eine größere Wachsamkeit innerhalb der Gruppe, falls ein Fressfeind auftauchen sollte. Wird ein Raubtier erspäht, richtet sich der beobachtende Ziesel auf und gibt einen besonderen Alarmruf ab. Junge Ziesel können nicht von Geburt an unterscheiden zwischen »Triller«-Alarmrufen, die üblicherweise abgegeben werden, wenn ein Bodenraubtier erblickt wurde, und einem Alarm-»Pfeifen«, das erzeugt wird, wenn ein Raubvogel in Sichtweite ist. Die Jungtiere müssen den Unterschied zwischen den beiden Rufarten lernen. Hören die Gruppenmitglieder ein Alarmpfeifen, ziehen sie sich sofort in ihre Höhlen zurück. Wenn der Trilleralarmruf zu vernehmen ist, richten sie sich auf zwei Beine auf; dadurch können sie sich besser umsehen und prüfen, was den Ruf ausgelöst hat.

Allerdings sind nicht alle Ziesel in gleicher Weise für das Rufen geeignet. Vielmehr scheint es, dass zwar alle Weibchen und Männ-

---

MACH DAS BESTE AUS DEM WETTER, SOLANGE ES SICH HÄLT

Aufgrund extremer klimatischer Schwankungen in ihrem Lebensraum sind Ziesel nur tagsüber und etwa 3–4 Monate des Jahres im Sommer aktiv. In dieser Zeit suchen sie nach Samen, Blüten und Pflanzenbewuchs. Ziesel halten 7–8 Monate Winterschlaf. Deswegen müssen sie genug fressen, um für diese lange Periode ausreichend Fettreserven zu bilden. Wenn erwachsene Tiere aus dem Winterschlaf erwachen, paaren sie sich sofort. Zu dieser Zeit verteilen sich einige Männchen auf neue Gruppen, während andere einige Monate lang in Vorbereitung auf den kommenden Winterschlaf an Gewicht zulegen. Einen Monat nach der Paarung bringen die Weibchen 5–8 Junge zur Welt. Diese werden von der Mutter in den unterirdischen Bauen versorgt, bis sie 3–6 Wochen alt sind. Kurz darauf ziehen die jungen Männchen ab, um sich anderen Gemeinschaften anzuschließen. Dagegen bleiben die Weibchen auf Lebenszeit bei ihrer Geburtsgruppe. Ungefähr einen Monat, nachdem die Jungtiere aus ihrer Höhle auftauchen, begeben sich die erwachsenen Männchen in den Winterschlaf.

SPEZIFISCHER WARNRUF
Wenn ein Luft- oder Bodenraubtier erspäht wird, stellt sich der beobachtende Ziesel auf die Hinterbeine und stößt bestimmte Alarmrufe aus, die die gesichtete Raubtierart anzeigen.

chen den Pfeifalarm geben können, der Trilleralarm aber nur von Weibchen in Anwesenheit von Tieren ausgestoßen wird, die genetisch mit ihnen verwandt sind. Das Alarmpfeifen bewirkt, dass alle Ziesel in der Umgebung zu ihren Höhlen stürmen und somit das Raubtier verwirren, wodurch es auch unwahrscheinlich wird, den Alarmgeber selbst zu fangen, der sozusagen einen »egoistischen« Warnruf abgibt. Umgekehrt ist der Trilleralarm für den Alarmierer viel riskanter, es handelt sich also um einen »altruistischen« Warnruf. Die Konzentration weiblicher Verwandter hat die Entwicklung altruistischer Alarmrufe erhöht und unterstützte zugleich die gemeinschaftliche Verteidigung des Reviers gegen Außenstehende.

Im Familienkreis

Es kann ein großer Nachteil sein, Alarmrufe abzugeben, weil sie den Standort des Alarmierers verraten und diesen sogar in Todesgefahr bringen können. Allerdings ist der langfristige Nutzen für die Gruppe klar. So übernehmen Weibchen das Risiko für das Alarmieren, wenn sehr nahe Verwandte mit im Spiel sind. Ebenso sind Weibchen viel eher geneigt, einen eindringenden Ziesel anzugehen, wenn der Einfall innerhalb des Reviers nahe wohnender enger Verwandter stattfindet. Ihre Verteidigungsbereitschaft sinkt dagegen, wenn das Eindringen ins Wohnareal entfernterer Verwandter vorkommt. Die Sorge um enge Verwandte bedeutet, dass diese überleben und ihre gemeinsamen Gene an die nachfolgenden Generationen weitergeben können.

Wer bist du?

Wie erkennen sich Ziesel nun gegenseitig, was ja nötig ist, um den charakteristischen, altruistischen Alarmruf abzugeben. Da sicherlich große körperliche Ähnlichkeiten zwischen allen Gemeinschaftmitgliedern herrschen, müssen es andere Mechanismen sein, die ein individuelles Erkennen möglich machen.

Die Antwort scheint mit Geruchsmerkmalen in Zusammenhang zu stehen. Ziesel können zwei unterschiedliche Arten von Gerüchen erzeugen, die beim Erkennen von Verwandten helfen: Mund- und Analdrüsensekrete. Beide variieren in ihrer Übereinstimmung, je nachdem, wie eng verwandt die Individuen sind. Wenn Ziesel einander treffen, sieht es aus, als ob sie sich küssen würden. Was sie in Wahrheit machen, ist, den von den Mauldrüsen abgegebenen Geruch des anderen Tieres aufzunehmen. So können sie sich gegenseitig als Verwandte identifizieren – einschließlich des Verwandtschaftsgrades, also ob Geschwister, Cousin oder gar nicht verwandt – und reagieren dementsprechend.

Siehe auch
Die Warnrufe der Grünmeerkatzen, *Seite 68*
Eine Hand wäscht die andere, *Seite 170*

DIE WARNRUFE DER GRÜNMEERKATZEN

DIE SCHLAUEN SÜDLICHEN GRÜNMEERKATZEN VERFÜGEN ÜBER BESTIMMTE ALARMRUFE FÜR DREI VERSCHIEDENE POTENZIELLE FRESSFEINDE: LEOPARD, SCHLANGE UND KAMPFADLER.

VERBREITUNG
Afrika südlich der Sahara

Die Südliche Grünmeerkatze ist ein mittelgroßer Primat, der in Afrika südlich der Sahara vorkommt. Einerseits gelten diese Affen als halb baumbewohnend, da sie einen Teil ihrer Zeit auf Bäumen zubringen, andererseits als halb terrestrisch, weil sie sich beim Spielen oder Fressen auf dem Boden aufhalten. Sie sind ausschließlich tagaktiv und verbringen die Nacht schlafend im Schutz der Bäume.

Die Alarmlautbildung der wilden Südlichen Grünmeerkatzen gilt als eine der am besten untersuchten auf der Welt. Aktuelle Playbackstudien haben unter Verwendung aufgezeichneter Warnrufe gezeigt, dass die nach Raubtiersichtung erzeugten Rufe spezielle Bedeutungen für die anderen Affen der Gruppe haben.

Spezifische Alarmrufe

Die drei Raubtiere, vor denen die Südlichen Grünmeerkatzen auf der Hut sein müssen, sind Leoparden, Kampfadler und andere Greifvögel sowie Schlangen. Zwei ihrer Fressfeinde leben auf dem Boden, der dritte ist ein Luftfeind, weswegen die Meerkatzen unterschiedlich reagieren müssen. Sichtet eine Meerkatze einen Leoparden, gibt sie einen bestimmten Alarmruf ab. Dies hat zur Folge, dass die anderen Affen in Bäumen auf dünnere Zweige klettern, die das Gewicht der Raubkatze nicht tragen können. Wird eine Schlange erspäht, stellen sich die gewarnten Tiere aufrecht auf zwei Beine, um nach der Schlange Ausschau zu halten. Da

AFRIKANISCHE AFFEN
Südliche Grünmeerkatzen sind kleine, grau gefärbte Primaten mit einem auffallenden schwarzen Gesicht. Sie leben in vielen Ländern Afrikas und kommen dort auch in Touristencamps vor, wo sie oft in Schwierigkeiten geraten. Meerkatzenbabys sind bei einem Raubtierangriff besonders gefährdet.

UNMITTELBARE IDENTIFIZIERUNG
Viele Tierarten reagieren auf Raubtiere mit Warnrufen, doch die Südlichen Grünmeerkatzen haben unterschiedliche Alarmrufe für bestimmte Raubtiere.

Siehe auch.
Diana-Affen als Nachrichtensprecher, *Seite 74*

GRÜNMEERKATZENRUFE
Südliche Grünmeerkatzen erzeugen nicht nur charakteristische Rufe wie Schreien, Kläffen und Schnattern, sondern reagieren auf diese Rufe auch in bestimmter Weise.

DER ADLERALARMRUF
Wird ein Adler oder anderer Greifvogel gesichtet, geben ein oder mehrere Affen den kennzeichnenden Alarmruf ab. Die Truppe zieht sich daraufhin in die nahe gelegenen Büsche zurück, bis die Gefahr vorüber ist.

DIE WARNRUFE DER GRÜNMEERKATZEN

Vögel aus der Luft angreifen, benötigen die Meerkatzen in diesem Fall wiederum eine andere Fluchtstrategie: Sie springen dann in die Büsche und verharren in deren Schutz, bis der Vogel weggeflogen ist. Alle drei unterschiedlichen Verhaltensreaktionen sind dem jeweiligen Raubtier zugeordnet, und jeder Alarmruf gilt nur für eines der drei Raubtiere. Dies deutet an, dass die Alarmrufe der Grünmeerkatzen quasi als primitive, namensähnliche Etiketten für Leoparden, Adler oder Schlangen fungieren. Wenn eine Meerkatze die unterschiedlichen Rufe hört, wird sie dementsprechend reagieren.

Der richtige Ruf zur rechten Zeit

Man nimmt an, dass die Affen mit gewissen Anlagen zur Warnlautbildung geboren werden, dass sie aber lernen müssen, diese Rufe zu angemessener Zeit und als Reaktion auf das jeweilige Raubtier einzusetzen. Manchmal geben Affenbabys Adleralarm zu irgendetwas, das vom Himmel schwebt, wie etwa einem fallenden Blatt. Von den älteren Gruppenmitgliedern übernehmen die jungen Affen dann aber die Fähigkeit, den richtigen Warnruf auszustoßen, wenn das entsprechende Raubtier gesichtet wurde. Mit der Zeit und durch Erfahrung lernen die jüngeren Grünmeerkatzen beim Alarmieren zwischen den Räubern zu unterscheiden. Das heißt, sie lernen zur richtigen Zeit das Richtige zu äußern.

Ein sozialer Ruf

Man hat entdeckt, dass die Südlichen Grünmeerkatzen andere Lautäußerungen zur sozialen Interaktion nutzen und einige auch referenziell sein können. Das heißt: So, wie es besondere Alarmrufe für verschiedene Raubtiere gibt, so scheinen auch andere Lautäußerungen der Affen Informationen zu überbringen, die das einzelne Tier repräsentieren oder die Art und Weise einer bestimmten sozialen Interaktion charakterisieren.

In einer anderen Studie zeichneten Forscher Warnrufe von jungen Meerkatzen auf und versteckten dann einen Lautsprecher unweit einer Stelle, wo sich die Tiere am Boden aufhielten. Als sich ein erwachsener weiblicher Affe in der Nähe des Lautsprechers befand, spielten sie die aufgezeichneten Rufe ab. Die erwachsenen Weibchen schauten nach der Mutter des Affen-

AFFEN-HINTERGRUNDINFO

Südliche Grünmeerkatzen leben in großen Gruppen bestehend aus einigen Männern, zahlreichen Weibchen und deren Nachwuchs – manchmal in Zahlen von bis zu 80 Affen, obwohl die typische Gruppengröße etwa 20 Individuen umfasst. Grünmeerkatzen bewohnen Savannen und Berggebiete und nehmen eine sehr vielfältige Kost zu sich, die hauptsächlich aus Früchten, Samen, Blättern und Insekten, aber auch kleinen Säugetieren besteht.

babys, dessen Alarmrufe abgespielt wurden, und nicht auf das Kleinkind. Dies ließ die Wissenschaftler vermuten, dass die erwachsenen Weibchen sich an die individuellen Rufe jeden Affenkindes erinnern und ihnen die Beziehung zwischen einem jungen Affen und seiner Mutter bekannt ist.

Studien zu anderen Meerkatzen-Lautäußerungen liefen auf einen anderen Zusammenhang hinaus. Diesmal zeichneten die Forscher Grunzlaute auf, die die Affen in unterschiedlichen Situationen machten. Man hatte früher angenommen, dass leichte Unterschiede in den akustischen Merkmalen der Grunzlaute mit dem unterschiedlichen Zusammenhang zu tun hatten, in dem sie gehört wurden. Als man erwachsenen Grünmeerkatzen nun aufgezeichnete Grunzlaute vorspielte, entdeckte man, dass die Tiere unterschiedlich und konsistent reagierten. Das heißt, sie reagierten auf die feinen Unterschiede im Grunzen ungeachtet der Situation oder des Zusammenhangs. Daraus lässt sich schließen, dass das Grunzen verschiedene Bedeutungen haben kann. Spielte man zum Beispiel die Grunzlaute eines rangniederen Männchens ab, die an ein ranghöheres Männchen gerichtet waren, blieben die Affen sitzen. Hörten sie dagegen Grunzlaute eines dominanten Männchens, zogen sie sich schnell aus der Umgebung des Lautsprechers zurück. Was die unterschiedlichen Grunzlaute genau für die Affen bedeuten, ist unbekannt. Deutliche Unterschiede, egal wie schwach sie sich für das menschliche Ohr anhören, werden von den Affen jedenfalls sofort wahrgenommen.

LEOPARDENALARMRUF

Der Anblick eines Leoparden bedingt einen besonderen Alarmruf der Meerkatzen. Dieser führt zu einer Massenflucht hoch hinauf in die Bäume und auf dünne Zweige, die das Gewicht des Leoparden nicht tragen können.

SCHLANGENALARMRUF

Wenn Grünmeerkatzen den Alarmruf für Schlangen hören, stellen sie sich auf die Hinterbeine und spähen umher, um den Fressfeind zu lokalisieren.

PAVIANE – MEISTER DES AUSDRUCKS

IN DER FREIEN NATUR LEBENDE PAVIANE VERFÜGEN ÜBER EIN KOMPLEXES KOMMUNIKATIONSSYSTEM, DAS POSIEREN, MIMIK UND LAUTÄUSSERUNGEN BEINHALTET. LETZTERE KÖNNEN DEM ZUHÖRER INFORMATION ÜBER DIE GEFÜHLSINTENSITÄT, DIE RAUBTIERART UND DIE RUFERIDENTITÄT GEBEN.

VERBREITUNG
Ostafrika

Paviane können das Spektrum ihrer Gefühle durch Wiederholen von Lauten übermitteln, verbunden mit anderen Aspekten, wie Gesichtsausdruck oder Posieren – ihre wichtigste Kommunikationsform.

Vokales und nonvokales Imponieren

Die Kommunikation unter Pavianen ist vielschichtig, und die meisten Erkenntnisse über deren Lautäußerungen sind jüngsten Datums. Einige Wissenschaftler beziffern die Anzahl an Rufen auf 30, darunter eine Reihe von Schreien, Gebell, Grunzlaute und Warnrufe. Nonverbale Bestandteile sind ebenfalls Teil ihres Kommunikationsrepertoires, einschließlich Posieren, mit den Lippen Schmatzen sowie Gesichtsausdrücke wie Gähnen, das die Reißzähne bei Männchen als ein eindrucksvolles Warnsignal entblößt.

Kommunikation unter Pavianen benötigt nicht notwendigerweise eine vokale Komponente. Zum Beispiel können Paviane Aggression sehr eindrucksvoll mit einer »Geöffnetes-Maul-Drohgebärde« darstellen, die daraus besteht, die Augenbrauen hochzuziehen, gefolgt von einem Zeigen des weißen Augenanteils und dem Entblößen ihrer Zähne. Einen höheren Level an Feindseligkeit kann der Pavian durch das Sträuben der Haare signalisieren, was den Eindruck einer imposanteren Körpergröße vermittelt, ebenso durch Drohlaute, denen ein starker Schlag auf den Boden folgt.

Ähnlich kann eine Umkehrung dieser Merkmale Unterwerfung anzeigen, indem Paviane als Reaktion auf aggressives Verhalten ein »Angstgesicht« durch Zurückziehen der Mundwinkel machen, das einem breiten Lächeln beim Menschen ähnelt. Für Paviane heißt dies allerdings, dass der Empfänger der Drohung sich dem dominanteren Tier unterwirft.

BRÜLLENDER PAVIAN
Es gibt fünf Pavianunterarten. Hier sieht man einen männlichen Mantelpavian beim Imponieren mit geöffnetem Maul, das seinen Gegnern einen mittleren Drohgrad signalisiert.

PAVIANE – MEISTER DES AUSDRUCKS 71

KOMMUNIKATION

Bedeutung

Jüngste Feldstudien belegen, dass die Lautäußerungen von Pavianen weit mehr Substanz beinhalten als bislang angenommen. Eine Reihe von Studien an Pavianarten hat gezeigt, dass sie über flexible Lautäußerungen verfügen, aber auch solche, die sich auf unterschiedliche Arten von Raubtieren beziehen, den Rufer identifizieren oder den emotionalen Status des Tiers anzeigen. Zum Beispiel ist bei weiblichen Chacma-Pavianen, eine der vier Savannenspezies, eine Rufart als »lautes Bellen« bekannt, das je nach Rufer, Raubtierart und sozialem Kontext zur Zeit des Rufes variieren kann. Bei sehr detaillierten Untersuchungen der akustischen Merkmale der Rufe fanden die Forscher heraus, dass sie eine Variabilitätsbreite entlang eines Kontinuums aufweisen, mit stärkerem Bellen, wenn ein Pavian den Kontakt zu seiner Gruppe aufrechterhalten möchte, oder als Suchkontaktruf, wenn ein Affenkind von seiner Mutter getrennt wurde. Lautstärkere Rufversionen sind als »Alarmbellen« bei Sichtung großer Raubtiere bekannt. Innerhalb der Warnrufkategorien gab es messbare und signifikante Unterschiede zwischen den Rufen, wenn Paviane Alligatoren erblickten, und jenen, die sie als Reaktion auf räuberische Säugetiere erzeugten. Beide Alarmrufarten unterschieden sich zu den gehörten Kontaktrufen, und es gab auch quantitative, konsistente Unterschiede bei allen Rufarten je nach Individuum. Diese Entdeckungen belegen, dass weibliche Chacma-Paviane lernen, den Rufer zu identifizieren. Darüber hinaus erkennen sie auch, ob der Ruf die Anwesenheit eines Raubtiers anzeigt oder sich auf Sorgen um den Kontakt zur Gruppe oder auf ein bestimmtes Weibchen und ihr Kleinkind bezieht.

Weitere Untersuchungen

Ein solcher Detaillierungsgrad der Lautäußerungen bei Pavianen war nicht dokumentiert worden, bevor Wissenschaftler ähnliche Methoden und Verfahren anwendeten, die früher zur Untersuchung der Lautäußerungen bei Grünmeerkatzen eingesetzt worden waren.

Es folgten weitere Studien zur Komplexität der vokalen Kommunikation bei einer ganzen Reihe von Spezies, einschließlich anderer Primaten. Diesen zufolge wissen wir heute, dass Pavianrufe über Gegenstände und laufende Ereignisse sowie die jeweilige Erregungsintensität informieren können. Sie enthalten somit entweder Informationen über ein bestimmtes Raubtier oder ein Pavianindividuum oder eine Kombination von beidem. Paviane scheinen den Austausch zwischen anderen Pavianindividuen hervorragend zu hören und dadurch wichtige innergesellschaftliche Information erhalten zu können. Dies wiederum zeigt den hohen Grad an Kultiviertheit ihres vokalen Kommunikationssystems an.

MÄNNLICHE PAVIANE
Es gibt oft aggressive Auseinandersetzungen wegen der Rangordnung oder um paarungsbereite Weibchen.

GESELLSCHAFTSSTRUKTUR

Paviane sind die größten Altweltaffen Afrikas. Die Männchen wiegen etwa 15–37 kg. Paviane weisen einen Sexualdimorphismus auf, die Männchen sind deutlich größer als die Weibchen. Das größte und grimmigste ausgewachsene Männchen dominiert die Gruppe. Eine Paviangesellschaft besteht aus zahlreichen Männchen und etwa doppelt so vielen erwachsenen Weibchen und deren jungem Nachwuchs. Die Trupps können äußerst groß werden und Hunderte von Mitgliedern zählen. Dennoch gelingt es, eine recht konsistente und komplexe Hierarchieordnung – sowohl unter Männchen als auch unter den Weibchen – aufrechtzuerhalten. Weibchen haben ihr eigenes Rangsystem innerhalb der Gruppe, bestehend aus erwachsenen Weibchen, Jungtieren und Kleinkindern, wobei der Nachwuchs den gleichen gesellschaftlichen Rang wie ihre Mütter einnimmt. Weibchen bleiben auf Lebenszeit in dem Trupp, in dem sie geboren wurden. Geschlechtsreif gewordene Männchen verlassen die Gruppe, um sich einer anderen anzuschließen. Erwachsene Männchen üben eine Schutz- und Vermittlerrolle für die ganze Gruppe aus.

PAVIAN-HINTERGRUNDINFO

Vier der fünf Pavianarten bevorzugen die Savanne und andere semiaride Lebensräume. Eine Spezies bewohnt die Klippen und Hügel entlang des Roten Meeres. Tagsüber suchen sie Futter, für die Nacht kehren sie zu ihren Klippenwohnstätten zurück. Paviane sind opportunistische Allesfresser, die ein breites Spektrum an Nahrung verzehren, einschließlich Gras, das einen großen Anteil ausmacht. Sie ernähren sich außerdem von Blättern, Rinde, Beeren, Samen, Blüten, Insekten, Fisch, Muscheln, Vögeln, Hasen und auch von anderen Affen wie Meerkatzen sowie von kleinen Antilopen. Paviane suchen auch nach Wurzeln, die sie aus dem harten Erdreich graben. Dies ist eine Nahrungsquelle, die von anderen Primaten nicht ausgebeutet wird, aber Paviane außerhalb der saisonal bedingten Verfügbarkeit von Früchten mit Nahrung versorgt. Die Tiere verbringen den Großteil ihrer Zeit auf dem Boden, nicht, wie viele ihrer Verwandten, in den Bäumen. Allerdings klettern sie auf diese, um dort zu fressen oder nachts in sicherer Entfernung von terrestrischen Raubtieren zu schlafen.

PAVIANE – MEISTER DES AUSDRUCKS 73

PAVIANMIMIK

Paviane kommunizieren nicht nur über Lautäußerungen, sondern auch durch eine charakteristische Mimik, die ein Spektrum von Emotionen unterschiedlicher Intensität anzeigen kann.

DROHBLICK
Direkter Augenkontakt mit fest geschlossenen Lippen übermittelt ein mildes Drohen.

DROHEN MIT GEÖFFNETEM MAUL
Ein offener Mund mit zum Teil entblößten Zähnen stellt ein intensiveres Drohniveau dar.

VOLLES »DROHGÄHNEN«
Ein volles »Drohgähnen« mit deutlich entblößten Reißzähnen kommuniziert ein hohes Maß an Feindseligkeit.

SPIELGESICHT
Zwei junge Anubis-Paviane zeigen das charakteristische »Spielgesicht« (geöffnetes Maul, obere Zähne mit Oberlippe abgedeckt), um auszudrücken, dass sie bereit sind, sich zu jagen oder das »Kampf-und-Tobe-Spiel« zu beginnen.

Siehe auch
Die Warnrufe der Grünmeerkatzen, *Seite 68*

DIANA-AFFEN ALS NACHRICHTENSPRECHER

VERBREITUNG
Westliches Afrika

DIANA-AFFEN LEBEN IN STÄNDIGER GEFAHR, VON ARTEN GEFRESSEN ZU WERDEN, DIE DEN GLEICHEN LEBENSRAUM BEWOHNEN. ALS REAKTION AUF DIESE BEDROHUNGEN HAT DIESE ALTWELTAFFENART CHARAKTERISTISCHE SIGNALLAUTE FÜR EINZELNE RAUBTIERARTEN ENTWICKELT.

Das Kommunikationssystem von Diana-Affen zeigt eine Reihe von allgemeinen Lautäußerungen, einschließlich Alarm- und Kontaktrufe, sowie Posieren und visuelle Signale über die Mimik, die durch ihr buntes Haar verstärkt werden. Obwohl ihre Körper hauptsächlich von schwarzem Haar bedeckt sind, besitzen die Affen einen charakteristischen weißen Hals, Bart und krausen Kragen sowie leuchtend weiße Haarstreifen entlang der Arme und Schenkel. Sie weisen zudem eine gut entwickelte Muskulatur in den Wangen und um den Mund auf, die zu ihrer flexiblen Mimik beiträgt.

Austausch von Information

Ähnlich wie die Meerkatzen geben Diana-Affen Alarmrufe von sich, die sich je nach Raubtierart unterscheiden. Es gibt vier Hauptfeinde, vor denen sie auf der Hut sein müssen: Leoparden, Adler, Schimpansen und menschliche Jäger. Männliche und weibliche Diana-Affen haben unverkennbare, akustische Rufe hinsichtlich Adlern und Leoparden und koordinieren zudem den Austausch von Informationen. Hört beispielsweise ein weiblicher Diana-Affe den Alarmruf eines Männchens wegen eines Leoparden, gibt sie einen andersartigen, aber konsistenten Ruf von sich, den sie auch äußert, wenn sie ein solches Raubtier knurren hört. Hört ein Weibchen einen männlichen Diana-Affen einen vollkommen anderen Alarmruf ausstoßen, der nur bei einem Adler gegeben wird, gleicht ihre Antwort dem Alarmruf, den sie gibt, wenn sie den Schrei eines Kronenadlers hört. Wenn sie Schimpansen sehen, die Affen durch die Wipfel jagen, oder Menschen, die Gewehre und andere weitreichende Waffen tragen, sind Diana-Affen mucksmäuschenstill und treten vorsichtig den Rückzug aus dem Gebiet an, ohne Alarm zu geben. Vermutlich

ANDERE WARNEN
Der afrikanische Palmhornvogel reagiert auf die Warnungen der Diana-Affen, wenn ein Kronenadler, sein schlimmster Fressfeind, im Anflug ist.

DIANA-AFFEN-HINTERGRUNDINFO

Diana-Affen sind mittelgroße, für ihre auffallende Färbung bekannte Primaten. Sie bewohnen die oberen Ebenen geschlossener Baldachinwälder von Sierra Leone bis Ghana (Westafrika). Ihre Schwänze können bis zu 75 cm lang werden, die Körpergröße beträgt 40–55 cm. Die tagaktiven Diana-Affen leben hauptsächlich auf Bäumen. Sie sind Allesfresser und verspeisen fast alles, was nicht giftig ist, einschließlich Früchte, Blätter, Blüten, Insekten und kleine wirbellose Tiere.

Diana-Affen leben in 15–30 Tiere umfassenden Gruppen mit einem Männchen und mehreren Weibchen. Das Männchen paart sich mit mehreren Weibchen während der Fortpflanzungsperiode. Die Kleinkinder werden lange Zeit von der Mutter geschützt, wie es für die meisten Primatenarten typisch ist. Der weibliche Nachwuchs bleibt auf Lebenszeit in der Geburtsgruppe, während junge Männchen bei einsetzender Geschlechtsreife zu anderen Gemeinschaften abwandern – ein natürlicher Schutz vor Inzest.

Siehe auch
Die Warnrufe der Grünmeerkatzen, *Seite 68*

HAAR HILFT
Diana-Affen haben eine sehr charakteristische Fellzeichnung, die innerhalb ihres Kommunikationssystems neben Mimik und Körperposen ihre Lautäußerungen ergänzt.

werden ihre plötzlichen Rückzugsbewegungen von den anderen Mitgliedern ihrer Gruppe erkannt, worauf sich diese ebenso schweigsam entfernen.

Wissen weitergeben

Erstaunlicherweise ist dieses reichhaltige Warnsystem der Diana-Affen, einschließlich ihrer Lautäußerungs- und Verhaltensreaktionen, erfolgreich von mindestens zwei anderen Arten kopiert worden, die die gleiche ökologische Nische bewohnen. Wie Diana-Affen sind Palmhornvögel durch Kronenadler gefährdet, nicht aber durch bodengebundene Raubtiere wie Leoparden. Bei Untersuchungen mit aufgezeichneten Affenalarmrufen vor Adlern und Leoparden fanden Forscher heraus, dass die Vögel auf diese entsprechend reagieren. Das heißt, die Vögel handelten, indem sie Schutz suchten, wenn sie den aufgezeichneten Warnruf vor einem Kronenadler hörten. Sie reagierten aber nicht bei einem Leopardenalarmruf. Ähnliche Reaktionen waren zu beobachten, wenn sie Aufzeichnungen der Rufe richtiger Leoparden oder Adler hörten.

Dies bestätigt, dass sie sowohl die echten Raubtiergeräusche als auch die symbolischen Lautäußerungen differenzieren können, die Diana-Affen abgeben, wenn eines der Raubtiere erspäht wird. Die Verbindung der Palmhornvögel mit den Diana-Affen innerhalb der gleichen Straten des Waldes sowie die Fähigkeit der Vögel, die differenzierten Alarmrufe zu lernen, verschafft ihnen einen Vorteil bei der Ankündigung eines potenziellen Luftraubtieres durch die Affen.

Auch Rote Colobus-Affen teilen sich den Lebensraum mit Diana-Affen. Man hat herausgefunden, dass sich die Colobus-Affen mit ihnen aus Sicherheitsgründen zusammentun. Sind Diana-Affen anwesend, verbringen die Roten Colobus-Affen mehr Zeit in einer tieferen Schicht des Baldachinwaldes. Obwohl sie stärker zum Waldboden orientiert sind, sehen sie nicht oft hinunter, um vor Leoparden auf der Hut zu sein. Wenn die Gruppen zusammen Futter suchen und sich ein Adler oder ein anderer Fressfeind nähert, geben die Diana-Affen einen Alarmruf ab, der alle Tiere warnt. Außerdem unterscheidet sich die Art der Wachsamkeit bei den beiden Arten, liefert letztlich aber umfassend mehr Schutz für beide Spezies während der Nahrungssuche. Wissenschaftler folgerten jedenfalls, dass sowohl die Roten Colobus-Affen als auch die Palmhornvögel von der Verbindung mit den Diana-Affen während der Nahrungsaufnahme im gemeinsamen Lebensraum profitieren, weil sich dadurch der Gefahrendruck durch Raubtiere reduziert.

SCHIMPANSEN: MEISTER DER KOMMUNIKATION

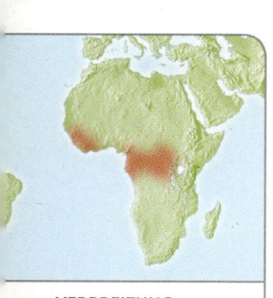

NEUE ENTDECKUNGEN BELEGEN, DASS SCHIMPANSEN EINMALIGE LANGRUFE ABGEBEN, DIE GRUPPENMITGLIEDER ODER ANDERE SCHIMPANSEN IDENTIFIZIEREN. DARÜBER HINAUS WENDEN SIE WEITERE CHARAKTERISTISCHE LAUTÄUSSERUNGEN AN, DIE SPEZIELLEN KOMMUNIKATIVEN FUNKTIONEN DIENEN.

VERBREITUNG
Westliches und Zentralafrika

Gemeinschaftsleben

Schimpansen sind äußerst sozial und leben in Gemeinschaften innerhalb eines bestimmten Heimatterritoriums, das von den erwachsenen Männchen der Gruppe verteidigt wird. Ihre Sozialstruktur ist schwer zu charakterisieren, aber die Basiseinheit besteht aus einer Mutter, ihrem Kleinkind und anderem jungen Nachwuchs. Schimpansen leben in einer »Spaltungs-und-Vereinigungs-Gesellschaft«, das heißt, dass Tiere zu jeder Zeit kommen und gehen. Allerdings identifizieren sie sich mit einer bestimmten Gemeinschaft und kehren nach Beutezügen immer wieder zu dieser Gruppe zurück. Kehrt ein Schimpanse oder eine Schimpansengruppe zur Gemeinschaft zurück, zeigen sich die Tiere sehr aufgeregt und tauschen Umarmungen und Küsse aus, dazu gibt es laute Freudenäußerungen.

Schimpansen sind sehr intelligent und haben außergewöhnliche Fähigkeiten entwickelt. Diese benötigen sie freilich auch, um innerhalb dynamischer und herausfordernder Gemeinschaften zu leben, in der jedes Mitglied jedes andere erkennt. Darüber hinaus müssen sie sich an abgewanderte Schimpansen erinnern und die Komplexität der sozialen Hierarchie- und Regelstruktur ihrer Gemeinschaft verstehen. Nicht zuletzt gilt es auch, die notwendige Aufmerksamkeit und die empirischen Fähigkeiten zu besitzen, um die vielen Arten der Werkzeugnutzung zu erlernen, die inzwischen bei Schimpansen dokumentiert wurden.

Die Führerschaft der Gruppe besteht oft aus Koalitionen von verwandten, erwachsenen Männchen, beispielsweise Brüdern, und vielleicht einem anderen erwachsenen männlichen Tier, zu dem die anderen Koalitionsmitglieder eine soziale Bindung haben. Die dominierenden Männer bewahren den Frieden und sind auch konstant wachsam gegenüber Fressfeinden wie Leoparden oder menschlichen Eindringlingen. Durchschnittlich alle vier Tage füh-

WIE DER KAISER VON CHINA
Ein Schimpanse auf dem Höhepunkt des »Keuchheulens«, eines lauten, jauchzenden Schreis, der weit über die Baumwipfel trägt.

SCHIMPANSEN: MEISTER DER KOMMUNIKATION 77

Siehe auch
Die Warnrufe der Grünmeerkatzen,
  Seite 68
Paviane – Meister des Ausdrucks,
  Seite 70

ren die Männchen eine vollständige Grenzpatrouille rund um das Territorium der Gemeinschaft durch. Sie halten Ausschau nach möglichen Einfällen von Männchen der Nachbargemeinschaften, die auf der Suche nach Weibchen sein könnten. Schimpansenmütter wandern nicht so viel wie die Männchen umher und suchen eher im zentralen Bereich des Territoriums nach Futter. Anders als bei vielen anderen Primaten verlassen die jungen geschlechtsreifen Schimpansenweibchen ihre Geburtsgemeinschaft und wandern zu einer anderen Gemeinschaft aus, wodurch sie Inzest vermeiden.

Lautäußerung und Identifizierung

Schimpansen verfügen über ein bemerkenswertes Repertoire kommunikativer Strategien, darunter natürliche Gesten, die in einigen Fällen den Handgesten des Menschen sehr ähnlich sind. Dazu kommen Mimik, Körperhaltung sowie eine Fülle von Lautäußerungen, deren Bandbreite man gerade erst zu untersuchen begonnen hat. Feldforscher stellten fest, dass Schimpansen nicht einfach nur Laute produzieren, die sich auf ihre emotionale Befindlichkeit beziehen. Vielmehr sind sie fähig, durch ihre Rufe sehr viele Informationen zu übermitteln. So besitzen Schimpansen die Fähigkeit, die Bedeutung und Identität der Lautäußerungen von Gruppenmitgliedern oder Unbekannten zu erkennen. Dies kann von existenzieller Bedeutung sein. Trifft etwa ein einzelnes Männchen auf eine Grenzpatrouille, die gewöhnlich aus fünf bis sieben erwachsenen Männchen besteht, hat es keine Chance, zu fliehen. Feldforscher sind auf einzelne tote Schimpansen gestoßen, deren Körper oft Anzeichen einer Gemeinschaftstötung durch andere Schimpansen zeigen. Folglich müssen junge Schimpansen als Teil ihrer Sozialisierung erfahren, wer zu ihrer Gruppe gehört, welche Bedeutung eine besondere Lautäußerung besitzt, und auch, wer den Ruf abgibt. All dies erfordert ein hoch entwickeltes Gehirn. Schimpansen haben zudem die Kapazität, viel mehr zu lernen, als für ein Überleben in der Wildnis erforderlich ist. Diese Verhaltensflexibilität und Lernkapazität ist es, die die Menschenaffen und die Menschen von anderen Primatenspezies abhebt.

Ferngespräch

Als sie sich intensiver mit dem Potenzial der Schimpansenlautäußerungen befassten, entdeckten Feldforscher an einigen ostafrikanischen Standorten wie beispielsweise im Kibale Nationalforst (Uganda) und im Mahale Mountains Nationalpark (Tansania) viel Überraschendes. Das Stimmrepertoire der Schimpansen, das Schreie, Heulen, laute und leise Alarmrufe und schrille Schreie umfasst, schließt schätzungsweise mindestens 15 unterschiedliche Lautäußerungen ein. Ein Ruf, der ausführlich untersucht wurde, ist das »Keuchheulen«, das zur Fernkommunikation, aber auch flexibler in einem anderen sozialen Kontext benutzt werden kann. Dieses beeindruckende Keuchheulen beginnt mit tiefem, rauchigem Heulen in einer Sequenz rasch aufeinander folgender Heultöne von zunehmend höherer Frequenz, das von einem Keuchen begleitet wird. Letzteres wird durch Ein- und Ausatmen mit Unterstützung des Zwerchfells, der Stimmbänder und mittels des großen Kehlsackes produziert, der zum Tonumfang des Rufes beiträgt. Schließlich erreicht der Keuchheuler ein enormes Crescendo, mit einem lauten, hohen Schrei, der oft mit einem Trommeln oder Schlagen gegen Bäume oder andere harte Oberflächen einhergeht. Es gibt keine andere Schimpansenlautäußerung, die dieses charakteristische Muster beinhaltet, die es anderen Schimpansen auch erlaubt, den individuellen Rufer zu erkennen.

Sowohl Männchen als auch Weibchen benutzen Lautäußerungen als Ausdruck allgemeiner Erregung und Gereiztheit bei Interaktionen mit der Gruppe. Aber der Ruf kann auch bedeutende Informationen an weit entfernte Empfänger übermitteln. Weil sie durch den Baldachinwald schallen können, werden Keuchheuler benutzt, um in Kontakt mit anderen Schimpansen zu bleiben, sowie dazu, den Standort von Verbündeten oder Familienmitgliedern und Fremden anzuzeigen, die sich in der Nähe befinden.

Räumlich entfernte Gemeinschaften

Neben individuellen scheinen die Lautäußerungen auch auf genetischen Komponenten sowie auf sozialem Lernen zu beruhen. Dies entdeckten Forscher, als sie die Lautäußerungen zweier großer Männchenpopulationen weit voneinander entfernt lebender Schimpansengemeinschaften untersuchten. Diese beiden Schimpansengruppen sprechen wahrlich unterschiedliche »Dialekte« mit einigen sich überlappenden Bestandteilen. Da Lautäußerungen von Alter und Geschlecht abhängen, wurden nur männliche Rufe aufgezeichnet. Dabei kamen Fragen auf, ob die beobachteten Unterschiede mit den innerhalb einer Gemeinschaft erlernten Stimmmerkmalen zu tun haben, ob die unterschiedlichen Lebensräume mit ihrer ebenfalls unterschiedlichen Tonübertragung eine Rolle spielten, oder ob die Unterschiede genetisch bedingt sein könnten. Die geografischen Unterschiede waren unübersehbar,

---

UNTERSCHIEDLICHE RUFE

Nach Aufzeichnung einer großen Anzahl von Keuchheulern und Auswertung von Informationen zum Kontext ergab sich, dass sie von beiden Gruppen zur Aufrechterhaltung des Kontakts mit Verbündeten über weite Entfernungen benutzt wurden. Außerdem verzeichnete man bei beiden Gruppen einen Stimmanstieg zu Beginn. Dagegen gab es signifikante Unterschiede zwischen den zwei Männchenpopulationen hinsichtlich Tempo und Dauer der individuellen Elemente im Einleitungsteil des Rufes. Obwohl es wahrscheinlich ist, dass die Identität der Rufer in jeder Gruppe wahrgenommen wird, hatten die ugandischen Schimpansen längere Elemente bei langsamerem Tempo, als sie ihr Keuchheulen begannen. Die tansanische Gruppe verwendete dagegen einen längeren Gesamteinleitungsteil. Dies erleichterte es sogar den Forschern, zu erkennen, welche Rufe der Schimpansen von welcher Seite kamen. Die Rufe der Gruppen unterschieden sich in Bezug auf individuelle Elemente, Rufgeschwindigkeit und die Länge der Keuchheulphasen.

EIN KONZENTRIERTER RUF

Ein junger Schimpanse ist in den Prozess des Heulens vertieft, das Teil des sogenannten Keuchheulens ist.

aber wie sollten diese die Bedeutung oder Funktion der Rufe beeinflussen?

Wegen der großen Entfernung zwischen den Lebensräumen der beiden Gruppen waren sie wahrscheinlich voneinander isoliert; deswegen musste noch etwas anderes zu den Unterschieden beigetragen haben. Die Forscher gelangten zu einigen Schlussfolgerungen. So ist es beispielsweise möglich, dass genetische Unterschiede zwischen den Populationen vorliegen, die die Rufe beeinflussen, aber auch, dass Unterschiede in ihren Lebensräumen auf die Übertragung des Keuchheulens einwirkten. Eine Waldumgebung wie Kibale kann dazu führen, dass sich der Klang verteilt, aber wenn Rufe in einer niedrigeren Frequenz und seltener ausgestoßen werden, tragen sie besser. Bewohnen Schimpansen offenere Gebiete, würden die Rufe folglich nicht dem gleichen Beeinträchtigungsniveau unterliegen und Rufe mit einer höheren Häufigkeit und Frequenz könnten ausreichen, das Keuchheulen auch über weite Entfernungen zu tragen.

Die Studie erbrachte auch, dass der Uganda-Standort bei Kibale eine viel höhere Dichte an anderen Primaten aufwies. Dies mag ein weiterer Faktor sein, der einen Fernruf beeinträchtigt. Auch hier würden geringere Häufigkeit und niedrigere Tonfrequenz die Reichweite der Rufe ausgleichen. Sogar Unterschiede in der Körpergröße zwischen den zwei Gruppen könnten zu feinen Unterschieden bei der Tonproduktion beitragen, da die Mahale-Schimpansen kleiner sind als diejenigen in Kibale. Es scheint, dass sich alle genannten Faktoren auf das erzeugte Keuchheulen auswirken können: Lebensraumakustik, Körpergröße und der Geräuschpegel, der von der Bevölkerungsdichte aller Arten abhängt, die innerhalb des entsprechenden Gebiets wohnen.

Künftige Aufgaben

Mit Sicherheit werden deutlich mehr Studien notwendig sein, um das Wesen und die Charakteristik von Schimpansen-Lautäußerungen vollkommen zu verstehen. Und dabei ist das Keuchheulen nur ein Teil ihres großen Lautrepertoires. Dazu könnten erlernte Beiträge von jungen Männchen kommen, die ihre Rufe nach dem Vorbild bestimmter Männchen – wahrscheinlich dominanten Tieren in ihren eigenen Gemeinschaften – formen und entwickeln.

Seit Wissenschaftler ihre Aufmerksamkeit verstärkt darauf richten, die Lautäußerungen unseres nächsten Verwandten zu erforschen, entdecken sie eine immer größere Komplexität und Flexibilität in ihren Rufen, woraus sich wiederum eine Fülle faszinierender Fragen hinsichtlich Schimpansen-Lautäußerungen, aber auch bezüglich der Entstehung der menschlichen Sprache ergibt.

ERKENNUNGS-PFEIFTÖNE BEI DELFINEN

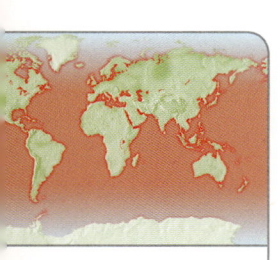

VERBREITUNG
Weltweit, meist in den Flachwassermeeren der Festlandsockel

ES BESTEHT KEIN ZWEIFEL, DASS GROSSE TÜMMLER CHARAKTERISTISCHE UNTERWASSER-PFEIFTÖNE ERZEUGEN. OB DIE EINZELNEN DELFINE ÜBER JEWEILS EIGENE PFEIFTÖNE VERFÜGEN, DIE SIE FÜR ARTGENOSSEN IN IHRER HERDE ERKENNBAR MACHEN, WIRD JEDOCH NOCH DISKUTIERT.

Delfine trifft man in allen Meeren an, dazu in vielen größeren Flusssystemen weltweit, und in verschiedenen Wassertypen (Salzwasser, Süßwasser und Brackwasser). Sie treten hauptsächlich in seichteren Gewässern auf, leben aber auch in Küstengebieten und im offenen Meer.

Große Tümmler zeigen eine Vorliebe für wärmeres, seichtes Wasser, deshalb werden sie oft entlang von Küsten gesichtet, darunter in Buchten, die sich landeinwärts erweitern, und in Häfen. Diejenige Delfinart, die die Wissenschaftler speziell wegen ihrer unter Wasser abgegebenen Töne untersuchten, ist der atlantische Große Tümmler.

Klangbilder
Trübes Wasser gestaltet die Sichtverhältnisse für Delfine oft schwierig. Deshalb benutzen sie ein besonderes System zur Lokalisierung von Gegenständen und potenziellen Hindernissen unter Wasser. Diese Art von sensorischer Verarbeitung wird Echoortung genannt und beruht auf Signalen, die vom Kopf des Delfins ausgehen, speziell von einem als »Melone« bezeichneten Bereich. Die Schallsignale werden nach vorne projiziert, wandern durch das Wasser und werden von Felsen, Fischen oder anderen belebten oder unbelebten Gegenständen reflektiert. So gewinnt der Delfin Informationen über Dichte, Größe und Entfernung eines Objekts. Durch ein komplexes Umwandlungsverfahren, das man noch nicht entschlüsselt hat, erhält der Delfin ein Klangbild von dem, was sich vor ihm befindet, und kann entsprechend reagieren.

Vokalisieren
Zusätzlich zu ihrer Verwendung der Echoortung kommunizieren Delfine über Lautäußerungen – im Säuglingsalter erworbene Tonkombinationen. Einer der am besten untersuchten Töne ist ihr sogenanntes Erkennungspfeifen. Durch frühere Untersuchungen

KONTAKTSUCHE
Wenn Delfine von ihrer Gruppe getrennt sind, geben sie Kontaktrufe ab. Einige Forscher glauben, dass dies einzigartige »Erkennungs-Pfeiftöne« sind, die zur Identifikation bestimmter Delfine dienen.

ERKENNUNGS-PFEIFTÖNE BEI DELFINEN

PRINZIPIEN DER ECHOORTUNG

Delfine benutzen die Echoortung, um Beute zu finden und andere Gegenstände und potenzielle Hindernisse auszumachen, wenn die Sichtverhältnisse beschränkt sind. Von einem Gebiet auf der Spitze des Kopfes, der sogenannten Melone, werden Klicklaute abgegeben, die an Gegenständen in unmittelbarer Umgebung des Delfins abprallen. Dies verschafft dem Tier Informationen, die in eine Art »Bild« von den Gegenständen und deren Konturen in der Umgebung übersetzt werden. Wie genau die Echoortung als Sinnesprozess funktioniert, ist bis heute nicht geklärt.

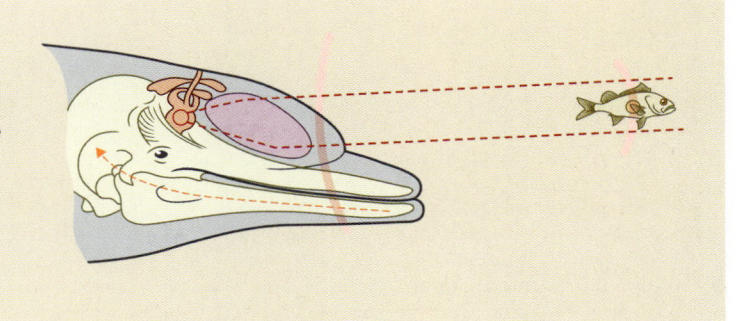

über diese Lautäußerungen neugierig geworden, stellten Wissenschaftler vor einiger Zeit die These auf, dass jeder Delfin seine eigene einmalige Pfeiftonsignatur besitzt und diese unter den Tieren zur Identifizierung von Gruppenmitgliedern oder Verwandten benutzt wird. Die Hypothese eines individuellen Erkennungs-Pfeiftones bei Delfinen ist freilich umstritten und bis heute nicht vollständig geklärt, obwohl zahlreiche Untersuchungen an gefangenen Populationen, frei lebenden Delfinen und/oder Vergleiche zwischen den beiden Gruppen vorgenommen wurden.

Playbackstudien

Bei einem neueren Versuch gelangte man zu dem Schluss, dass Delfine mit Erkennungs-Pfeiftönen bestimmte Identifizierungsinformationen übermitteln. Medienberichte gingen sogar so weit, zu behaupten, Delfine hätten »Namen« in Form ihres individuellen Erkennungs-Pfeiftons. Das Forscherteam hoffte darauf, den Beitrag der Stimmerkennung herauszufinden, der dazu führt, dass andere Delfine bestimmte Erkennungs-Pfeiftöne wahrnehmen und eindeutig zuordnen können. Um dies zu testen, entfernten sie auf elektronischem Wege die Stimmeigenheiten des Rufers und beließen nur die grundlegenden Tonkonturen. Das Pfeifen wies also nicht mehr die akustischen Merkmale auf, die es einem Hörer erlauben, ein Individuum über den »Klang der Stimme« zu identifizieren. Stattdessen mussten die Empfänger die in ihren Frequenzen geänderte akustische Konfiguration identifizieren, bevor sie den Pfeifton erkennen konnten. Die modifizierten Pfeiftöne wurden über einen Unterwasserlautsprecher ausgestrahlt, und bei den meisten Versuchen wendeten sich die Delfine dem Lautsprecher zu, als sie eine elektronische Aufzeichnung hörten, die dem Pfeifton eines nahen Verwandten ähnlich war. Dieses Verfahren wird als Playbackstudie bezeichnet, weil die Wissenschaftler vorab aufgezeichnete Lautäußerungen einsetzen. Diese präsentieren sie dann den Tieren, um ihre Verhaltensreaktionen zu beobachten. In diesem Fall orientierten sich die Delfine zum Lautsprecher hin, was bedeuten könnte, dass sie auch die modifizierte Version einer vertrauten Lautäußerung als die eines Verwandten erkannten.

Dies waren wichtige Entdeckungen, aber sie lieferten keine Erkenntnisse darüber, ob die Delfine eine eindeutige Beziehung zwischen einem besonderen Pfeifton und einem speziellen Delfin

DIE DELFINSCHULE

Die Zusammensetzung der Gruppen frei lebender Delfine (hier: Spinner-Delfine) hängt vom Alter ab, vom Geschlecht der Tiere, ihren reproduktiven Voraussetzungen, der Verwandtschaft sowie den bisherigen Verbindungen und Beziehungen. Ihre gesellschaftliche Organisation ist fließend, und Studien haben gezeigt, dass die Gruppenzugehörigkeit häufig wechselt. Während sie typischerweise in Schulen von 2–15 schwimmen, können sich die Tiere zeitweilig anderen Gruppen anschließen. Meist hängt die Gruppengröße mit der Weite des Lebensraums sowie mit der Wassertiefe zusammen. Diese Faktoren sind ihrerseits verknüpft mit der Verfügbarkeit von Nahrung, der Geschicklichkeit bei der Futtersuche und dem Bedarf an Schutz vor Walen und Haien, die Jagd auf Delfine machen.

Weibliche Delfine und ihre Kälber sind eng miteinander verbunden und bleiben viele Jahre zusammen. Junge Weibchen können zu ihrer Geburtsgruppe, zu ihren Müttern oder anderen weiblichen Verwandten zurückkehren, wenn sie eigene Kälber aufziehen. Folglich ist es nicht ungewöhnlich, dass Delfinschulen aus mehreren Generationen bestehen.

Paarbindungen zwischen erwachsenen Männern sind ebenfalls stark und können über Jahrzehnte andauern. Männer bilden straffe Koalitionen und kooperieren bei der Gruppenverteidigung. Auch bei einer Anzahl unterschiedlicher Ernährungsstrategien arbeiten sie zusammen, um den Fischfang abzustimmen. Die Beziehungen zwischen erwachsenen Männchen und Weibchen sind dagegen kurz und dienen lediglich zur Paarung.

erkennen. Vielmehr könnten die Tiere auch demonstriert haben, dass sie gar keine individuellen Stimmmerkmale eines Erkennungs-Pfeiftons benötigten, um sie zu erkennen. Junge Delfine lernen ihren eigenen Erkennungs-Pfeifton in einem sehr frühen Alter. Wenn sie ihn mit ihrer Mutter und älteren Geschwistern in einer Gruppe verbinden, steigt die Wahrscheinlichkeit, dass sie Bestandteile der Pfeiftöne verwenden, die sie von nahen Verwandten gehört haben. Folglich könnte es bestimmte akustische Merkmale geben, die von Familienmitgliedern gemeinsam genutzt werden. Vernahm ein Delfin den aufgezeichneten, modifizierten Pfeifton eines nahen Verwandten, könnte er auf ein gemeinsam benutztes Merkmal – vergleichbar einem Familiennamen – reagiert haben, anstatt ein individuelles Tier zu identifizieren.

Mehr Arbeit zu tun

In der Vergangenheit wurde die Gültigkeit des Erkennungs-Pfeiftons bei Delfinen, die auf experimentellen Beweisen aus einem bestimmten Blickwinkel basiert, manchmal akzeptiert, manchmal abgelehnt. Eine neue Studie eines anderen Forscherteams könnte Ergebnisse liefern, denen zufolge Delfine keineswegs bestimmte Erkennungs-Pfeiftöne haben. Dies läge durchaus in der Natur wissenschaftlicher Untersuchungen. Denn erst wenn alle möglichen experimentellen Ansätze und Hypothesen überprüft sind, kann die Wissenschaft eine Position akzeptieren – oder eben eine andere, die wahrscheinlicher ist.

In einer weiteren Studie einer anderen Wissenschaftlergruppe zum Thema Erkennungspfeiftöne waren die Ergebnisse gänzlich unterschiedlich. So klassifizierten sie Lautäußerungen, die nach

Siehe auch
Die Warnrufe der Grünmeerkatzen, *Seite 68*
Paviane – Meister des Ausdrucks, *Seite 70*

Meinung anderer Forscher Erkennungs-Pfeiftöne zur Identifikation individueller Delfine darstellen, als »Kontakt«- oder »Zusammenhalt«-Rufe. Das Team nutzte die gleichen Methoden wie diejenigen Forscher, die die vorherige These aufgestellt hatten, fand aber heraus, dass isoliert gehaltene Delfine grundsätzlich den gleichen gemeinschaftlichen Pfeiftontypus erzeugen und nicht individuelle Lautäußerungen, die sich einem bestimmten Delfin zuordnen lassen. Bei anderen Untersuchungen wurde überhaupt kein Beweis für Erkennungs-Pfeiftöne gefunden. So bleibt die Frage, ob das Stimmrepertoire der Delfine Rufe mit einer bestimmten Bedeutung einschließt, oder ob sie charakteristisch für einzelne Delfine sind und damit einen gewissen Abstraktionsgrad aufweisen, der seinerseits darauf hinweisen könnte, dass sie eine Art Namensgebung kennen.

So oder so bleiben die geistigen Fähigkeiten des Großen Tümmlers hinsichtlich einer bedeutungsgemäßen Verwendung von Lautäußerungen ein spannendes Thema, das zweifellos viele weitere Wissenschaftler beschäftigen wird. Sehr viele Arten frei lebender Delfine wurden noch überhaupt nicht erforscht. Die meisten Studien konzentrierten sich auf den hier diskutierten Großen Tümmler. Was man über diese eine Delfinspezies herausfand, lässt jedenfalls den Schluss zu, dass es weltweit noch viel Aufregendes zu erforschen gibt.

WALE SIND GRANDIOSE SÄNGER

VERBREITUNG
Weltweit

WALE SETZEN NIEDERFREQUENTE LAUTÄUSSERUNGEN MIT GERINGER AMPLITUDE EIN, DIE ÜBER UNGLAUBLICHE DISTANZEN TRAGEN. MAN NIMMT AN, DASS DIESE TÖNE ALS KOMMUNIKATIONSSYSTEM WÄHREND DER PAARUNGSZEIT, DEN WANDERUNGEN UND DER NAHRUNGSAUFNAHME DIENEN.

Der Gesang zahlreicher Walarten gehört sicherlich zu den komplexesten akustischen Repertoires des gesamten Tierreichs. Die Lieder bestehen aus einer Reihe sich wiederholender Töne, die über weite Entfernungen hörbar sind. Sie werden ausschließlich von männlichen Tieren hervorgebracht, und zwar typischerweise während der Paarungszeit und der jährlichen Wanderungen einiger Walarten (u. a. Buckelwal). Walgesänge können auch im Spätsommer und Frühherbst in den Nahrungsgründen vernommen werden, wo sich die Tiere mit kleinen Fischen vollfressen. Dabei scheinen verschiedene Walarten auch unterschiedliche Liedertypen zu haben. Obendrein treten charakteristische regionale »Dialekte« der gleichen Spezies auf, wenn die Populationen in unterschiedlichen Teilen des Ozeans leben. Man hat dem Gesang zahlreiche Funktionen zugeschrieben und deshalb Gruppen von Walen an verschiedenen Standorten untersucht und vermutet, dass die Gesänge dazu dienen, Artgenossen über den eigenen Nahrungsaufnahmestandort zu informieren oder weiblichen Tieren die Anwesenheit eines Männchens im Gebiet anzuzeigen.

Gesangscharakteristika

Die am besten beschriebenen Gesänge sind die des Buckelwals, die erstmals 1971 wissenschaftlich dokumentiert wurden. Allerdings konnten die Töne bereits zwei Jahrzehnte früher von der US-Marine als Walgesang identifiziert werden. Walgesänge bestehen aus einer Vielfalt von Lauten, von hochfrequenten Quiektönen bis hin zu sehr niederfrequenten Tönen, die an das Gebrüll eines Löwen erinnern. Die Gesänge werden im Laufe einer »Session« üblicherweise ständig wiederholt. Sie bestehen aus einer Serie von kürzeren Gesängen aus 5–7 Einheiten oder »Themen«. Der ganze Gesang kann zwischen 5 und 30 Minuten dauern, mit individuellen Themenwiederholungen, die über den Zeitraum von Stunden aufeinanderfolgen können.

Dagegen zeigen Blauwale gänzlich andersartige Gesangscharakteristika. Ihre Gesänge werden ausschließlich von Männ-

DIE RICHTIGE WAHL
Durch die Wahl eines großen und gesunden Männchens – abgeleitet von dessen Gesang – optimieren Walkühe ihre Chancen, kräftige und gesunde Kälber zu bekommen.

Siehe auch
Hören Elefanten mit den Füßen?, *Seite 86*

GRUPPENGESANG
Wale leben in Populationen rund um den Globus. Sie singen innerhalb einer Gruppe das gleiche komplexe Lied, dessen Zusammensetzung sich allerdings ständig ändert.

chen zum Anlocken von Weibchen ausgeführt. Sie bestehen aus kurzen Wechseln zweier getrennter Töne, die ungefähr 20 Sekunden dauern und äußerst laut sind. Weil die Sichtbedingungen in den finsteren Tiefen des Ozeans äußerst beschränkt sind, nutzen die Walmänner hörbare Zeichen, um ihre Größe und ihren Gesundheitszustand anzuzeigen. Dies erlaubt es den Weibchen, den für einen Reproduktionserfolg optimalen Partner anhand seiner Stimme zu wählen. Schließlich trägt die Wahl des Vererbers wesentlich dazu bei, ein kräftiges und gesundes Kalb in die Welt zu setzen.

Einen anderen Gesang erzeugen Blauwale, wenn andere Mitglieder ihrer Gruppe in der Nähe sind. Diese werden als »Downsweep-Rufe« bezeichnet und bestehen aus kurzen, eintönigen Gesängen, die ungefähr fünf Sekunden dauern. Downsweep-Gesänge haben die Aufgabe, den Kontakt zu Artgenossen zu halten, die im Umkreis fressen. Sie unterscheiden sich also sowohl hinsichtlich Funktion als auch akustisch von den Paarungsgesängen.

Dialekte

Von Blauwalen weiß man auch, dass es charakteristische Dialekte bei Gruppen gibt, die in unterschiedlichen Teilen der Welt leben. Wale in den wärmeren, seichteren Küstengewässern wie jenen vor Kalifornien haben komplexere Gesänge. Da die Tiere dazu tendieren, näher beieinander zu bleiben, folgerte man, dass die Gesänge nicht weit tragen müssen und deswegen kunstvoller sein können. In tieferen Gewässern sind ihre Gesänge anders, Gleiches gilt für verschiedene Ozeangebiete, wie vor der Küste von Südamerika.

Offene Fragen

Gegenwärtig gibt es nur wenige Hinweise darauf, wie die Walgesänge erzeugt und verbreitet werden. Interessanterweise hat man Wale beobachtet, die sich mit ihrem Kopf in einem 45-Grad-Winkel ungefähr 20–25 m tief im Wasser positionieren, während sie singen. Außer beim Gesang wurden Wale nie in solchen Positionen gesehen. So scheint eine Beziehung zwischen beidem zu bestehen. Und es lässt darauf schließen, dass diese Haltung entweder optimal für den Walgesang ist oder eine optimale Klangausbreitung durch das Wasser ermöglicht.

Der Walgesang ist nicht statisch, vielmehr verändern sich seine Merkmale mit der Zeit. So bilden sich jedes Jahr gänzlich unterschiedliche Klänge und Muster aus und werden dem alten Gesang hinzugefügt. Einige Muster des Originalgesangs werden ersetzt, wodurch sich der gesamte Gesang beim Vortrag ändert. Rätselhafterweise treten diese Änderungen innerhalb der gesamten Walpopulation auf und können innerhalb einiger Jahre vollständig wechseln. Folglich kann der Gesang ein und derselben Walgruppe ganz anders klingen, wenn er einige Jahre später aufgezeichnet wird. Ein dokumentierter Gesang änderte sich in nur zwei Jahren vollkommen. Dennoch produzieren alle Wale in einer Population gleichzeitig die gleiche Gesangsversion. Dies kann Tausende von Meilen voneinander entfernt lebende Wale einschließen. Wie diese Änderungen auftreten und sich verbreiten, ist nach wie vor unbekannt. Unabhängig davon besticht die unheimliche Schönheit und Macht des Walgesangs weiterhin, und viele Fragen zu seiner Entstehung, den eindeutigen Funktionen und der Verteilung unter den großen Walspezies der riesigen Ozeane auf der Welt harren ihrer Beantwortung.

HÖREN ELEFANTEN MIT DEN FÜSSEN?

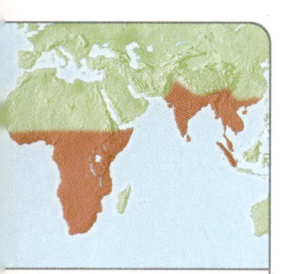

ES KOMMT IMMER WIEDER VOR, DASS EINZELNE ELEFANTEN IN EINIGER ENTFERNUNG VON IHRER HERDE UMHERZIEHEN, WOBEI WEIBLICHE ELEFANTEN OFFENBAR DURCH NIEDERFREQUENTE TÖNE, DIE ÜBER DEN BODEN ÜBERTRAGEN WERDEN, DEN KONTAKT HALTEN.

VERBREITUNG
Afrika, Indien, Sri Lanka, Südostasien, Malaysia, Indonesien und Südchina

Elefanten leben in sozialen Gruppen mit 20–100 Individuen. Die Herden bestehen hauptsächlich aus miteinander verwandten Weibchen sowie deren Nachwuchs, jungen Männchen und zuweilen gänzlich unverwandten Elefanten. Individuelle soziale Gruppen sind in größeren Herdenverbänden organisiert. Alle Gruppen eines einzelnen Herdenverbands leben innerhalb eines größeren Territoriums. Insgesamt ist die Gesellschaftsstruktur von Elefanten dynamisch, mit sich flexibel verhaltenden Tieren, die zusammenkommen und sich wieder trennen. Dagegen bleiben weibliche Familienmitglieder und ihr abhängiger Nachwuchs im Normalfall eine soziale Einheit.

Seit Langem ist bekannt, dass Elefanten eine Reihe von Lautäußerungen erzeugen, darunter Schreien und Trompeten. In den letzten 25 Jahre haben Wissenschaftler darüber hinaus entdeckt, dass weibliche Elefanten durch Rumpelgeräusche oder Infraschall über weite Entfernungen kommunizieren. Bei Letzterem handelt es sich um sehr niederfrequente Lautäußerungen unterhalb des vom Menschen hörbaren Niveaus. Infraschallgeräusche werden mittels der Stimmbänder im Kehlkopf des Elefanten erzeugt, und die Tiere haben auch die sensorische Fähigkeit, diese niederfrequenten Töne wahrzunehmen. Das Maß des Infraschalls als Kommunikationsmittel bei Gemeinschaften in freier Wildbahn wird noch untersucht.

Die Verwendung von Infraschall

Töne werden in Hertz (Hz) gemessen, das Infraschallspektrum liegt zwischen 1 und 20 Hz. Elefanten-Infraschall lässt sich vielleicht am besten als »Rumpelgeräusch« zwischen 14 und 30 Hz beschreiben. Rumpelgeräusche können einige Kilometer tragen und werden von Savannenelefanten im Regelfall über Entfernungen von mehr als 50 km wahrgenommen. Bei Waldelefanten wurden sogar noch geringere Frequenzen aufgezeichnet. Der bislang niedrigste gemessene Wert liegt bei 5 Hz. Unter optimalen Bedingungen wurde Elefanten-Infraschall über 10 km Entfernung von seiner Quelle auf-

SOZIALSTRUKTUR

Eine Elefantenherde wird von einer älteren, erfahrenen, dominierenden Matriarchin angeführt. Weibliche Elefanten bleiben auf Lebenszeit bei ihrer Geburtsgruppe und entwickeln starke Bindungen zu anderen Gruppenmitgliedern. Sobald Männchen das Jugendalter erreichen, verlassen sie den Trupp, um sich Junggesellenverbänden anzuschließen. Erwachsene Elefantenbullen schließen sich selten Gruppen an. Ältere Bullen wandern und suchen oft alleine Futter und verbringen einen bedeutenden Teil jeden Jahres in einem als Musth bezeichneten Zustand. Erwachsene Elefantenbullen in Musth reagieren auf einen Anstieg von Testosteron und anderer reproduktiver Hormone. Diese Hormonänderungen resultieren in bedeutenden Verhaltensänderungen, die Elefantenbullen äußerst reizbar, aggressiv und sehr gefährlich machen. Während Männer in Musth sind, suchen sie paarungsbereite Weibchen.

Elefantenkühe gebären ihr erstes Kalb, bevor sie 20 sind, Bullen erreichen die Geschlechtsreife in einem Alter zwischen 12 und 13 Jahren. Allerdings haben solche jungen Männer selten Zugang zu geschlechtsreifen Weibchen, da diese in der Zeit sexueller Empfänglichkeit von älteren und viel stärkeren Elefantenbullen mit Beschlag belegt werden. Typischerweise erreicht ein Bulle erst mit Ende 20 die notwendige Kraft und Größe, um in Sachen Fortpflanzung erfolgreich mit Artgenossen konkurrieren zu können.

INFRASCHALLEMPFANG

Elefanten benutzen nicht nur ihre Ohren zum Empfang von Infraschall, sondern setzen auch ihre Füße und Rüssel als Empfänger für eingehende Töne ein.

Siehe auch
Wale sind grandiose Sänger, *Seite 84*

gezeichnet, wobei er eine Reichweite von erstaunlichen 100 Quadratkilometern abdeckte. Elefantenrumpeln wird durch seismische Wellen sowohl durch den Boden als auch über die Luft verbreitet. Dies vergrößert die Kommunikationsreichweite der Tiere noch weiter. Weil Infraschall solch große Entfernungen überbrücken kann, stellt es für Elefanten, die normalerweise über weite Gebiete zerstreut sind, eine wichtige Möglichkeit dar, Kontakt zu halten und/oder die Bedrohung durch eine potenzielle Gefahr an andere Elefantengruppen oder Individuen im Gebiet zu übermitteln. Zudem scheinen auch über die Identität des Rufers einige Informationen vermittelt zu werden. Dies würde es einem Elefanten erlauben, zu einem bestimmten Artgenossen Kontakt zu halten. Allerdings bleibt der mögliche Nutzen solcher Identifizierungsmechanismen unbekannt.

Ebenfalls offen ist die Frage, wie Elefanten Infraschall wahrnehmen. Dazu ist jedenfalls eine Dekodierung von solch niederfrequenten Tönen notwendig. Wie Elefanten Infraschall-Rumpelgeräusche produzieren, wird derzeit durch verschiedene Wissenschaftlerteams aus aller Welt untersucht.

Einer Hypothese zufolge werden einige Merkmale oder Bestandteile von Infraschall durch den Boden übertragen und von Elefanten in einiger Entfernung über die Füße aufgenommen. Diese Theorie wird durch die Beobachtung gestützt, dass sich Elefanten vornüberneigten, ihr Gewicht auf die Füße verlagerten und manchmal sogar den Rüssel auf den Boden legten, kurz bevor in der Nähe befindliche Forscher Infraschall aufnahmen. Auch die riesigen Ohren der Elefanten könnten als Parabolantennen dienen.

Durchaus wörtlich zu nehmen, setzt sich Elefantenkommunikation aus einem »von oben nach unten« (über die Ohren) und einem »von unten nach oben« (über die Füße) zusammen.

INFRASCHALL IN EINEM GRÖSSEREN ZUSAMMENHANG

Infraschall kann natürlich auftreten, zum Beispiel bei Stürmen mit Donner oder starken Winden, und auch Ozeanbewegung kann diese niederfrequenten Schallwellen erzeugen. Düsenflugzeuge, Fabriken, Motoren und viele Explosionsarten geben ebenfalls Infraschall ab. Gleiches gilt bei klimatischen oder geologischen Veränderungen, beispielsweise Vulkanausbrüchen, Erdbeben und Tsunamis.

Elefanten sind nicht die einzigen Tiere, die Infraschall wahrnehmen können. Tintenfische, Löwen, Giraffen, Wale, Alligatoren, einige Vogelarten und Nashörner sind neben anderen ebenfalls dazu fähig. Einige Arten hören Infraschall über den Boden oder seismisch, während andere ihn durch die Luft oder atmosphärisch wahrnehmen. Wieder andere, etwa Wale, können Infraschall durch das Wasser hören.

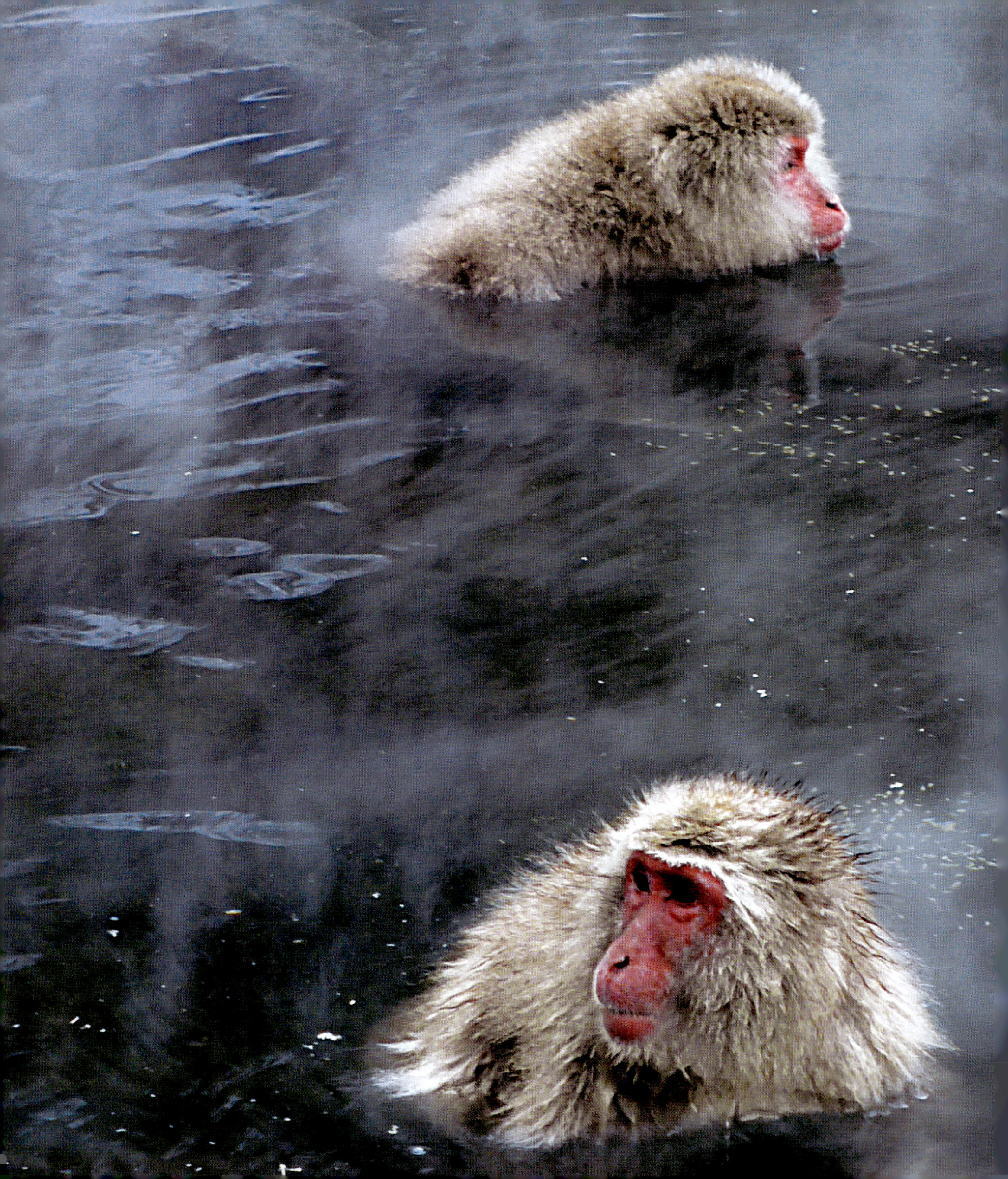

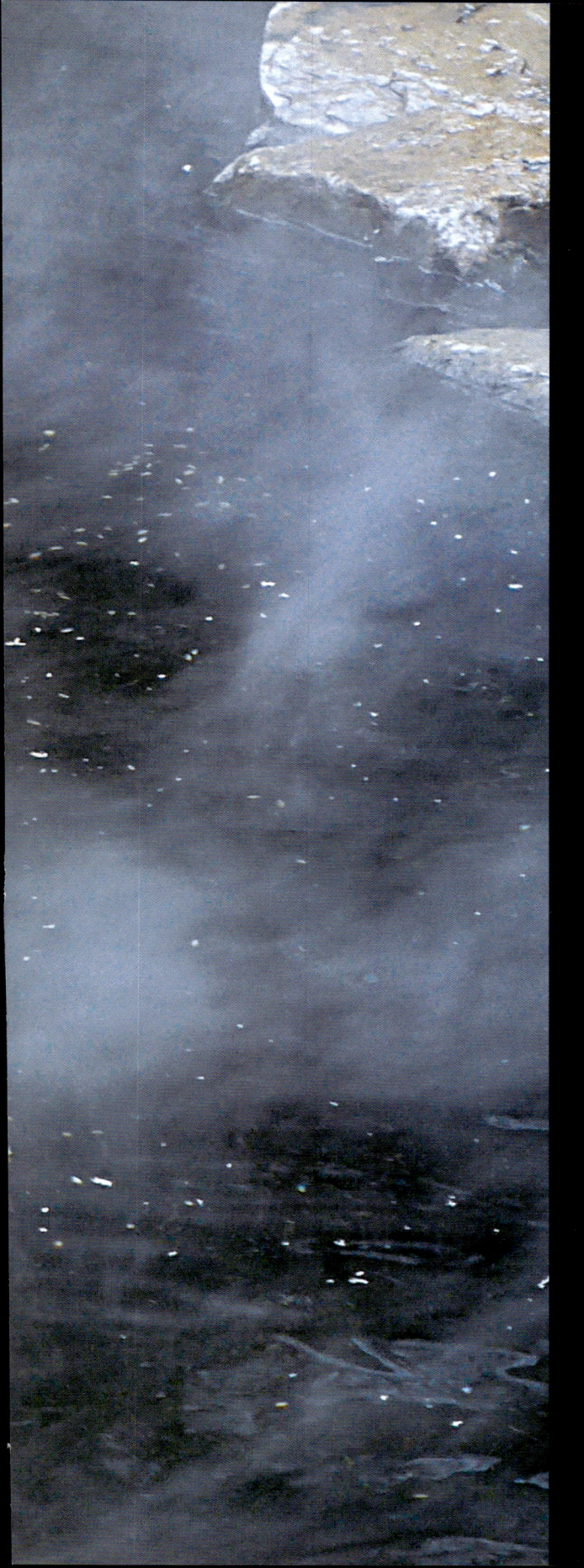

KAPITEL 3
IMITATION UND SOZIALES LERNEN

Seit Langem fasziniert das Lernvermögen bei Tieren die Wissenschaftler. Frühe Studien über tierisches Lernen versuchten, das Lernen beim Menschen zu erklären. Deshalb wurden bei uns hoch entwickelte Prozesse wie Imitation (Nachahmung) und andere Formen des sozialen Lernens bei vielen Tieren unter experimentellen Bedingungen erforscht. Dieses Kapitel beleuchtet die Entwicklung von gesellschaftlich erworbenen Verhaltensweisen bei frei lebenden Menschenaffenpopulationen. Darüber hinaus behandelt es auch gesteuerte Studien zur Imitation und ähnlichen Lernmethoden bei Orang-Utans, Gorillas, Schimpansen und anderen Affen sowie bei Kleinkindern und bei Vögeln wie Staren, Raben, Papageien und japanischen Wachteln.

IMITATION UND SOZIALES LERNEN

NACHÄFFEN?

SPIELTECHNIKEN
Spiele wie Schneeballformen haben sich in Gruppen japanischer Affen ausgebreitet.

JAPANMAKAKEN ZEIGEN EINIGE VERHALTENSMUSTER, DIE SIE ANSCHEINEND SOZIAL ERLERNT HABEN. DIESE WURDEN DANN VON EINER GENERATION ZUR NÄCHSTEN WEITERGEREICHT. EINIGE WISSENSCHAFTLER VERTRETEN DIE ANSICHT, DASS DIESE GEWOHNHEITEN EINE EINFACHE FORM VON KULTUR DARSTELLEN.

VERBREITUNG
Japan

Hat der umgangssprachliche Begriff »nachäffen« einen wahren Kern? Mit anderen Worten: Beobachten Affen die problemlösenden Verhaltensweisen von anderen Mitgliedern ihrer Gruppe und kopieren dann deren Verhalten? In den 1950er-Jahren behaupteten japanische Wissenschaftler, dass die von ihnen untersuchten Japanmakaken nicht nur zum sozialen Lernen fähig seien, sondern dass sie auch über eine einfache Form von kultureller Übermittlung verfügten – wenn beispielsweise eine neue Gewohnheit beobachtet wurde, die in der Gruppe auftrat, sich dort ausbreitete und anschließend über Generationen erhalten blieb.

Waschen und abschöpfen
Forscher, die eine Affengruppe auf der abgelegenen Insel Koshima studierten, versuchten, die Affen durch Auslegen von Süßkartoffelstücken an einem Sandstrand aus der Reserve zu locken. Anfangs pflegten die Affen beträchtliche Zeit dazusitzen, um die Kartoffeln vom Sand zu befreien, bevor sie sie fraßen. Eines Tages beobachtete man Imo, ein juveniles, niederrangiges Weibchen, dabei, dass sie den Sand von den Kartoffeln in einem Süßwasserfluss abwusch. Nach und nach begannen Imos Freunde und ihre Familie, ihre Kartoffeln ebenfalls zu waschen. Dann hatte Imo eine neue Idee. Sie begann, ihre Kartoffeln im Meer zu waschen, vermutlich, weil sie dann angenehm salzig schmeckten. Mit der Zeit lernte die Mehrheit von Imos Gruppe auch, die Kartoffeln im Meer zu waschen. Bis heute, da alle ursprünglichen Kartoffelwäscher lange tot sind, waschen ihre Nachkommen Süßkartoffeln im Meer.

Andere scheinbar kulturelle Gewohnheiten wurden bei den Koshima-Affen beobachtet. Nachdem sie gelernt hatten, ihre Kartoffeln zu waschen, liefen die Tiere fast immer sofort nach

NACHÄFFEN?

LERNEN DURCH IMITATION
Trotz des gängigen Begriffes »nachäffen« gibt es nur sehr wenige überzeugende Beweise dafür, dass Affen zu imitierendem Lernen fähig sind.

DAS AHA-ERLEBNIS
Menschen lernen voneinander, weil sie merken, dass das Verhalten anderer Vorteile bringt. Oft haben wir ein sogenanntes Aha-Erlebnis, wenn wir jemand anderen ein Problem lösen sehen. Dann denken wir: »Was für eine geniale Idee! Das mache ich jetzt auch so!« Man hat argumentiert, dass das Auftauchen einer Verhaltensweise nicht kulturell bedingt sein kann – außer es basiert auf imitierendem Lernen (d.h. originalgetreuem Kopieren der Handlungen eines anderen Individuums innerhalb der gleichen Gruppe und unter denselben Umständen). Es ist äußerst schwierig, zu beurteilen, ob die Koshima-Affen das Baden in Thermalquellen durch Imitation lernten oder es selbst entdeckten, als sie andere zur Fressenszeit ans Wasser begleiteten.

Siehe auch
Meeresschwämme als Schutzkissen, *Seite 26*

92 IMITATION UND SOZIALES LERNEN

dem Fressen zurück in den Urwald. Um sie dazu zu ermutigen, am Strand zu bleiben, streuten die Forscher Weizenkörner auf den Sand. Zuerst nahmen die Affen sorgfältig ein Korn nach dem anderen auf. Dann entdeckte Imo, dass der Sand sank, wenn sie eine große Handvoll Sand und Weizen ins Meer streute, während der leichte Weizen schwamm und mühelos von der Oberfläche abgeschöpft werden konnte. Wie zuvor breitete sich das Verfahren in der Gruppe aus.

Japanmakaken sind die nördlichste Affenart, weswegen sie im Winter oft in tiefem Schnee nach Futter suchen müssen. Eine Affengruppe lernte, sich an den kältesten Tagen in den natürlichen Thermalquellen aufzuwärmen. Sie faulenzen im warmen Wasser, spielen und betreiben Fellpflege. Genau wie das Kartoffelwaschen hat sich diese Gewohnheit über mehrere Generationen gehalten.

Sogar einige Formen von Spiel haben sich in japanischen Affengruppen ausgebreitet. Ein Forscher beobachtete junge Affen beim Spiel mit Steinen. Die meisten Kinder der Gruppe häuften mit Begeisterung große Steinhaufen auf. In einer anderen Gruppe formten die jungen Affen Schneebälle. Sie machten große Bälle und trugen sie herum, ohne sie je zu werfen. All diese Praktiken – die Kartoffelwäsche, Abschöpfen des Weizens, Aufschichten von Steinen und das Formen von Schneebällen – wurden von ein oder zwei Individuen entwickelt und übertrugen sich dann auf die anderen Gruppenmitglieder.

Einige Wissenschaftler vertreten die These, dass die Affen diese Praktiken auch selbstständig entwickelt hätten, ohne sie voneinander abzuschauen. Da sie den gleichen Umweltfaktoren ausgesetzt sind, hätte jeder Affe sich die erforderliche Information verschaffen können, um ein solches Verhalten zu lernen. Andere Forscher gaben Kapuzineraffen und Krabben fressenden Makaken schmutzige Fruchtstücke und eine Schüssel Wasser. Während des Spieles lernten auch sie, das Futter im Wasser zu waschen; daraus lässt sich schließen, dass ein solches Verhalten nicht von sozialem Lernen abhängt.

EIN WARMES BAD
Nach der Futtersuche im Schnee gönnen sich diese Makaken in den nahe gelegenen Thermalquellen ein warmes Bad.

NACHAHMER IM DSCHUNGEL

IMMER WIEDER WURDEN VERSUCHE DURCHGEFÜHRT, UM HERAUSZUFINDEN, OB AFFEN ZUR IMITATION FÄHIG SIND, D. H. ZUM ORIGINALGETREUEN KOPIEREN DER HANDLUNGEN ANDERER. DIE MEISTEN EXPERIMENTE ERBRACHTEN JEDOCH KEINEN EINDEUTIGEN ODER GAR KEINEN BEWEIS.

Wenn man das Imitieren bei Affen testen möchte, kann man sie in einem Kopierspiel unterrichten. Genau dies hatten Forscher vor, als sie drei jungen Kapuzineraffen eine Version des amerikanischen Kinderspiels »Simon says« zeigten. Sie brachten den Kapuzineraffen bei, bewegungsbehinderte Patienten zu unterstützen, mit Menschen zu interagieren und Gegenstände zu handhaben.

Wenn Kopieren nicht Kopieren ist

Bei diesem Versuch wurden die Affen im Kopieren der Handlungen eines Menschen unterrichtet und dafür mit Leckerbissen belohnt. Sie mussten zum Beispiel einen Reißverschluss aufmachen, einen Stock in einen Zylinder stellen und ihren eigenen Arm anfassen. Trotz des Belohnungssystems wiesen die Affen nur eine Erfolgsquote von 4–20 Prozent auf. Der erfolgreichste Affe wurde dann in die nächste Phase mit neuen Tätigkeiten übernommen. Dort erzielte er allerdings auch nur eine Erfolgsquote von 12,5 Prozent – beim Schraubendrehen mit einem Schraubenzieher, beim Zusammenfügen zweier gezähnter Bausteine und beim Drehen einer Handkurbel. Außerdem waren die Imitationen ungenau; anstatt die Aktionen des Vorführers zu kopieren, schien der Affe auszuprobieren, wie Gegenstände zusammengestellt und bewegt werden können, eine Art von sozialem Lernen, »Emulation« genannt.

Mehr Erfolg schienen die Forscher zu haben, als sie eine Version des Spiels »Simon says« mit vier Japanmakaken ausprobierten. Waren die Affen dabei aufmerksam, wurden sie belohnt, was offensichtlich entscheidend ist, da es ansonsten kein Kopieren geben kann. Die Affen lernten, auf Kommando die gleiche Stelle und den gleichen Gegenstand wie der Mensch anzufassen. Den Forschern zufolge imitierten die Affen außerdem ihre Trainer, indem sie die Zunge herausstreckten, die eigene Nase und das

VERBREITUNG

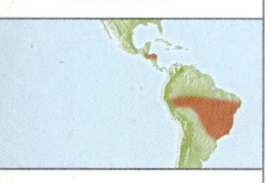

Kapuzineraffen: Mittel- und Südamerika

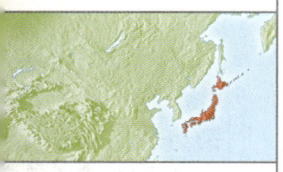

Japanmakaken: Japan

Marmosetten: Brasilien

ÜBERTRAGUNG UND IMITATION

In Experimenten wurde Weißbüschelaffen ein Kasten vorgesetzt. Man dressierte zwei Affen als Vorführer, von denen einer den Kasten öffnen, der andere ihn nur anfassen sollte, wobei er die mit Honig bestrichene Oberfläche ableckte. Kein einziger beobachtender Affe lernte, das Behältnis zu öffnen, sie berührten es aber häufiger mit den Händen als mit dem Mund. Dagegen benutzte die Gruppe, die den Affen den Kasten ablecken gesehen hatte, den Mund öfter als die Hände.

Andere Forscher fanden einen ähnlichen Hand- oder Mundeinsatz bei Krallenaffen. Sie präsentierten Krallenaffen einen zylindrischen Behälter mit einem Druckdeckel. Ein Krallenaffen-»Vorführer« setzte entweder seine Hände oder den Mund ein, um den Deckel zu entfernen und an die Mehlwürmer im Innern zu gelangen. Jene Affen, die den Vorführer die Hände einsetzen sahen, nahmen diese häufiger als den Mund, während jene, deren Vorführer den Mund benutzten, es diesem nachmachten.

Obwohl diese Ergebnisse die Schlussfolgerung zulassen, dass Krallenaffen einfache Handlungen anderer imitieren, gibt es möglicherweise eine einfachere Erklärung. Zuzusehen, wie ein anderer mit dem Mund an einem Gegenstand zugange ist, kann beim Beobachter automatisch Fressverhalten auslösen, worauf Letzterer den Mund häufiger einsetzt als die Hände. Das automatische Auslösen eines Verhaltens nach Beobachtung anderer wird Übertragung genannt.

Trotz zahlreicher Versuche gibt es kaum überzeugende Beweise für das Imitationsvermögen von Affen. Lernen durch die Beobachtung anderer ist möglich, aber Affen scheinen eher zu lernen, wie sich Dinge kombinieren oder bewegen lassen (Emulation), als dass sie einen Vorführer kopieren (Imitation).

SOZIALER AUFSTEIGER
Versuche haben gezeigt, dass Weißbüschelaffen aufgrund sozialen Lernens Hand oder Mund zur Lösung von Aufgaben einsetzen.

Siehe auch
Ein Spatzenhirn funktioniert am besten, *Seite 96*

eigene Ohr anfassten, eine Faust bildeten, eine Faust bei ausgestreckten Daumen ballten und einen Wattebausch auseinanderrissen. Obwohl die Ergebnisse beeindruckten, waren die Kopierbewegungen der Affen oft ungenau und wurden durch Zufallshandlungen verwässert. Ohne einen strengen wissenschaftlichen Test ist es schwierig, zu entscheiden, ob eine oder mehrere der Imitationen nicht eher zufällig geschahen.

Nachahmung und Imitation

»Simon says« beinhaltet Imitationshandlungen, die über das Kopierspiel hinaus keine besondere Funktion haben. Die Forscher überlegten daher, ob Affen besser abschneiden würden, wenn ihnen praxisorientierte Handlungen zur Aufgabenlösung gezeigt würden, etwa das Öffnen eines Kastens, in dem sich Futter befindet. Sie konfrontierten Weißbüschelaffen mit einem Kasten, der eine Klapptür besaß, die gehoben oder geschoben werden konnte, um einen Leckerbissen zu erreichen. Als der Kasten sechs einzelnen Affen gegeben wurde, stießen fünf von ihnen die Tür auf, einer bevorzugte die Hebevariante. Derjenige Affe, der die Tür gehoben hatte, wurde anschließend zum »Demonstrator« für die anderen fünf ernannt, worauf drei der Affen anfingen, die Tür zu heben.

Natürlich ist es möglich, dass die Affen, statt die Hebetätigkeit zu imitieren, tatsächlich lernten, wie die Tür noch zu öffnen war, d. h. dass statt Imitation Emulation vorlag.

In einem anderen Versuch zeigten Forscher elf von Menschen aufgezogenen Kapuzineraffen einen Kasten mit aufklappbarem Deckel, der mit zwei glatten, von einer Klammer gehaltenen Stäben verschlossen war. Um an den Leckerbissen im Kasten zu gelangen, mussten die Stäbe aus der Klammer gezogen werden. Fünf Affen zeigte man, wie die Stäbe herausgezogen und herausgedreht wurden, und sechs Affen, wie sie hinausgestoßen wurden. Die Affen lernten nicht, die vorgeführten Aktionen zu kopieren, aber sie lernten, die Stäbe in der gezeigten Richtung zu entfernen. Wieder bestätigten die Ergebnisse eine Emulation, aber keine Imitation.

IMITATION UND SOZIALES LERNEN

EIN SPATZENHIRN FUNKTIONIERT AM BESTEN

VERBREITUNG
Papageien: Meist warme und tropische Regionen
Raben: Europa und Nordamerika
Japanische Wachteln: Ostasien
Stare: Europa, Nordamerika, Asien, Afrika, Nordaustralien und die Inseln des tropischen Pazifiks
Wellensittiche: Australien

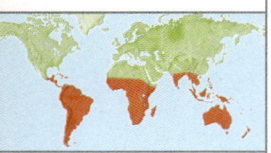

ES IST BEKANNT, DASS VIELE VOGELARTEN AUSGEZEICHNET LAUTE NACHAHMEN KÖNNEN. ÜBERRASCHENDERWEISE DEUTEN JÜNGSTE FORSCHUNGSERGEBNISSE AN, DASS SIE VIELLEICHT AUCH DIE HANDLUNGEN ANDERER IMITIEREN KÖNNEN, SOWOHL BEIM KOPIEREN VON SPIELEN ALS AUCH BEIM LÖSEN VON AUFGABEN – SOFERN ES DAFÜR EINE FUTTERBELOHNUNG GIBT.

Europäische Stare haben mit ihrer Fähigkeit, den Klingelton eines Telefons nachzuahmen, schon viele Menschen verwirrt. In der Tat sind viele Vogelarten exzellente Geräuschimitatoren. Gerade Papageien haben diesen Ruf, doch Versuche haben gezeigt, dass sie nicht minder beeindruckende Fähigkeiten zum Nachahmen von Handlungen besitzen.

Wellensittiche, Raben und Wachteln

Als Forscher Wellensittichen eine Aufgabe stellten – beispielsweise an Futter in einer mit einem Papierdeckel abgedeckten Schüssel zu gelangen –, dressierten sie drei Papageien als »Vorführer«. Jeder Papagei entfernte den Deckel auf eine andere Art. Einer verwendete seinen Fuß, der zweite benutzte seinen Schnabel zum Aufhebeln und ein dritter zum Herunterstoßen des Deckels. Jeder der drei Versuchsgruppen wurde nur eine Methode vorgeführt. Es gab keinen Unterschied zwischen den Methoden der Gruppen, die das Anstoßen oder das Anheben mit dem Schnabel gesehen hatten. Sehr unterschiedlich fiel das Ergebnis zwischen den Gruppen jedoch hinsichtlich Einsatz von Schnabel bzw. Fuß aus. Der Test war besonders aufschlussreich, da er den Forschern erlaubte, Imitation von Emulation zu unterscheiden. Alle Vögel sahen, wie sich der Deckel in gleicher Weise bewegte; der Hauptunterschied zwischen den drei Demonstrationsarten lag in der benutzten Methode.

Andere Wissenschaftler wollten mit einer ähnlichen Methode soziales Lernen bei halbwilden, in Menschenobhut aufgewachsenen Raben untersuchen. Ein Stück Fleisch wurde in einem Kasten mit einem gleitenden Deckel deponiert, der entweder durch Ziehen an einem Riemen oder durch Aufhebeln des Deckels von

OKICHOROS ESKAPADEN

Ein Forscher aus Kanada zog einen afrikanischen Graupapagei, Okichoro genannt, auf. Oki wurde in einem Raum gehalten, in dem er kontinuierlich von einer Videokamera überwacht und regelmäßig von seinen Pflegern besucht wurde. Wenn sie den Raum betraten, kündigten sie eine Handlung an, führten sie vor und gingen sofort wieder hinaus, um eine versehentliche Beeinflussung des Papageienverhaltens zu vermeiden.

Allein im Raum, begann Oki zunächst die Begleitworte und dann die Tätigkeiten selbst zu imitieren. Die Aktionen schlossen ein Vorstrecken der Zunge, Nicken mit dem Kopf, Hin- und Herschwenken des Kopfes und dessen Drehen um 180 Grad ein. Außerdem rief er »Ciao« und schwenkte seinen Fuß oder Flügel langsam in einem Bogen.

Einige von Okis Imitationen gaben unbeabsichtigte Handlungen seiner Pfleger wieder. So flog der Papagei oft auf, wenn die Menschen den Raum verlassen wollten, und setzte sich oben auf die Tür. Da dies gefährlich war, schlugen die Forscher gegen die Tür und riefen: »Weg da!« Mit der Zeit begann Oki, »Weg da« zu rufen und dann seinen Kopf gegen eine Wand oder die Tür zu schlagen. Wenn der Pfleger ihn mit Erdnüssen fütterte und eine fiel zu Boden, sah er, wie man es häufig tut, nach unten und sagte: »Hoppla.« Nach einer Weile fing Oki an, seinen Fuß in einer scheinbar zupackenden Bewegung hochzuheben und dann »Hoppla« zu rufen, während er nach unten spähte.

Und schließlich schwenkte er nicht nur seinen Fuß oder Flügel, nachdem er »Ciao« gerufen hatte, sondern hob und drehte dazu den Fuß, so als ob er einen unsichtbaren Türknopf bewegen würde. Dann machte er ein paar Schritte, drehte sich um und hob und drehte wieder seinen Fuß, während er den Klang des Türklickens beim Schließen imitierte.

BEOBACHTEN UND LERNEN
Europäische Stare sind hervorragende Lautnachahmer. Allerdings haben Versuche gezeigt, dass sie auch durch das Beobachten der Tätigkeiten anderer lernen können.

IMITATION UND SOZIALES LERNEN

oben geöffnet werden konnte. Raben, die einem geschulten Vorführerraben beim Ziehen des Riemens zusahen, verwendeten diesen ebenfalls, während Vögel, die den Demonstrator beim Aufhebeln des Deckels beobachtet hatten, diese Methode bevorzugten. Dennoch imitierten die Raben nicht notwendigerweise die Handlungsweise, weil der Demonstrator beim Öffnen unterschiedliche Teile des Kastens berührte. Als sie den Demonstrator bei der Handhabung des Riemens oder des Deckelrandes beobachteten, hätten die Vögel gut diese Stellen anpeilen können – ein sozialer Lernprozess, der als »Reizverstärkung« bezeichnet wird –, um dabei zu lernen, den Deckel aufzuhebeln oder den Riemen zu ziehen.

Wissenschaftler, die mit Japanischen Wachteln arbeiteten, stellten zuerst sicher, dass die Aufmerksamkeit der Vögel auf die gleiche Stelle gelenkt wurde, wobei die Aktionen von einem »Wachtel-Demonstrator« vorgeführt wurden. Die Wachteln wurden mit einem Hebel konfrontiert, der abgesenkt werden musste, um eine Futterschale freizugeben. Jene Vögel, die einen Vorführvogel auf den Hebel steigen sahen, neigten dazu, ihre Füße zu benutzen, während diejenigen ihre Schnäbel einsetzten, die diese Methode vorgeführt bekommen hatten. Obwohl klar ist, dass die Wachteln sozial lernten, fällt es schwer zu sagen, ob ihr Verhalten eine Imitation darstellt. Viele Vögel beginnen automatisch mit Picken, wenn sie einen anderen Vogel picken sehen.

Die »Geisterhandbedingung«

Forscher versuchten, Stare dazu zu bringen, einen Stöpsel aus einem Loch in einer Plattform zu entfernen, um darunter befindliches Futter freizusetzen. Vögel, die beobachtet hatten, wie man den Stöpsel durch Hochziehen entfernte, neigten dazu, daran zu ziehen, während jene, die gesehen hatten, wie der Stöpsel hineingestoßen wurde, dies so auszuführen versuchten. Obwohl ihr Verhalten mit Imitation übereinstimmte, hätten die Vögel genauso leicht lernen können, die Richtung zu reproduzieren, in der der Stöpsel gezogen wurde (durch Emulation), anstatt die Aktionen des Vorführers zu reproduzieren (durch Imitation). Andere Wissenschaftler dachten sich eine andere findige Methode dafür aus, um zwischen Nachahmung und Imitation zu unterscheiden. Sie nannten sie »Geisterhandbedingung«.

Vögel beobachteten einen anderen Vogel in einem Nachbarkäfig, in dem die Stöpselplattform installiert war. Hier schien sich der Stöpsel aus eigener Kraft auf- und abwärts zu bewegen, wie von Geisterhand (in Wirklichkeit steckte ein unsichtbarer Draht dahinter). Wenn die Vögel in der Lage wären, durch Emulation zu lernen, sollte die Bewegung des Gegenstands (unabhängig von der Handlung eines Demonstrators) zum bevorzugten Erlernen einer Methode ausreichen. Allerdings lernten die Stare nur zu stoßen oder zu ziehen, wenn ein anderer Vogel diese Handlungen demonstrierte. Dies stützt die These, dass sie eher durch Imitation lernen als durch Emulation.

SOZIALES LERNEN BEI STAREN

Forscher testeten Stare auf Imitation, indem sie ihnen einen Kasten mit Futter anboten. Um den Leckerbissen zu erreichen, mussten die Vögel einen Stöpsel aus einem Loch ziehen.

1| Stare, die einen vorführenden Vogel beim Herausziehen eines Stöpsels aus einem Loch beobachteten, lernten so das Herausziehen.

2| Stare, die einem vorführenden Vogel beim Hinabdrücken eines Stöpsels durch ein Loch zusahen, lernten so das Hinabdrücken.

3| Zwei weitere Gruppen setzte man »Geisterhandbedingungen« aus, wobei die Stöpsel mit Hilfe eines unsichtbaren Drahtes nach oben oder nach unten aus dem Loch gezogen wurden. Diese Vögel kopierten die jeweilige Richtung der Stöpselbeseitigung nicht.

NICHT HOHLKÖPFIG
Mitglieder der Familie der Rabenvögel, die Krähen, Raben und Elstern einschließt, besitzen ein größeres Gehirn, als man es bei Vögeln ihrer Körpergröße erwarten würde.

Siehe auch
Gefangene Krähen als begabte Werkzeugnutzer, *Seite 20*
Nachäffen?, *Seite 90*

DIE GROSSE AFFENDEBATTE

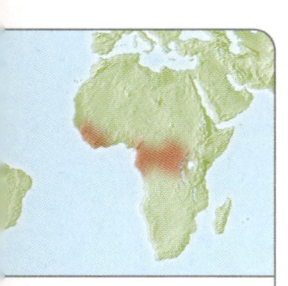

MAN NIMMT GEMEINHIN AN, DASS MENSCHENAFFEN GEWOHNHEITSMÄSSIG DIE TÄTIGKEITEN ANDERER KOPIEREN. DAS SOGENANNTE NACHÄFFEN IST ZUM SYNONYM FÜR IMITATION GEWORDEN. ABER WÄHREND ES VIELE ANEKDOTEN ÜBER MENSCHENAFFEN GIBT, DIE EINANDER UND MENSCHEN IMITIEREN, GELANG ERST KÜRZLICH EIN ÜBERZEUGENDER WISSENSCHAFTLICHER NACHWEIS FÜR IMITATION.

VERBREITUNG
Schimpansen: West- und Zentralafrika

Eine der ersten bedeutenden wissenschaftlichen Studien über Imitation bei Menschenaffen wurde mit Orang-Utans in Camp Leaky, Indonesien, durchgeführt. Die vor dem Zoohandel geretteten Affen sollten auf ihre Rückführung in die Wildnis vorbereitet werden. Interessanterweise imitierten viele von ihnen offenbar die Aktivitäten der im Lager wohnenden Menschen. Zum Beispiel jätete das erwachsene Weibchen Siswoyo gern, indem sie mit einem Stock Unkräuter an ihrer Basis abtrennte und sie hinter sich entlang des Weges in einer geraden Linie anhäufte, so, wie sie es bei den Menschen gesehen hatte. Ein anderes Weibchen, Supinah, kopierte einige Elemente des Feuermachens, so das Aufstapeln von Stöcken, das Darübergießen von Brennstoff und sogar das Hin- und Herwedeln mit einem Deckel, wie sie es beim Lagerpersonal beobachtet hatte.

Ein abfälliges Lippengeräusch

An einem der ersten Imitationsexperimente war ein in Gefangenschaft aufgezogener Schimpanse namens Vicki beteiligt. Die Forscher brachten ihr ein »Simon says«-ähnliches Spiel bei. Dazu gehörte es, gegen Futterbelohnung gewisse Tätigkeiten auf den Befehl »Mach dies« durchzuführen. Nachdem Vicki über ein Dutzend Handlungen gelernt hatte, begannen die Forscher, Tätigkeiten vorzuführen, um zu sehen, ob sie sie auch ohne Belohnung kopieren würde. Sie zeigten ihr, sich auf einem Fuß zu drehen, ein abfälliges Lippengeräusch zu machen und die eigene Nase anzufassen. Eine Übung, die Vicki sehr schwerfiel, war das Schließen und Öffnen ihrer Augen. Anfänglich verzog sie das Gesicht, aber die Augen blieben offen. Mit der Zeit begann sie, ihre Augenlider mit den Fingern zuzuschieben! Obwohl Vickis Leistung beeindruckend erscheint, deckt der Bericht ihr Verhalten nicht in jedem Detail ab, und es ist schwierig, genau nachzuvollziehen, was sie tat. So folgte ein weiterer Versuch anderer Forscher mit zwei jungen Schimpansen namens Scott und Katrina. Die Schimpansen imitierten über ein Drittel der 48 neu gezeigten Tätigkeiten, aber ihre Nachahmungen waren oft ziemlich ungenau. Gefordert waren etwa das Berühren von Hinterkopf und Nase, Händeklatschen sowie das Öffnen und Schließen des Mauls.

In einem späteren Versuch wurde ein erwachsener männlicher Orang-Utan namens Chantek eingesetzt, der in seiner Jugend in der Amerikanischen Zeichensprache unterrichtet worden war. Er hatte viel mehr Erfahrung bei Nachahmungsspielen und brachte bessere Ergebnisse als Scott und Katrina, weil er viel besser imitieren konnte. Als andere Forscher von einem weiblichen Gorilla namens Zura hörten, der Menschen einfach aus Spaß nachahmte, waren sie voller Zuversicht. Zura war von Menschen in Ohio aufgezogen worden, kam aber dann in den Zoo von San Francisco. Die Wissenschaftler zeigten Zura sieben neuartige Tätigkeiten, und sie imitierte – ohne belohnt zu werden – mehrere davon, allerdings recht ungenau.

Schimpansen übertreffen Kinder

Einer der interessantesten neueren Versuche beinhaltete eine Version des »Simon says«-Spiels, wobei die Tätigkeiten allerdings im Zusammenhang mit Gegenständen ausgeführt wurden. Die Forscher benutzten drei sprachgeschulte und drei ungeschulte Schimpansen und verglichen sie mit acht 18 Monate alten und acht 30 Monate alten Kindern. Sie gaben einem Schimpansen für vier Minuten einen Gegenstand, um herauszufinden, ob er spontan die Handlung ausführen würde, die demonstriert

DIE GROSSE AFFENDEBATTE

MENSCHEN NACHÄFFEN

Berichte über Menschenaffen, die Handlungen von Menschen imitieren, reichen über 100 Jahre zurück. Diese Geschichte aus dem Jahr 1869 stammt von Ernest Menault. M. Flourens erzählt: »Einmal besuchte ich ihn [den Orang-Utan] in Begleitung eines alten Herrn, der ein geschickter, scharfsinniger Beobachter war. Sein etwas seltsamer Anzug, der gebeugte Körper und sein langsamer Gang zogen sofort die Aufmerksamkeit des jungen Tieres auf sich, das den Gentleman neugierig fixierte. Wir waren gerade am Gehen, als der Affe seinen neuen Besucher anging und mit einer Mischung aus Charme und Schalk dessen Stock ergriff und so tat, als stütze er sich darauf. Der Affe krümmte die Schultern und mäßigte sein Tempo, als er im Raum herumspazierte, während er die Körperhaltung und die Gehweise meines betagten Freundes imitierte. Schließlich gab er ihm den Stock aus eigenem Antrieb zurück, und wir gingen.«

Die folgende Erzählung aus dem Jahr 1925 bezieht sich auf Robert Yerkes, Gründer des Yerkes Primate Research Center in Atlanta (Georgia, USA), und einen jungen Schimpansen namens Chim, den er von Hand aufgezogen hatte. »Ein zwölfjähriger Junge, der mit Chim spielte, spuckte aus, um zu sehen, ob Chim ihn imitieren würde. Chim beobachtete ihn äußerst interessiert und mit höchster Aufmerksamkeit. Unmittelbar danach versuchte er, auszuspucken. Seine Anstrengungen waren urkomisch, aber nicht erfolgreich. Am folgenden Tag sah man ihn außerhalb des Beobachtungsraumes spuckend in einer Ecke, nachdem er in der Zwischenzeit einen angemessenen Grad an Können erreicht hatte. Da diese Leistung sofort missbilligt wurde, endet damit die Geschichte.«

---

werden sollte. Tat er dies nicht, nahm der Forscher den Gegenstand wieder an sich, sagte »Mach dies«, demonstrierte die Tätigkeit und gab dann den Gegenstand zurück. Den Affen und Kindern wurden Tätigkeiten gezeigt, wie Schrubben des Fußbodens mit einer Bürste, einen Druckdeckel mit einem Schraubenzieher aufzumachen und mit dem Schraubenzieher auf den Deckel zu schlagen. Die sprachgeschulten Schimpansen und die Kinder lieferten sehr gute Ergebnisse, während die sprachungeschulten Affen nur wenig imitierten. In einem zweiten Versuch demonstrierten die Forscher eine Tätigkeit, aber der Gegenstand wurde erst 48 Stunden später überreicht. Kinder wie sprachgeschulte Schimpansen erwiesen sich nicht nur zu einer zeitlich versetzten Imitation fähig, sondern die Affen verrichteten sie auch merklich besser als die Kinder.

Gewinnbringendes Problemlösen

Alle obigen Affenimitationen betreffen funktionslose Handlungen, doch man führte auch eine Versuchsreihe mit Schimpansen, Orang-Utans und Gorillas und einem Puzzlekasten durch, der wie eine Frucht aussah. Das äußere Gehäuse musste abgeschält werden, um einen Kern mit Futter zu erreichen. Mit Hilfe von zwei Riegeln war das Essen darin abgeschlossen. Einer bestand aus einem T-förmigen Stift und einem Gehäuse mit einer Lippe. Der Stift musste mehrfach bewegt werden, bevor der Deckel geöffnet werden konnte. Der zweite Riegel bestand aus einem Paar Stangen, die gedreht werden mussten, um sie herausziehen oder hinausstoßen zu können. Die Gorillas und Orang-Utans zeigten geringe Fähigkeiten, die Stangen herauszuziehen, neigten aber dazu, den Stift zu drehen, wie man es ihnen gezeigt hatte. Es ist möglich, dass sie dies über Emulation gelernt haben. Das heißt, dass sie die Bewegung des Gegenstandes nachmachten, anstatt die Tätigkeiten des Demonstrators präzise zu kopieren. Die Schimpansen glichen die Drehtätigkeit an, während sie die Stangen durchzogen. Ihr Kopieren schien über Emulation hinauszugehen, weil sie die Stangen, ungeachtet der vorgeführten Methode, in jede Richtung herauszogen. Sie passten die Handlungsweise an die der Demonstratoren an, anstatt nur die Behandlung des Gegenstands neu zu gestalten. Es scheint also, dass Menschenaffen relativ funktionslose Tätigkeiten imitieren können und Schimpansen zumindest gewisse Fähigkeiten besitzen, Tätigkeiten zu kopieren, die zu einer Aufgabenlösung beitragen.

Siehe auch
Kann man einem Schimpansen wirklich das Sprechen beibringen?, *Seite 150*
Ein Orang-Utan lernt Zeichen verwenden, *Seite 164*

AFFENKULTUR?

VERSUCHE HABEN GEZEIGT, DASS MENSCHENAFFEN TÄTIGKEITEN INNERHALB EINES FUNKTIONELLEN ZUSAMMENHANGES IMITIEREN KÖNNEN. DIES WIRD GEMEINHIN ALS VORAUSSETZUNG FÜR EINE KULTURELLE ÜBERTRAGUNG ANGESEHEN. ES HÄUFEN SICH ALSO DIE ANZEICHEN, DASS SOWOHL FREI LEBENDE ALS AUCH IN MENSCHENOBHUT BEFINDLICHE MENSCHENAFFEN EINE EINFACHE KULTUR BESITZEN.

VERBREITUNG

Orang-Utans: Borneo und Sumatra

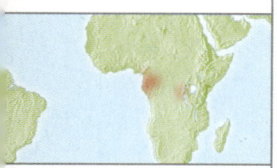

Gorillas: Westliches Zentralafrika

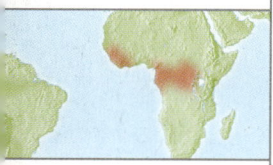

Schimpansen: West- und Zentralafrika

GEWOHNHEITSTIERE
Es scheint, dass alle Menschenaffen, einschließlich Orang-Utans, Gorillas und Schimpansen, wie der Mensch die Fähigkeit zur kulturellen Übertragung besitzen.

Die Kultur des Menschen ist äußerst vielschichtig und berührt jeden Aspekt unseres Lebens. Wir geben nicht nur die Fähigkeit, Aufgaben zu lösen, von einer Generation an die nächste weiter, sondern auch unsere gemeinsame Geschichte und Wertvorstellungen. Ohne Sprachfähigkeit ist nicht zu erwarten, dass Tiere mit dem Umfang oder der Komplexität der menschlichen Kultur konkurrieren können. Trotzdem zeigen einige Spezies, insbesondere die Menschenaffen, gewisse Fähigkeiten für eine einfache kulturelle Übertragung.

Gemeinschaftliches Verhalten

Die stichhaltigsten Beweise für eine kulturelle Übertragung bei einer wilden Tierart liegen bei Schimpansen vor. In einem umfangreichen Bericht stellten Forscher 39 unterschiedliche auf Werkzeuggebrauch, Fellpflege und Paarungsrituale bezogene Verhaltensmuster fest. Zum Beispiel gibt es einige Schimpansengruppen, bei denen einzelne Mitglieder mit Begeisterung Blätter mit den Zähnen zerreißen, um einen lauten, ratschenden Ton zu erzeugen. Eine Gruppe zeigt dieses sogenannte Blattzerreißverhalten während des Liebeswerbens, während es bei einer anderen Gruppe auftritt, wenn sich die Tiere auf einen Kampf vorbereiten. Die Mitglieder einer anderen Schimpansengruppe haben die seltsame Angewohnheit des Blätterputzens, während sich die Tiere einer weiteren Gruppe hingebungsvoll gegenseitig kräftig kratzen.

Zum Aufstippen von Wanderameisen benutzen zwei benachbarte Schimpansengruppen unterschiedliche Methoden. Die Ameisen können sehr unangenehm beißen, weshalb die Schimpansen Stöcke verwenden und diese ins Ameisennest stippen. Eine Gruppe benutzt kurze Stöcke – sie tauchen sie ganz kurz hinein und beißen dann sehr schnell die Ameisen von der Stockoberfläche weg, bevor sie das Ganze wiederholen. Die zweite Gruppe benutzt lange Stöcke und streift dann mit einer Hand eine größere Menge Ameisen von der Oberfläche ab, um sie in den Mund zu stecken.

KULTIVIERTE ORANG-UTANS UND GORILLAS

Obwohl experimentelle Daten bis jetzt fehlen, liegen Beobachtungen zu Orang-Utans und frei lebenden Gorillas vor, die darauf schließen lassen, dass sie eine Fähigkeit zur Kultur besitzen. Eine Gruppe von Forschern verglich Daten von sechs Standorten und fand viele Verhaltensunterschiede zwischen den verschiedenen Orang-Utan-Gruppen. An einem Ort jagten die Affen, fraßen langsame Loris und verspeisten auch die Samen des Neesiabaumes. Obwohl in anderen Wäldern ebenfalls Loris und Neesiabäume vorkommen, wurden sie von dort lebenden Orang-Utans nicht gefressen. In zwei anderen Wäldern wiederum masturbierten die Orang-Utans unter Verwendung von Stöcken, während diese Praktik nirgendwo sonst beobachtet wurde. Und an einem Standort machten die Orang-Utans ein abfälliges Lippengeräusch, bevor sie sich zum Schlafen niederließen, ein Ritual, das an anderen Standorten nicht vorkam.

Ähnliche Standortvergleiche fehlen für Gorillas noch. Immerhin hat man bei Berggorillas ein komplexes Fressverhalten beobachtet, das von einer Generation zur nächsten überliefert worden zu sein scheint. Ein Beispiel ist die Art und Weise, in der sie große Brennnesseln fressen, die ihre zarten Lippen verletzen könnten. Der Forscher stellte fest, dass die Gorillas einen Stängel abbrechen, die Blätter abstreifen, die Blätter über ihren Daumen falten und dann den Daumen herausziehen, wodurch die Blätter in einem straffen Bündel gehalten werden. Sie stecken dann die nesselnden Ränder der Blätter in die Mitte, lesen Überreste aus und kauen das Bündel mit zurückgezogenen Lippen und entblößten Zähnen. Da die Gorillas bei dieser Technik sehr konsistent sind, geht man davon aus, dass sie sich diese komplizierte Methode nicht über eigenständiges Lernen aneigneten.

Siehe auch
Der Werkzeugkasten wilder Schimpansen, *Seite 34*
Wilde Schimpansen verwenden Speere, *Seite 38*

104 IMITATION UND SOZIALES LERNEN

DIE »PANFLÖTE«

Hochrangigen Weibchen zweier Schimpansengruppen brachte man unterschiedliche Methoden zum Umgang mit der sogenannten Panflöte bei.

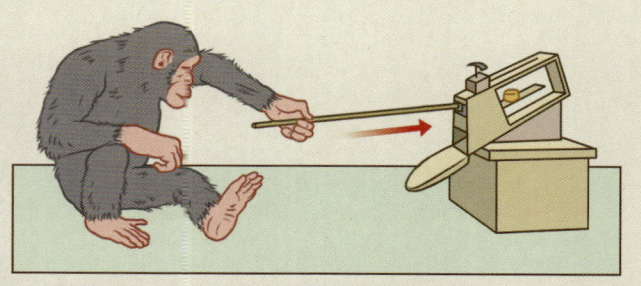

1 | Die Schimpansengruppe, die einen Stockeinsatz zum Aufstoßen der Falltür beobachtete, um eine Futterbelohnung freizusetzen, lernte ohne Ausnahme diese Stoßbewegung.

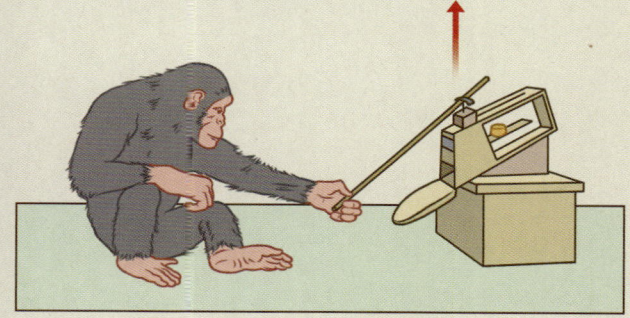

2 | Eine zweite Schimpansengruppe, die das Anheben einer oben angebrachten Verriegelung beobachtete lernte ohne Ausnahme das Anheben.

3 | Eine dritte Schimpansengruppe, die keine Vorführung bekam, versagte beim Lösen der Panflöten-Aufgabe.

GELEHRIGE SCHÜLER

Versuche mit in Menschenobhut befindlichen Schimpansen haben gezeigt, dass sie bestimmte Verfahren zum Lösen von Aufgaben lernen können, die sich unverändert innerhalb und über Gruppen hinaus ausbreiten.

AFFENKULTUR?

BEGABTE NACHAHMER
Menschenaffen imitieren und replizieren viele Verhaltensmuster, darunter solche zur Partnerwerbung, zur Fellpflege und zum Werkzeuggebrauch.

Die Forscher diskutierten zurückhaltend ökologische Faktoren, die für diese Unterschiede verantwortlich sein könnten, und einige stellten, obwohl es keine eindeutigen Erklärungen gibt, die These auf, dass es unmöglich ist zu beweisen, dass diese Unterschiede grundsätzlich auf imitierendes Lernen zurückzuführen seien.

»Panflöten«

Um Gegenargumente für die Kritiker zu finden, führten Forscher einen Versuch bei gefangenen Schimpansen durch. Um eine kulturelle Übertragung nachzuweisen, entwarfen sie eine neue Experimentiereinrichtung, die sogenannte Panflöte. Bei dieser gab es zwei unterschiedliche Möglichkeiten, an das darin befindliche Futter zu gelangen. Zwei hochrangige Weibchen wurden als »Vorführer« ausgebildet, wobei jedes von einer anderen Schimpansengruppe stammte. Einem wurde die Stoßmethode, dem anderen das Anheben beigebracht (siehe S. 104).

Nachdem sie ihre jeweilige Methode gelernt hatten, schickte man sie in ihre ursprünglichen Gruppen zurück. Bis auf zwei lösten alle 32 Schimpansen die Panflötenaufgabe, wobei die meisten auf die Methode ihres »Demonstrators« zurückgriffen. Einer dritten Schimpansengruppe, die keinen »Demonstrator« zur Verfügung hatte, gelang es nicht, die Aufgabe zu lösen. Aber stellt dies einen unwiderlegbaren Beweis für kulturelle Übertragung bei Schimpansen dar? Da alle Schimpansen in sehr ähnlichen Käfigen mit identischer Kost untergebracht waren, können die Verhaltensunterschiede zumindest nicht ökologisch begründet sein.

Um einem Vergleich mit der menschlichen Kultur standhalten zu können, muss die Übertragung eines Verhaltens auf imitierendem Lernen basieren. Außerdem kann allein Imitation ein Kopieren gewährleisten, das seinerseits eine langfristige Übertragung erlaubt. Anfangs wurde der Panflötenapparat den Schimpansen 36 Stunden lang, verteilt über zehn Tage, überlassen. Zwei Monate später wurde er erneut präsentiert, und beide Gruppen zeigten immer noch eine Präferenz für die Methode ihres »Demonstrators«. Auch wenn die Schimpansen die zwei Methoden relativ originalgetreu kopierten, ist es doch möglich, dass sie die Anhebe- oder die Stoßmethode über einen Prozess der Emulation anstatt Imitation lernten. Emulation bedeutet, hauptsächlich aus den Eigenschaften und den Bewegungen von Gegenständen zu lernen, anstatt die Tätigkeiten eines Vorführers zu kopieren. In einer eleganten Erweiterung ihrer Panflötenstudie konfrontierten die Forscher die Schimpansengruppe ohne Vorführer erneut mit dem Apparat, benutzten dieses Mal jedoch eine »Geisterhand«: Der Klotz im Apparat schien sich automatisch zu heben. Keiner der Schimpansen lernte das Anheben aus dieser Demonstration. Somit haben wir nun scheinbar einen experimentell belegten Beweis, dass Schimpansen die Fähigkeit zu einer einfachen kulturellen Übertragung besitzen.

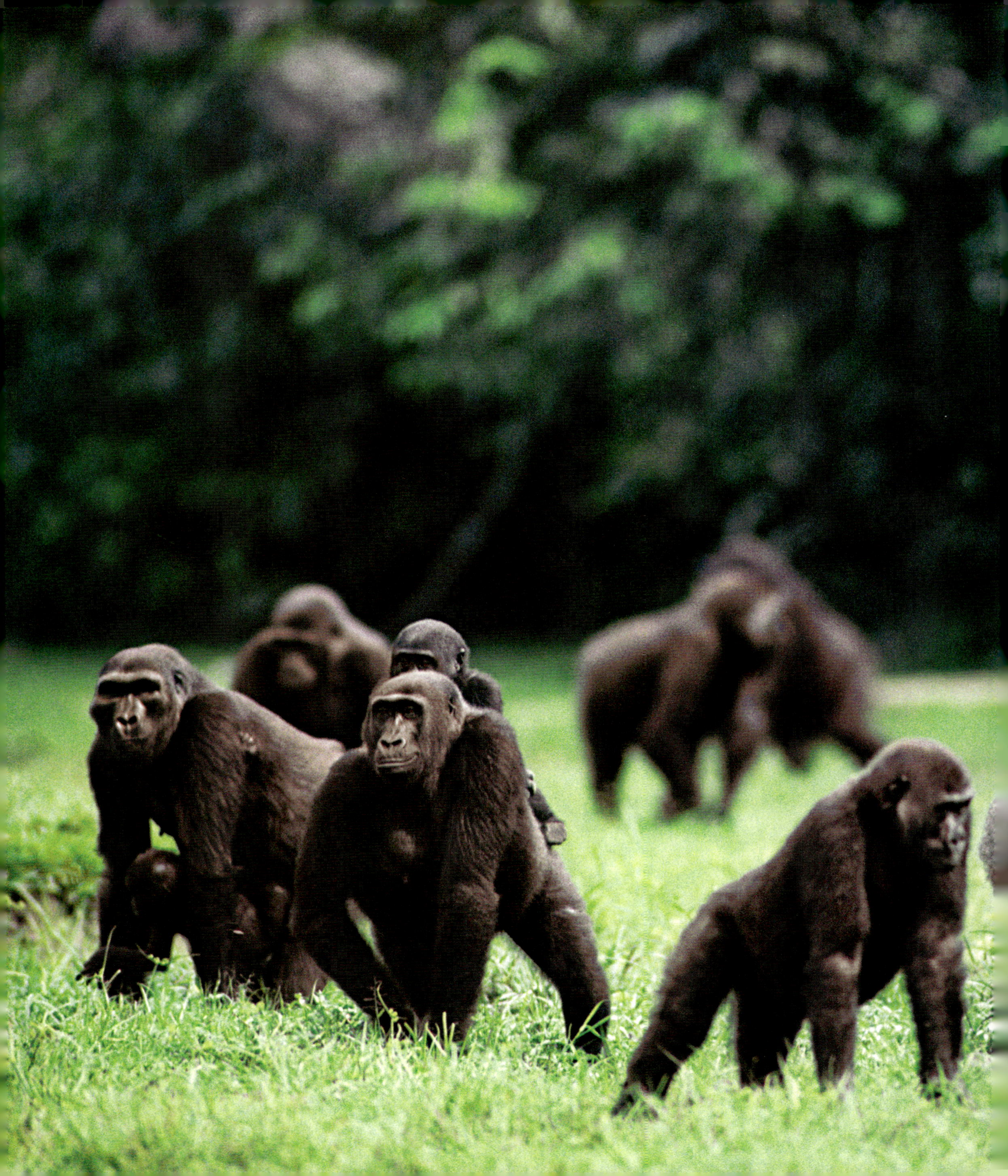

KAPITEL 4
ERKENNEN DES SPIEGELBILDES

Seit Langem herrscht Einverständnis darüber, dass eines der bemerkenswertesten Dinge, die den Menschen vom Tier trennen, unser Selbstverständnis ist – der Umstand, dass wir uns unserer eigenen Existenz und unseres Verhaltens bewusst sind. Dieses Kapitel präsentiert eine Reihe von neuen Entdeckungen, die darauf schließen lassen, dass auch Tiere variierende Abstufungen eines Ich-Bewusstseins haben, basierend auf ihrer Fähigkeit, ihr eigenes Spiegelbild in einem Spiegel zu erkennen. Ausgehend von den ersten, ausgeklügelten Versuchen mit Schimpansen, wurden jüngst viele Untersuchungen zur Spiegelbilderkennung bei Orang-Utans, Gorillas, einigen anderen Affenspezies, Delfinen und sogar Elefanten abgeschlossen. Und in den meisten Fällen mit überraschendem Erfolg.

SCHIMPANSEN SEHEN IM SPIEGEL, WIE SIE AUSSCHAUEN

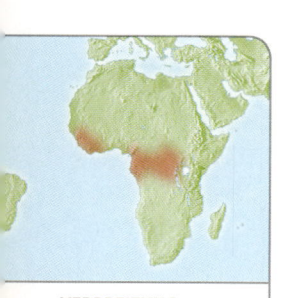

VERBREITUNG
West- und Zentralafrika

DIE FÄHIGKEIT VON SCHIMPANSEN, DAS WESEN EINES SPIEGELS ZU VERSTEHEN UND IHR SPIEGELBILD DARIN WAHRZUNEHMEN, WURDE MITTELS DES SOGENANNTEN MARKIERUNGSTESTS UNTERSUCHT.

Beginnen wir mit einer Schlüsselfrage: Wie verstehen Kinder, dass sie als Individuen existieren, mit eigenen Gedanken, Wünschen und Überzeugungen? Ein Teil davon betrifft die Entstehung des Ich-Bewusstseins, das sich während einer bestimmten Phase der kognitiven Entwicklung entfaltet. Nebenprodukt der vielen Erfahrungen, die zu diesem Bewusstsein bei Kleinkindern beitragen, ist deren Fähigkeit, zu lernen und zu verstehen, wie ein Spiegel funktioniert und dass sie ihr eigenes Spiegelbild sehen.

In den späten 1960er-Jahren fiel dem Psychologen Gordon Gallup eine ähnliche Frage ein, als er sich beim Rasieren im Spiegel betrachtete. Woher wusste er, dass die Person, die ihn anblickte, wirklich er war? Und weiter: Gab es noch eine andere Spezies, die ähnliche Fähigkeiten zur Selbsterkennung besaß? Es war eine empirische Frage, und was folgte, war ein innovativer Versuch, der seit Erstveröffentlichung der Ergebnisse im Jahr 1970 zahlreiche Folgeexperimente nach sich zog. Gallup, der Zugang zu einer großen, in Menschenobhut befindlichen Schimpansenpopulation hatte, entwarf einen Untersuchungsansatz, um herauszufinden, ob sie lernen könnten, sich selbst in einem Spiegel zu erkennen.

Ausgangsverhalten

Zunächst wurde jeder Schimpanse einzeln in einem großen Käfig, von anderen Schimpansen getrennt, getestet. Beobachter überwachten und zeichneten das Schimpansenverhalten auf, um die sogenannte Baseline (Ausgangsbasis) festzustellen. Diese bezeichnet Art und Anzahl der unterschiedlichen Schimpansenverhaltensweisen vor Einführung des Spiegels. Setzt man die Dokumentation nach Einführung des Spiegels fort, ist es anschließend möglich, die beiden Verhaltensweisen miteinander zu vergleichen.

Nachdem alle Schimpansen mit und ohne Spiegel getestet worden waren, legte man sie in Narkose und markierte sie mit einem leuchtend roten Farbstoff auf einer Ohrspitze und dem Augenbrauenbogen. Der Farbstoff war geruch- und geschmacklos, sodass die

GEMEINSCHAFTSLEBEN
Schimpansen leben in sehr komplexen sozialen Gruppen: Die Fähigkeit, zu verstehen, wie sie aus der Perspektive anderer wirken, könnte nützlich für ihre täglichen sozialen Aktivitäten sein.

SCHIMPANSEN SEHEN IM SPIEGEL, WIE SIE AUSSCHAUEN 109

110 ERKENNEN DES SPIEGELBILDES

Tiere von der Markierung nichts mitbekamen. Anschließend wurden sie einzeln in einem mit einem Spiegel ausgestatteten Käfig getestet, wobei alle Reaktionen aufgezeichnet wurden. Die Ergebnisse jeder einzelnen Versuchsphase waren bemerkenswert.

Während der drei Beobachtungsphasen sahen die Tiere niemals die Beobachter und konnten folglich nicht durch die Forscher in ihrem Verhalten beeinflusst werden. Bei der Erstbeobachtung ohne einen Spiegel interessierte die Wissenschaftler v.a. die Art und Weise, wie die Schimpansen sich mit sich selbst beschäftigten. Das heißt, wie viele Male jedes Tier Körperteile berührte, die es nicht sehen konnte. Die Wissenschaftler zeichneten auch andere Aktivitäten auf, um Einblick in die unterschiedlichen Verhaltensweisen der Tiere zu erhalten, während sie allein im Käfig saßen.

Freund oder Feind?

Als Nächstes wurde ein großer Spiegel außerhalb, aber in unmittelbarer Nähe des Käfigs platziert, sodass die Schimpansen ihr Spiegelbild gut sehen konnten. Alle getesteten Schimpansen reagierten in einer ähnlichen Weise, als sie sich im Spiegel erblickten: Sie taten so, als sei plötzlich ein fremder Schimpanse dazugekommen. Einige zeigten sofort ein aggressives Verhalten gegen den »anderen Schimpansen«. Andere gaben zu erkennen, dass sie spielen oder freundlich sein wollten. Mit der Zeit gingen diese Verhaltensweisen zurück, und die Schimpansen begannen auszutesten, was der andere Schimpanse tun würde. Was sie dabei lernten, war ein spiegelabhängiges Verhalten und wie ein Spiegel funktioniert.

GUT AUSSEHEN
Die meisten Schimpansen sind von Spiegeln fasziniert; gerade für in Menschenobhut befindliche Affen stellen sie eine ausgesprochene Bereicherung dar.

SCHIMPANSEN SEHEN IM SPIEGEL, WIE SIE AUSSCHAUEN

DER ROTE-FARBE-VERSUCH

Obwohl die Schimpansen reagierten, als würden sie sich im Spiegel erkennen, war dies noch kein eindeutiger Beweis, dass es auch wirklich der Fall war. Deshalb entwickelte Gallup diesen Versuch, um seine Theorien abzusichern: Ein Schimpanse nach dem anderen erhielt Zugang zu einem Spiegel außerhalb des Testkäfigs, wobei die Forscher außer Sichtweite blieben. Sie wollten in Erfahrung bringen, wie die Schimpansen reagierten, wenn sie die Markierung auf einem Ohr und dem Augenbrauenbogen wahrnahmen. Wir erinnern uns, dass die Forscher Aufzeichnungen von Verhaltensarten der Schimpansen mit und ohne Spiegel besaßen. Die Schimpansen begannen sofort, die rote Markierung zu berühren und an ihren Fingern zu schnüffeln. Aufgrund dieser Reaktionen war klar, dass die Tiere wussten, dass sich ihre Handlungen auf sich bezogen. Sie nutzten Informationen, die nur über den Spiegel verfügbar waren, um die genauen Stellen der seltsamen, roten Markierungen zu betasten. Gallups Test zeigte, dass Schimpansen lernen können, sich in einem Spiegel zu erkennen. Was dies genau bezüglich ihres Ich-Bewusstseins bedeutet, bleibt indes auch noch fast vier Jahrzehnte später eine strittige Frage.

SPIEGLEIN, SPIEGLEIN
Ein Schimpansenkind sieht sich von Angesicht zu Angesicht mit seinem eigenen Spiegelbild konfrontiert.

1| Anfänglich behandeln Schimpansen ihr Spiegelbild, als ob sie einen anderen Affen sähen. Oft schauen sie hinter den Spiegel, wohl in der Annahme, dort den Artgenossen zu finden.

2| Nach ein paar Stunden verwenden sie den Spiegel, um Teile ihres Körpers zu inspizieren, die sie normalerweise nicht sehen können – zum Beispiel die Unterseite ihrer Zunge!

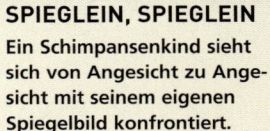

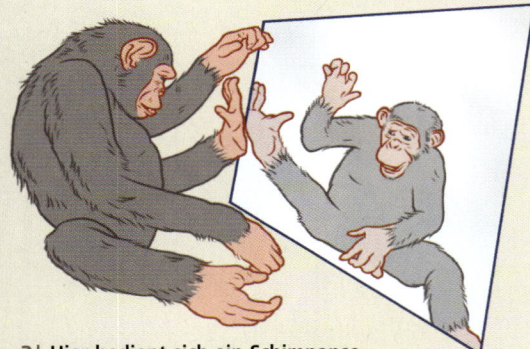

3| Hier bedient sich ein Schimpanse des Spiegels, um die Hinterseite eines Beines zu betrachten.

4| Beim Farbtest wird roter geruchloser Farbstoff heimlich auf das Gesicht des Schimpansen aufgebracht. Wenn der Schimpanse sich im Spiegel sieht, greift er häufig an den roten Fleck auf seinem eigenen Gesicht – nicht an den auf dem Spiegelbild.

Sobald ein einzelner Schimpanse etwas über die Funktion des Spiegels zu verstehen schien, beobachteten die Forscher, dass die Tiere den Mund öffneten und die Zunge herausstreckten. Dieses Verhalten hatten die Wissenschaftler vorher nie beobachtet. Die Schimpansen begannen auch, andere Teile ihres Körpers zu untersuchen, die nur im Spiegel betrachtet werden konnten, zum Beispiel ihren Rücken und die Rückseite ihrer Beine. Als jeder Schimpanse begriffen hatte, wie ein Spiegel funktioniert, war den Beobachtern klar, dass die Tiere auch die Sache mit ihrem Spiegelbild begriffen hatten. Es war eine erstaunliche Entdeckung – für die Schimpansen ebenso wie für die Wissenschaftler.

Stationen des Erkennens

Die Fähigkeit von Kleinkindern, sich in einem Spiegel zu erkennen, findet sich beim Schimpansenverhalten wieder. In beiden Fällen tritt dieses Erkennen nicht plötzlich wie aus heiterem Himmel auf, sondern bildet sich allmählich in mehreren wichtigen Abschnitten aus.

Zu erkennen, dass wir unsere eigenen Gedanken, Bedürfnisse und Wünsche haben, mag ein besonderes Phänomen sein, das nur sehr wenigen Tieren zur Verfügung steht. Diese Fähigkeit wird von Forschern, die sie bei unterschiedlichen Tierarten sowie ihr erstmaliges Auftreten und ihre weitere Entwicklung bei Kindern untersuchen, als »Theory of Mind« (ToM) bezeichnet.

Der Sinn von Selbst

ToM kann durch speziell zu diesem Zweck entworfene Versuchsaufgaben bei Kleinkindern gemessen werden, weil sich dieses Bewusstsein im Alter zwischen drei und vier Jahren zeigt. Das Erkennen des eigenen Spiegelbildes (Mirror self-recognition, MSR) tritt bei Kindern schon früher, im Alter zwischen 15 und 18 Monaten, auf und ist unabdingbarer Bestandteil von ToM. Die früheste Untersuchung, die MSR demonstrierte, fand 1972 statt und testete an 18 bis 24 Monate alten Kindern ein Scheinmarkierungsverfahren (vor dem formalen Test für MSR). Die Gesichter der Kinder wurden betupft, ohne tatsächlich Markierungen aufzutragen. Dadurch war es weniger wahrscheinlich, dass die Kinder es bemerken würden, wenn die wirklichen Markierungen aufgebracht wurden. Als man einen Spiegel zur Verfügung stellte, beobachtete man bei den Kindern die gleichen Verhaltensreaktionen, die zuvor auch bei Schimpansen dokumentiert worden waren.

Eine zweite Studie lieferte dieselbe Art von Erkenntnissen. Hier hatte man 48 sechs bis 24 Monate alte Kinder (24 Jungen und 24 Mädchen) getestet. Jede Altersgruppe bekam die gleiche Aufgabenanzahl, sodass leicht Vergleiche angestellt werden konnten. Wie bei den Schimpansen prognostizierten die Forscher, dass die Kinder eine Reihe von Schritten durchlaufen würden, bevor sie ihr Spiegelbild im Spiegel erkannten.

DER KAPPENTEST

Für den zweiten Versuch wurde eine besondere Weste ausgeklügelt, die mit einer auf einem Stab befindlichen Kappe versehen war. Trug das Kind die Weste, konnte die Kappe hinter dem Rücken über dem Kopf des Kindes gehalten werden. Dank dieser Vorrichtung war die Kappe ausschließlich im Spiegel zu sehen. Das Kind bekam die Weste angezogen und wurde vor einen Spiegel gesetzt. Dann sollte es auf die Kappe im Spiegel schauen. Die Verbindung zwischen dem Spiegelbild der Kappe und der echten Kappe wurde dadurch deutlich, dass das Kind entweder zu der Kappe hochblickte oder gleich zu ihr hinauf griff.

Beim Kappe-auf-dem-Stab-Versuch trugen die Kinder eine besondere Vorrichtung mit einer Kappe, die nur in einem Spiegel zu sehen war.

DELFINE BEWUNDERN SICH SELBST IM SPIEGEL

30 Minuten nach einer Fütterung per Videokamera auf, während kein Spiegel vorhanden war. Zusätzlich wurde der Delfin entweder mit einer ungiftigen schwarzen Farbe markiert, nur scheinbar markiert oder überhaupt nicht berührt.

Man markierte den Delfin mit unterschiedlichen Mustern und an verschiedenen Körperstellen, damit er sich nicht an die Markierungen gewöhnte und sie deshalb ignorierte. Dieses Variieren erlaubte den Forschern zudem die Beobachtung, ob sich das Tier je nach Typ und Stelle der Markierung unterschiedlich verhalten würde. Die Videobänder wurden von vier verschiedenen Personen ausgewertet, denen man per Zufallsgenerator ausgewählte Ausschnitte vorspielte, dazu kamen zwei weitere Auswerter, die die Versuchsbedingungen nicht kannten. Darüber hinaus war die tatsächliche Markierung auf den Delfinen für die Auswerter nicht erkennbar, um jegliche Voreingenommenheit auszuschließen.

Die Forscher hielten Ort, Dauer und Zeitpunkt der verschiedenen Verhaltensvarianten und mehrdeutigen Reaktionen genau fest. Das Verhalten nach einer echten und einer vorgetäuschten Markierung war besonders interessant, wenn der Delfin sich in der Nähe der reflektierenden Fläche positionierte und orientierende oder sich wiederholende Körperbewegungen zeigte, was bedeutete, dass er die Markierungen oder die Stellen einer vorgetäuschten Markierung sehen konnte. Dieses Untersuchungsverhalten schloss wiederholtes Kopfkreisen und ein genaues Überprüfen des Augen- oder Genitalbereichs im Spiegel ein. Ein solches Verhalten wird üblicherweise beobachtet, wenn ein Delfin einem Artgenossen begegnet.

Rasche Ergebnisse

Die Ergebnisse von Phase 1 machten deutlich, dass der Delfin mehr Zeit mit selbstbezogenem Verhalten vor der reflektierenden Wandoberfläche verbrachte – und zwar mit der Inspektion von Körperteilen, die nur im Spiegel sichtbar waren –, wenn er markiert war. Ebenso wendete er Zeit für ein markierungsgerichtetes Verhalten auf, d.h. dass er die Markierungen berührte. Falls der Delfin wirklich reflektierende Oberflächen zur Inspizierung seines Körpers benutzen würde, so hatten die Forscher vorhergesagt, würde er die meiste Zeit vor der Oberfläche verbringen, die die beste Reflexion bot. Und tatsächlich verbrachte das Tier nach einer Markierung mehr Zeit vor einem vorhandenen Spiegel oder vor der Beckenwand mit der am besten reflektierenden Oberfläche.

Während Phase 2, bei der sich der Spiegel im Eingangsbereich des kleineren Beckens befand, wurde der Delfin zu Beginn am anderen Ende des großen Beckens positioniert. Auch dieses Mal verbrachte er immer dann mehr Zeit vor dem Spiegel, wenn er markiert war. Nach Auffassung der Forscher müsste der Delfin nach Kenntnis der Spiegelposition immer dann viel schneller von seiner Ausgangsposition von der anderen Poolseite zum Spiegel schwimmen, wenn er markiert oder vorgetäuscht markiert worden war. Auch diese Voraussage trat ein. Darüber hinaus war die erste Reaktion ein Zuwenden der markierten Körperpartien zum Spiegel.

Nach dem ersten Delfinversuch wurde auch ein männlicher Artgenosse getestet. Bei ihm wandte man die Ansätze an, die beim ersten Tier die klarsten Ergebnisse erbracht hatten. Tatsächlich verhielt er sich ähnlich. Zusammenfassend kann festgehalten werden, dass diese Versuche einen relativ klaren Beweis für eine Spiegelbilderkennung bei Delfinen liefern. Beide Probanden waren fähig, Spiegel oder andere reflektierende Oberflächen zu nutzen, um markierte Körperbereiche in einer den Menschenaffen und Menschen äußerst ähnlichen Art zu inspizieren.

> **Siehe auch**
> Erkennungs-Pfeiftöne bei Delfinen, *Seite 80*

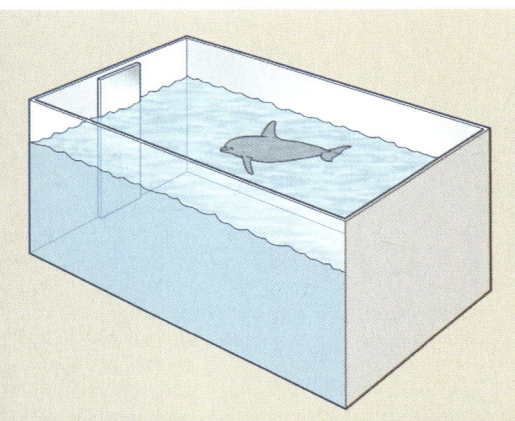

1| Der Delfin wurde anfangs in einem rechteckigen Becken mit einem Spiegel gehalten. Nach der Markierung schien er seinen Körper im Spiegel zu inspizieren, indem er vor dem Spiegel hin und her schwamm und dabei Kopf und Körper drehte.

2| Der Delfin wurde in ein größeres Becken gebracht und markiert oder vorgetäuscht markiert. Nachdem er das (scheinbare) Markieren wahrgenommen hatte, schwamm er schnell zum Spiegel, der sich diesmal im Eingangsbereich des kleineren Beckens befand – ganz offensichtlich, um nachzusehen, ob eine Markierung zu erkennen war.

STARREN IST UNHÖFLICH – GORILLAS SCHENKEN SPIEGELN KEINEN ZWEITEN BLICK

IM ANSCHLUSS AN VERSUCHE MIT SCHIMPANSEN WURDEN AUCH IN MENSCHENOBHUT GEHALTENE GORILLAS AUF ERKENNEN IHRES SPIEGELBILDES GETESTET (MSR), DOCH ES ERGAB SICH KEIN HINWEIS DARAUF, DASS SIE SICH ERKANNTEN. KÜRZLICH JEDOCH KONNTEN BEI ZWEI GORILLAS MIT ENGEM MENSCHLICHEN KONTAKT HINWEISE AUF MSR FESTGESTELLT WERDEN.

VERBREITUNG

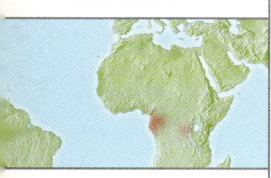

Gorillas: Zentrales Westafrika

Lisztaffe: Nordwestkolumbien

Nach Gallups aufregender Entdeckung im Jahr 1970, dass Schimpansen ihr eigenes Spiegelbild erkennen können (siehe S. 108), lag es auf der Hand, den gleichen experimentellen Ansatz auch mit anderen Arten auszuprobieren. Logischerweise fiel die Wahl auf andere Menschenaffen. In diesem Versuch hatte man Schimpansen in narkotisiertem Zustand mit rotem Farbstoff markiert und ihnen dann nach dem Erwachen den Zugang zu einem großen Spiegel ermöglicht. Als die Schimpansen den roten Farbstoff auf ihren Ohren und im Gesicht anhand ihres Spiegelbildes prüften, bestätigten sie damit, dass sie ihr Bild im Spiegel erkannten. Würden Gorillas sich in einer ähnlichen Weise verhalten?

»Dreh dich nicht um«

Das gleiche Wissenschaftlerteam, das die Schimpansen studiert hatte, forschte 1981 an einer kleinen Gruppe von gefangenen Gorillas in den Vereinigten Staaten. Obwohl die gleichen Untersuchungsmethoden eingesetzt wurden, zeigten die Gorillas völlig andere Ergebnisse, meist ergab sich überhaupt keine Reaktion. Keiner der Gorillas schaute in den Spiegel, und die sozialen Reaktionen der Schimpansen fehlten vollkommen. Dies bedeutet, dass die Gorillas nicht den gleichen Erkenntnisprozess vollzogen, wie ein Spiegel funktioniert. Man schloss daraus, dass Gorillas beim Markierungstest ihr Spiegelbild nicht erkannten. Aber was bedeutete dieses Ergebnis in Bezug auf das Ich-Bewusstsein? Hieß es, dass Gorillas keines besitzen? Dies passte nicht zu dem, was über die Sozialstruktur bei Gorillas oder den Hauptevolutionspfad der Menschenaffenfamilie bekannt war.

Immerhin gab es Anhaltspunkte, die diese überraschenden Ergebnisse erklären könnten. Zunächst weiß man, dass Gorillas keinen Blickkontakt herstellen, weil bei ihnen Starren als aggressiv gilt. Dies ist der wahrscheinlichste Grund, warum Gorillas nicht in

MSR-TESTS MIT AFFEN

Nach den beeindruckenden Ergebnissen der mittlerweile berühmten Studie über MSR bei Schimpansen waren viele Forscher über das deutliche Unvermögen vieler Affenarten, MSR zu zeigen, überrascht.

Man hat MSR-Untersuchungen mit mindestens zehn Neuweltaffenarten aus Mittel- und Südamerika sowie einigen Altweltaffenarten aus Afrika und Asien durchgeführt. Unter den Neuweltarten versagten Kapuziner- und Klammeraffen bei den MSR-Tests, ebenso Rhesusaffen, verschiedene Makakenarten, eine Pavianart (Mandrill) und erst kürzlich Schwarz-weiße Stummelaffen, die alle aus der Alten Welt stammen. Die einzige Ausnahme bildeten Lisztaffen, eine kleine südamerikanische Art, deren weißen Haarknoten man für den Versuch leuchtend neonfarben einfärbte. In dieser Studie reagierten fünf der sechs getesteten Affen positiv auf den Markierungstest. Deshalb schlussfolgerte der Wissenschaftler, dass die Probanden MSR zeigten.

STARREN IST UNHÖFLICH – GORILLAS SCHENKEN SPIEGELN KEINEN ZWEITEN BLICK

NICHT DAZUGEHÖRIG?
Gorillas sind so eng mit anderen Primaten (Menschen, Schimpansen und Orang-Utans) verwandt, die sich in einem Spiegel erkennen, dass es sehr überraschen würde, wenn ihnen diese Fähigkeit fehlte.

Siehe auch
Koko, der einzige Gorilla, der die Zeichensprache lernte, *Seite 158*

ERKENNEN DES SPIEGELBILDES

> **GORILLA-GARDE**
> Erwachsene männliche Silberrücken-Gorillas nehmen einen besonders grimmigen Gesichtsausdruck und eine steifbeinige, seitwärts gerichtete Körperhaltung ein, wenn sie ihre Familie vor Eindringlingen schützen.

den Spiegel schauten. Auf den ersten, nur Sekundenbruchteile dauernden Blick sahen sie nur einen anderen großen Gorilla – kaum Zeit genug, zu erfassen, wie ein Spiegel funktioniert. Zudem erwogen die Forscher die Möglichkeiten, dass der Markierungstest für Gorillas einfach ein zu unzureichender oder unangemessener Test sei oder dass sie tatsächlich möglicherweise die einzige Menschenaffenspezies ohne ein Ich-Bewusstsein sind.

Zuverlässige Ergebnisse

Neue Versuche lieferten bessere Ergebnisse. Zwei Gorillas, die beide über viele Jahre enge Tuchfühlung mit Menschen in getrennten Einrichtungen hatten, wurden hinsichtlich MSR getestet. Der erste war die berühmte Koko, der man in den zurückliegenden 25 Jahren die Amerikanische Zeichensprache und das Unterschreiben auf Englisch beigebracht hatte. Koko hatte weitreichenden, täglichen sozialen Austausch mit Menschen und ebenso Gelegenheit gehabt, von nahezu allem aus ihrer Umgebung zu lernen, einschließlich Spiegeln. Gab man ihr einen Spiegel und fragte, wer darin zu sehen sei, gab Koko oft ihren Namen an, wobei unklar blieb, ob sie sich wirklich erkannte. Schließlich bestand die Möglichkeit, dass Koko die richtige Antwort von Menschen gelernt hatte, die auf den Spiegel vor ihr deuteten und ihren Namen signalisierten, woraus sie schließen konnte, wessen Bild zu sehen war.

Nun wurde Koko in Markierungsversuchen getestet, bei denen ihr heimlich charakteristische weiße Markierungen im Gesicht aufgetragen wurden. Nachdem man Koko ermutigt hatte, in einen Spiegel zu schauen, begann sie sofort, die Markierung mit den Fingern zu berühren und zu untersuchen. Das zeigt, dass sie zum einen wusste, wie der Spiegel funktioniert, und andererseits, dass sich in ihrem Gesicht eine Markierung befand. Ein zweiter Versuchsgorilla – der ebenfalls intensiven Kontakt zu Menschen gehabt hatte – reagierte in der gleichen Weise. Dies lässt die Schlussfolgerung zu, dass Gorillas sehr wohl die erforderlichen kognitiven Fähigkeiten besitzen, um die Funktionsweise eines Spiegels sowie ihr eigenes Spiegelbild zu erkennen. Die Ergebnisse weisen auch darauf hin, dass solche Tests nur bei Gorillas mit engem Menschenkontakt zum Erfolg führen können, weil diese daran gewöhnt sind, einen nicht drohenden Blickkontakt herzustellen.

WIE GORILLAS LEBEN

Die Sozialstruktur in der Wildnis lebender Gorillas wird Harem genannt, weil es einen dominierenden Silberrücken-Mann gibt, der die Gruppe anführt, und einige Weibchen mit ihrem Nachwuchs. Der Silberrücken muss wachsam gegenüber möglichen Versuchen anderer Männchen sein, eines der Weibchen seines Harems zu entführen, sowie gegenüber menschlichen Wilderern, die es auf seine Familie abgesehen haben. Wilderei ist in Afrika ein großes Problem für Gorillas, die man wegen des Fleisches tötet.

Als sich der Holzeinschlag in vielen afrikanischen Ländern zu einer kommerziellen Industrie entwickelte, wurden zahlreiche Straßen gebaut. Darüber hinaus benötigte man auch Fleisch, um die Arbeiter zu ernähren. Die Situation verschärfte sich, als die Wilderer erkannten, dass sie mithilfe von Holztrucks das Gorillafleisch in entfernte Städte schaffen konnten. Letztendlich verschlimmerte sich das Problem noch weiter, als Buschfleisch in Mode kam. Noch heute steht es in einer ganzen Reihe guter Restaurants in Ostafrika auf der Speisekarte. Man schätzt, dass jedes Jahr 6000 bis 8000 Gorillas, Schimpansen und Bonobos dem Fleischhandel zum Opfer fallen. Inzwischen gibt es vermehrte Schutz- und Ausbildungsanstrengungen, nicht zuletzt deswegen, weil heute sämtliche Menschenaffenarten in der Wildnis bedroht sind. Ihre Zahl schwindet rasch, und es steht zu befürchten, dass es in 50 Jahren außerhalb von Schutzgebieten keine frei lebenden Menschenaffen mehr geben wird.

ELEFANTEN KAPIEREN ES – MIT EINEM SEHR GROSSEN SPIEGEL

VERBREITUNG
Afrika, Indien, Sri Lanka, Südostasien, Malaysia, Indonesien und Südchina

ALS MAN ELEFANTEN ERSTMALS DARAUF TESTETE, OB SIE SICH IN EINEM SPIEGEL ERKENNEN, WAREN DIE ERGEBNISSE NEGATIV. EINE NEUE STUDIE WIDERLEGT DIESE BEFUNDE JEDOCH. INZWISCHEN IST BEKANNT, DASS ELEFANTEN – WIE MENSCHENAFFEN, MENSCHEN UND DELFINE – DIESE FÄHIGKEIT SEHR WOHL BESITZEN.

Obwohl das Verhalten von Elefanten ihre hohe Intelligenz belegt, gab es jedoch kaum experimentell abgesicherte Beweise dafür. Eine Fähigkeit, die für artenübergreifende Studien von besonderem Interesse ist, ist das Erkennen des eigenen Spiegelbilds (MSR), das man bei Kindern zwischen 15 und 18 Monaten beobachten kann, die in diesem Alter zu begreifen beginnen, dass sie ihr eigenes Bild im Spiegel sehen.

Vier Anzeichen für Bewusstsein

Eine Bestätigung für MSR gibt es beim Menschen, ebenso bei allen Menschenaffen (bei Gorillas allerdings nur, wenn diese jahrelang auf Tuchfühlung mit Menschen lebten, siehe S. 116) und beim Großen Tümmler (siehe S. 114). Alle Versuche zeigen einen Prozess, der in vier Stadien verläuft – beginnend mit sozialen Reaktionen auf den Spiegel, als verkörpere dieser einen Artgenossen. Danach wird der Spiegel intensiv inspiziert, und es wird dahinter geschaut, offensichtlich auf der Suche nach dem auf der Spiegelvorderseite wahrgenommenen Tier. Im dritten Stadium wendet sich der Proband dem Spiegel zu und zeigt wiederholt bestimmte Verhaltensweisen, wobei er die eigenen Körperbewegungen mit denen seines Spiegelbilds vergleicht. Hat das Tier die Funktionsweise des Spiegels einmal begriffen, beginnt das Versuchstier, selbstgerichtetes Verhalten zu zeigen. Es benutzt den Spiegel, um Körperteile zu inspizieren, die es ohne ihn nicht betrachten könnte.

SPIEGELGELENKTES ZUGREIFEN

Spiegel sind nicht nur nützlich zur Inspektion des eigenen Körpers, sie können auch als visuelle Werkzeuge dienen. Obwohl sich manche Affen nicht in Spiegeln zu erkennen scheinen, verwendeten sie kleine Handspiegel, um Korridore zu überblicken, die andernfalls außerhalb ihres Sichtbereiches lägen. Elefanten haben eine ähnliche Fähigkeit gezeigt: Sie benutzen Spiegel dazu, Futterstücke zu lokalisieren, die sie nicht direkt erblicken können.

KOMPLEXE WECHSELWIRKUNGEN

Ähnlich wie Menschenaffen sind Elefanten intelligent und leben in großen, komplexen Gemeinschaften. Dies bedeutet, dass sie gute Kandidaten für das Erkennen des eigenen Spiegelbildes sind.

1| Stellt man einem Asiatischen Elefanten einen ausreichend großen Spiegel zur Verfügung, wird er ihn nach einer Weile dazu nutzen, seinen Körper zu betrachten.

2| Einem Asiatischen Elefanten wird außer Sichtweite auf einem Regal auf der anderen Wandseite ein Apfel hingelegt. Der Elefant kann die Frucht nicht direkt sehen, aber deren Spiegelbild wahrnehmen.

3| Der Elefant bedient sich des Spiegels, um über die Wand zu fassen und den Apfel auf der anderen Seite zu greifen.

ERKENNEN DES SPIEGELBILDES

Bis zum Jahr 2008 gaben MSR-Versuche mit Elefanten keinen Hinweis darauf, dass sie in der Lage wären, sich in einem Spiegel zu erkennen. Die erste Studie zur Elefanten-MSR im Jahr 1983 baute auf den ursprünglichen MSR-Studien bei Schimpansen auf (siehe S. 108). Bei zwei erwachsenen weiblichen Asiatischen Elefanten aus einem Zoo beobachtete man alle relevanten Verhaltensweisen in ihren Gehegen. Hierbei wurde ein sehr großer Spiegel außer Reichweite ihres Rüssels so positioniert, dass die Elefanten rund um die Uhr ihr Spiegelbild erblicken konnten. In den ersten zwei Tagen des Versuches beobachtete man sie jeweils morgens zur gleichen Zeit, bevor der Zoo öffnete. Am dritten und vierten Tag täuschten die Tierwärter auf der Stirn der Elefanten, dem Ohr, der Kopfseite und auf dem Fuß eine Markierung vor. Beide Elefanten wurden danach beobachtet und ihre Reaktionen aufgezeichnet.

Am sechsten Tag begannen die Forscher mit dem formalen MSR-Test, indem sie den Spiegel entfernten. Die Elefanten wurden jetzt wirklich markiert, doch vorher bekam jeder Elefant Pfefferminz- und Menthol-Hustendrops, damit sie auch nicht den leichtesten Geruch der verwendeten weißen Zinkoxidsalbe wahrnehmen konnten. Die Wissenschaftler wollten damit sicherstellen, dass die Elefanten die markierten Körperstellen nicht entdecken konnten. Nach dem Markieren beobachtete man die Elefanten dann 15 Minuten lang und zeichnete mögliches markierungsbezogenes Verhalten auf. Anschließend wurden die Elefanten zur anderen Gehegeseite gebracht, wo während des vorgetäuschten Markierungstests der Spiegel stand, und abermals genau beobachtet. Im Abstand von einigen Tagen wurden die Tiere erneut mit unterschiedlichen Farben und Mustern markiert und ihre Reaktionen wiederum aufgezeichnet.

Die Ergebnisse des Markierungstests zeigten, dass sich die Elefanten anfänglich wirklich für den Spiegel interessierten und mit erhobenem Rüssel reagierten – der üblichen Reaktion, wenn Elefanten anderen Elefanten drohen oder Luft schnuppern, um deren Anwesenheit zu wittern. Sie untersuchten den Spiegel auch visuell, während sie ihre Köpfe vor und zurück schwangen und mit beiden Augen rasch den Spiegel absuchten. Eine zweite Art der Sichtprüfung hatte zur Folge, dass die Elefanten sich so hinstellten, dass nur ein Auge auf den Spiegel gerichtet war. Allerdings hörten die Reaktionen der Tiere auf den Spiegel danach schnell auf. Bei keinem Tier konnte ein selbstbezogenes Verhalten festgestellt werden – obwohl der Spiegel zwei Wochen lang zur Verfügung stand. Der Wissenschaftler folgerte, dass es keinen Hinweis auf MSR gab.

Eine Frage der Größe

Fast zwei Jahrzehnte lang wurde die These, dass Elefanten kein MSR zeigen, nicht angefochten, bis eine andere Forschungsgrup-

SANFTE DICKHÄUTER

Elefanten gehören zu den langlebigsten Tierarten der Welt und sind in matriarchalischen und sehr sozial ausgerichteten Herden organisiert. Kühe verlassen niemals ihre Geburtsgruppe und verbringen ihr gesamtes Leben in der eigenen Familie, unter den wachsamen Augen von Mutter, Schwestern, Tanten, Cousinen und Großmüttern. Die Gruppe bietet Führung während des langen Reifeprozesses eines Elefanten, trägt zu seiner Sozialisierung bei und gewährt den Jungtieren Schutz. Elefanten sind seit Langem für verschiedene Arten von altruistischem Verhalten bekannt. Dies schließt Hilfe für im Schlamm stecken gebliebene Jungtiere ebenso ein wie das Auf-die-Beine-Helfen neugeborener Kälber. Elefanten zeigen auch ergreifendes Trauerverhalten. So kehren sie oft zum Grab eines Herdenmitglieds zurück, um dessen Knochen zu berühren und zu untersuchen.

FAMILIENGRUPPE
Sowohl in Asien als auch in Afrika leben weibliche Elefanten und Kälber in hoch organisierten sozialen Gruppen, in denen die Erwachsenen den Jungen Führung und Schutz bieten.

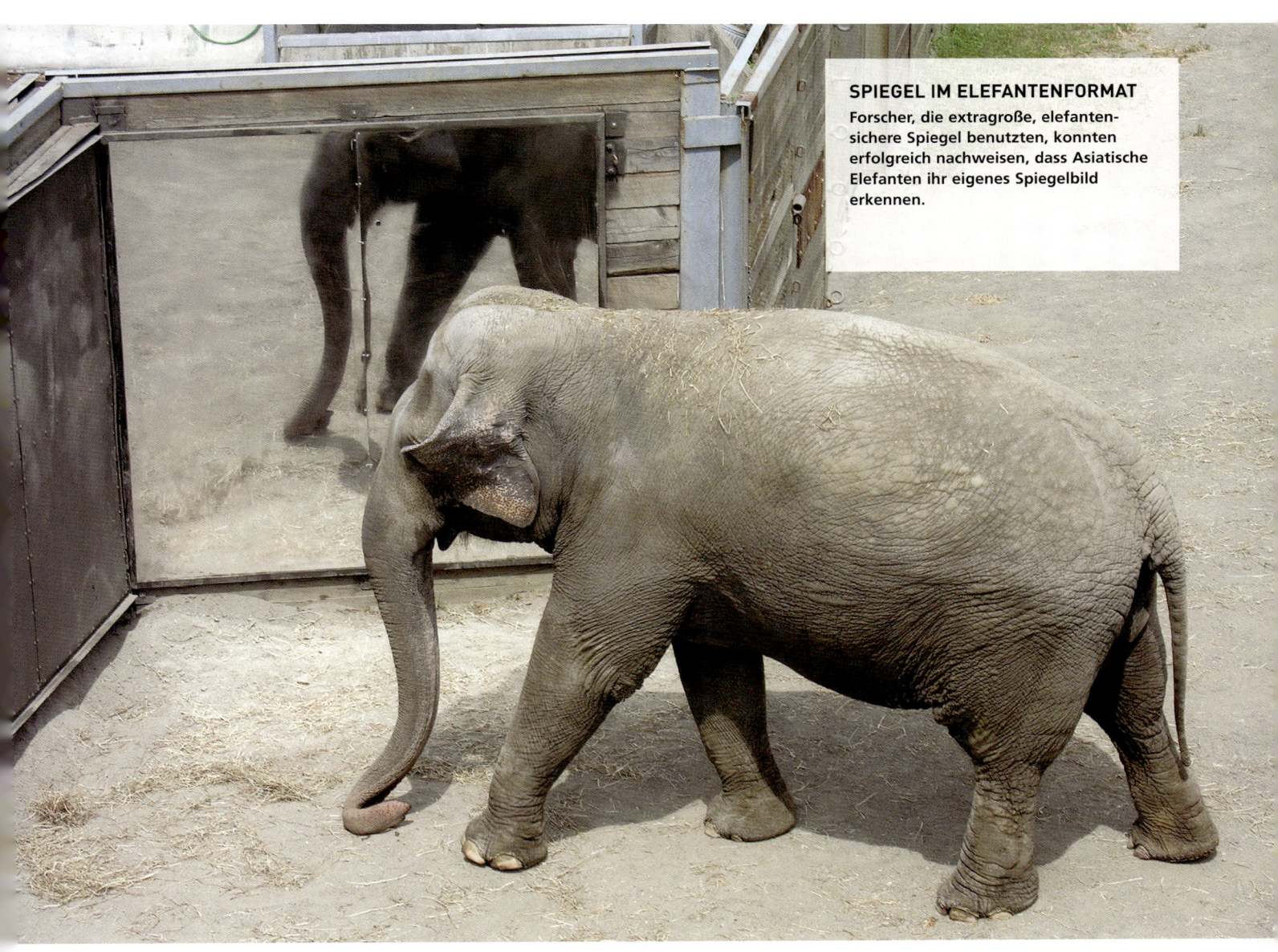

ELEFANTEN KAPIEREN ES – MIT EINEM SEHR GROSSEN SPIEGEL 123

SPIEGEL IM ELEFANTENFORMAT
Forscher, die extragroße, elefantensichere Spiegel benutzten, konnten erfolgreich nachweisen, dass Asiatische Elefanten ihr eigenes Spiegelbild erkennen.

pe einen ähnlichen Ansatz, ebenfalls mit Asiatischen Elefanten, aufgriff. Die Wissenschaftler argumentierten, dass vielleicht der im bisherigen Versuch eingesetzte große Spiegel letztendlich doch zu klein war und so ein Elefant keinesfalls seinen ganzen Körper sehen konnte. Dieses Team glaubte auch, dass die Tiere mit dem Spiegel körperlichen Kontakt haben müssten, um seine materiellen und funktionellen Eigenschaften besser begreifen zu können. Deswegen wurde ein riesiger, elefantensicherer Spiegel im Elefantengehege errichtet. Tatsächlich führten diese Änderungen zu einem signifikanten Unterschied in den Elefantenreaktionen, und zwar während des gesamten Experiments. Wie Kinder und Menschenaffen durchliefen die Elefanten die vier bekannten Stadien beim Auftreten von MSR. Ein Elefant zeigte ein definiertes Interesse an der Markierung und ein deutlich gerichtetes Verhalten. Diese aufregenden Ergebnisse lieferten jetzt den entscheidenden Beweis, dass Asiatische Elefanten durchaus in der Lage sind, ihr eigenes Bild in einem Spiegel zu erkennen. Allerdings werden die Folgerungen hinsichtlich eines Zusammenhangs mit der MSR und dem Selbstverständnis unter Philosophen, Psychologen, Entwicklungs- und Verhaltenspsychologen sowie Vertretern anderer Fachrichtungen, die an der »Theory of Mind« interessiert sind, weiterhin debattiert (siehe S. 112).

Siehe auch
Warum Elefanten Fliegenwedel verwenden, *Seite 32*
Hören Elefanten mit den Füßen?, *Seite 86*

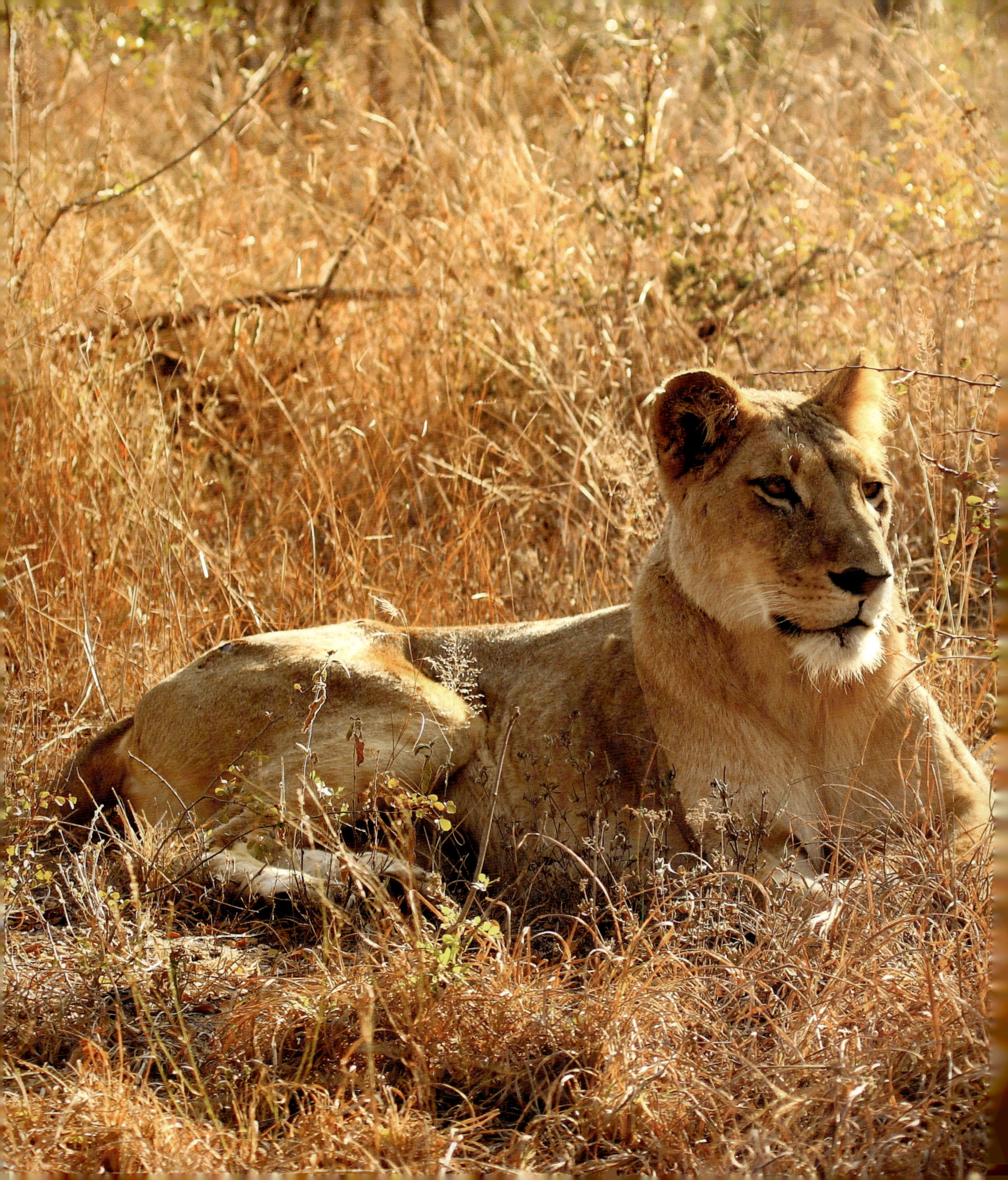

KAPITEL 5
TIERE, DIE ZÄHLEN

Obwohl das Verhältnis zu Zahlen nichts ist, was man vorrangig mit Tieren in Verbindung bringt, ist es für viele Spezies doch von beträchtlicher Bedeutung für den Überlebenskampf. Durch Abschätzen von Zeit, Entfernung und durch Zählen finden Tiere ihren Weg nach Hause, ins Nest oder in den Bau. Ebenso betrifft es die Futtersuche, die Orientierung bei Wanderungen sowie die Einordnung der Größe einer Gruppe anderer Tiere. Nachdem die Erinnerung an das zahlenkundige Pferd, den Klugen Hans, verblasst war, gewannen Untersuchungen über die Fähigkeiten von Tieren, mit Zahlen umzugehen, wieder Glaubwürdigkeit. Unterschiedliche Ansätze haben inzwischen viel über die Fähigkeit von Ratten, Vögeln, Löwen, Schimpansen, Salamandern und sogar Ameisen offenbart, die in ihrem täglichen Leben oft Mengeneinschätzungen vornehmen.

DER FALL DES »KLUGEN HANS«

WIE EIN HENGST BEINAH JEDEM WEISMACHEN KONNTE, DASS PFERDE ZÄHLEN KÖNNEN.

VERBREITUNG
Weltweit

Es ist zu bezweifeln, ob es irgendeinen Artikel, Bericht oder ein Buch über numerische Fähigkeiten bei Tieren gibt, die den Klugen Hans, einen Araberhengst, nicht erwähnen. Im Jahr 1888 kaufte der pensionierte Grundschullehrer Wilhelm von Osten das Pferd – nachdem es ihm nicht gelungen war, einem Bären und einer Katze das Rechnen beizubringen. Niemand weiß, warum von Osten ausgerechnet mit diesen beiden Tieren anfing, und es bleibt ein noch größeres Rätsel, weswegen er es dann mit einem Pferd versuchte. Allerdings lehrte von Osten – eigenen Angaben zufolge – das Pferd nicht nur, zu zählen, sondern auch zu multiplizieren, und später sogar das Alphabet. Hans gab die Antwort mit seinem Huf und hörte auf, sobald er die richtige Zahl erreicht hatte. Von Osten glaubte, dass einige Pferde außerordentlich intelligent wären und ähnliche Fähigkeiten wie Menschen hätten. Er war überzeugt, eine perfekte Unterrichtsmethode entwickelt zu haben, um Pferden das Zählen beizubringen, die zweifellos auf seinen früheren Lehrmethoden mit Kindern basierte.

Wer täuscht wen?

Von Osten demonstrierte das Können von Hans im Hof seines Hauses, und die Nachricht über das bemerkenswerte, rechnende Pferd breitete sich rasch über ganz Deutschland aus. Die Presse verdächtigte von Osten allerdings zunehmend des Betrugs, obwohl er niemals versuchte, finanziellen Profit aus dem Hengst

KLUGE PFERDE

Pferde haben nicht nur ein fantastisches Gedächtnis, sie sind auch Meister darin, die subtilste menschliche Körpersprache – sogar vorausahnend – zu lesen und auf sie zu reagieren.

128 TIERE, DIE ZÄHLEN

DENNOCH KLUG
Obwohl der Kluge Hans ein »Schwindel« war, ist die wichtigere Tatsache, dass alle Pferde die verblüffende Fähigkeit besitzen, selbst unbewusste Bewegungen beim Menschen wahrzunehmen.

zu ziehen. In der Tat war es von Osten selbst, der eine Untersuchung durch die örtliche Schulbehörde beantragte, um seine Behauptungen über Hans' Fähigkeiten und seine Unterrichtsmethoden bewerten zu lassen. Die Behörde ernannte eine Kommission bestehend aus zwei Lehrern, einem Tierarzt, einem Grafen, zwei Zoodirektoren, einem Pferdetrainer, zwei Wissenschaftlern, zwei Majoren, einem Zirkusdirektor und einem Zauberer.

Zu Beginn der Untersuchung wurde verschiedenen Kommissionsmitgliedern aufgetragen, von Osten zu beobachten und herauszufinden, ob er dem Pferd heimlich Signale gebe, wann es mit seinem Huf zu zählen aufhören sollte. Doch während der Vorführung war kein Hinweis auf ein auditives oder visuelles Signal festzustellen. Am folgenden Tag forderten sie Hans mit schwierigeren Aufgaben heraus und entwickelten kompliziertere Testanordnungen. Zum Beispiel musste sich von Osten nach vorn beugen, während er hinter einem Kommissionsmitglied stand, welches Hans Fragen stellte, um jegliche Möglichkeit einer Beeinflussung zu minimieren. Und trotzdem erbrachte Hans sehr gute Leistungen.

Nach Beendigung der Untersuchung war sich die Kommission einig, dass von Osten die Öffentlichkeit nicht absichtlich täuschte, aber wie Hans »zählte«, blieb ein Rätsel. Einer der

DER FALL DES »KLUGEN HANS«

Wissenschaftler aus der Kommission beauftragte Oskar Pfungst, einen seiner Studenten an der Universität in Berlin, damit, genau herauszufinden, wie Hans zu den richtigen Antworten kam. Die nächsten drei Jahre setzte Pfungst die unterschiedlichsten Methoden ein, um Hans' Verständnis für Zahlen und weitere Fähigkeiten auszuwerten. Er beobachtete den Hengst häufig beim »Zählen« und entwarf komplexe Versuchsbedingungen, um über veränderte Testbedingungen jegliche Form an Betrügerei ausschließen zu können.

Der Beobachter Pfungst

Trotz des Berichts der Kommission hatte Pfungst immer vermutet, dass von Osten dem Hengst irgendwelche Zeichen gab. Zuerst glaubte er, dass von Osten unbewusst eine Art nasaler Zeichen übermittelte, die weder die Kommission noch das Publikum bemerkten. Dann fiel ihm auf, dass Hans umso mehr Fehler machte, je weiter sich von Osten von ihm entfernte, und auch mit zunehmender Dämmerung immer schlechter wurde. Diese Beobachtungen regten ihn an, noch strengere Testbedingungen zu entwickeln.

Pfungst war darin geschult, wissenschaftliche Versuche zu entwerfen und durchzuführen. Er wusste, dass es wichtig war, das Umfeld zu kontrollieren, innerhalb dessen Hans auftrat. Aus diesem Grund ließ er in dem Hof, in dem Hans auftrat, ein Zelt aufbauen, das die Öffentlichkeit ausschloss. In einem Versuch verwendete er große Karten mit großen aufgedruckten Zahlen, die er unter zwei unterschiedlichen experimentellen Bedingungen einsetzte. Im ersten Versuch kannte die Person, die Hans die Frage stellte, die richtige Antwort. Im zweiten Versuch kannte der Fragesteller die Antwort nicht. Man erinnere sich, dass Hans inzwischen offenbar in der Lage war, äußerst komplexe arithmetische Probleme, etwa die Quadratwurzel einer sehr großen Zahl, zu lösen, eine Rechnung, die der Prüfer nicht im Kopf durchführen konnte. Unter diesen Bedingungen versagte Hans jämmerlich, wenn der Fragesteller nicht die richtige Antwort auf das Problem kannte. Er schnitt auch schlecht ab, als man ihn auf seine anderen Fähigkeiten testete, zum Beispiel beim Lesen von Namen auf einer Schiefertafel. Somit bewiesen Pfungsts Versuche, dass Hans nicht in der Lage war, Zahlen oder Wörter zu lesen.

Als Nächstes erwog Pfungst die Möglichkeit, dass Hans auch gehörte Fragen zu Zahlen nicht beantworten konnte. Dieser Versuch war einfach durchzuführen: Von Osten flüsterte eine Zahl in ein Ohr von Hans, Pfungst eine andere Zahl in das andere Ohr des Pferdes. Gemäß von Osten sollte Hans mit seinem Huf so lange klopfen, bis er die richtige Antwort erreicht hatte, das heißt, die Summe der beiden Zahlen – aber er versagte. Bei späteren Tests trug Hans eine Augenbinde mit einem zusätzlichen schwarzen Tuch darüber, sodass er den Fragesteller keinesfalls sehen konnte. Auch dieses Mal versagte er.

Schließlich fiel Pfungst auf, dass sich, wer immer die Fragen stellte, dabei ein bisschen vornüberneigte. Kurz bevor oder genau dann, wenn Hans die richtige Zahl mit dem Hufschlagen erreichte, beugte sich der Fragesteller unbewusst nach hinten und richtete sich ein bisschen auf. Und genau das war es, was Hans wahrnahm – die minutiösen Körperbewegungen teilten dem Pferd mit, wann es mit dem Hufklopfen aufhören sollte.

WISSENSCHAFTLICHE VERFAHREN UND ZUVERLÄSSIGE ERGEBNISSE

Die o.g. Art von unabsichtlicher Signalisierung ist als sozialer Auslösereiz bekannt. Viele Untersuchungen – insbesondere numerische Studien bei ganz unterschiedlichen Arten – wurden oft kritisiert, weil solche Effekte die Ergebnisse verfälschten. Seit Pfungst achten Wissenschaftler sehr darauf, ihre Versuche nach streng wissenschaftlichen Verfahren durchzuführen, um die Gefahr zu reduzieren, den Tieren in einem Test soziale Auslösereize zu übermitteln. Eine Rolle spielt natürlich auch, dass wilde Pferde in ihrer natürlichen Umgebung eine Beuteart sind und dass ihre seitlich sitzenden Augen darauf ausgerichtet sind, jede noch so kleine Bewegung wahrzunehmen, die die Annäherung eines Raubtiers signalisieren könnte. Reiter, Jockeys und Trainer machen immer wieder die Erfahrung, dass Pferde oft selbst vor leichtesten Bewegungen wie einem kleinen flatternden Stück Papier scheuen. Aus diesem Grund ist man dazu übergegangen, besonders sensiblen Rennpferden Scheuklappen anzulegen. Diese bedecken die Außenseite der Augen, sodass die Tiere nur nach vorne schauen können und nicht durch den Anblick anderer Pferde oder anderer Störungen abgelenkt werden. Hans war gegenüber der leichtesten Bewegung offensichtlich sehr aufmerksam.

EINE NATÜRLICHE FÄHIGKEIT

Der Kluge Hans stellte beim »Lösen« schwieriger Rechenaufgaben nur eine natürliche Fähigkeit aller Pferde zur Schau. Jegliche Zeichen eines vertrauten Führers können bei diesen Tieren eine Reaktion auslösen.

MAN KANN DARAUF ZÄHLEN, DASS AMEISEN DEN WEG NACH HAUSE FINDEN

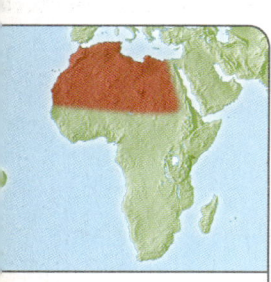

MAN KENNT UNGEFÄHR 12.000 AMEISENARTEN, UND SIE ALLE LEBEN IN EINER DER AM BESTEN ORGANISIERTEN SOZIALSTRUKTUREN AUF DER ERDE. ÜBERDIES BELEGT EINE NEU ENTDECKTE EIGENSCHAFT, DASS DIESE GESCHÖPFE ÜBER EINE ART INNEREN SCHRITTZÄHLER VERFÜGEN, DER IHNEN DABEI HILFT, NACH DER NAHRUNGSSUCHE ZU IHREN NESTERN ZURÜCKZUKEHREN.

VERBREITUNG
Sahara

Die Sahara-Wüstenameise war jüngst Gegenstand einer exakten Untersuchung, mit bemerkenswerten Ergebnissen. Die Frage, die die Wissenschaft über Jahrzehnte beschäftigt hatte, war, wie diese Tiere, die in einem derart monotonen Lebensraum leben, immer den direktesten Weg nach Hause finden und genau die Entfernung gehen, die sie zurücklegen müssen. Ein Forscherteam wollte mehr darüber wissen, wie Ameisen in einer Wüste navigieren. Man wusste, dass sie sich an Himmelszeichen orientieren, um an einer zielführenden Richtung festzuhalten. Aber woher wissen sie genau, welcher Weg sie direkt zum Nest führt, sowohl hinsichtlich der kürzesten Entfernung als auch in Bezug auf den Zeitaufwand? Generationen von Wissenschaftlern rätselten darüber.

Stelzen und Stümpfe

Viele Theorien versuchten zu erklären, wie Ameisen diese bemerkenswerte Meisterleistung vollbringen. Vergleiche mit anderen Insekten wie Honigbienen deuteten an, dass Ameisen sich an visuelle Zeichen erinnern, die menschliche Beobachter nicht bemerken. Aber dies wurde durch Versuche widerlegt, die zeigten, dass Ameisen nicht nur im Dunkeln sehen können, sondern auch keine Probleme haben, nach Hause zu finden, wenn man sie geblendet hatte. Einer anderen, später widerlegten These zufolge erinnern sich Ameisen an die Zeitdauer des Marsches weg vom und zurück zum Nest. Während man darüber diskutierte, wurde im Jahr 1904 eine der ungeheuerlichsten Theorien formuliert, nämlich, dass Ameisen ihre Schrittzahl nachvollziehen könnten, wenn sie sich auf der Futtersuche vom Nest entfernen. Der Wissenschaftler, der diesen Gedanken äußerte, mag damals verspottet worden sein – heute würde er es nicht mehr.

Eine Reihe von Versuchen, die in 2006 abgeschlossen wurden, testete, ob Ameisen wirklich einen inneren Mechanismus haben, der wie ein Schrittzähler funktioniert, und ob sie nach Abschluss der Futtersuche die Schrittanzahl kennen würden, die sie auf dem Heimweg vor sich haben. Doch wie sollte man diese nicht beobachtbare Fähigkeit, besonders bei einer kleinen Wüstenameise, jemals nachweisen? Ein Forscherteam nahm die Herausforderung an und setzte dabei einen absolut innovativen Ansatz ein.

Die Wissenschaftler argumentierten, falls Ameisen einen inneren Schrittzähler besäßen, müssten sich Veränderungen ihrer normalen Schrittlänge auf die Beendigung ihres Rückwegs zum Nest auswirken. Um diese Hypothese zu prüfen, dressierten sie zuerst Ameisen, zu einem Futterplatz entlang eines vom Nest wegführenden, geraden Aluminiumkanals zu laufen. Sobald die Ameisen mit diesem Weg vertraut waren, nahmen die Forscher einige Änderungen vor. So manipulierten sie

MAN KANN DARAUF ZÄHLEN, DASS AMEISEN DEN WEG NACH HAUSE FINDEN

die Beine von zwei Ameisengruppen in unterschiedlicher Weise: Nachdem die Tiere die Futterquelle erreicht hatten, machten die Forscher sie kurzzeitig mit einem harmlosen Wachs unbeweglich. Dann klebten sie sehr dünne Verlängerungen (»Stelzen«) an die Beine der Ameisen, wodurch ihre Beine und damit die Schrittlänge verlängert wurden. Eine zweite Ameisengruppe bekam ihre Beine durch das Abschnippeln der Füße und Unterschenkel verkürzt. Dadurch waren jetzt mehr Schritte notwendig, um den bekannten Weg zurückzulegen. Die Ameisen durften dann ihren Heimweg nehmen, allerdings entlang eines Aluminiumkanals, der nicht zu ihrem Nest führte.

Die Ameisen mit den verkürzten Beinen wanderten durch den Kanal, blieben aber in aller Regel ein ganzes Stück vor Erreichen des Nestes stehen. Sie liefen vor und zurück und schienen das Nest zu suchen. Die Ameisen auf Stelzen dagegen schossen über die Distanz hinaus, die für das Erreichen des Nestes erforderlich war. Auch sie wanderten umher, um das Nest zu suchen.

Im Laufe der Zeit lernten beide Gruppen allerdings, die Schrittanzahl zwischen dem Nest und dem Futterplatz anzupassen. Diese überraschenden Ergebnisse sorgten für den ersten wissenschaftlichen Beweis, dass die Schrittlänge der Ameisen die von ihrem inneren Schrittzähler benutzte Maßeinheit ist.

Siehe auch
Die Tanzsprache der Honigbienen, *Seite 62*

DAHEIM IST DAHEIM
Sahara-Wüstenameisen navigieren weg vom und zurück zum Nest, indem sie eine Art Schrittzähler benutzen, wenn sie auf Futtersuche gehen.

SAHARA-AMEISEN WERDEN AUF HERZ UND NIEREN GEPRÜFT

Wissenschaftler erforschten, wie Sahara-Wüstenameisen, deren Lebensraum oft monoton und ohne auffällige »Wegweiser« ist, ihren Weg vom und zurück zum Nest finden. Ziel der Versuchsreihe war, herauszufinden, ob sie die Anzahl der Schritte »zählten« und sich an diese Zahl »erinnerten«.

Die Forscher überprüften ihre Hypothese durch Veränderung der zwischen Nest und Futterquelle zurückgelegten Schrittanzahl der Ameisen.

1| Ameisen wurden dazu angeregt, auf einem geraden Weg von ihrem Nest zu einer Futterquelle zu laufen. Sie waren bald mit dem Weg vertraut.

2| Sobald sie an der Futterquelle angekommen waren, wurden bei einer Gruppe von Ameisen die Beine verkürzt. Als Konsequenz blieben diese Tiere anfänglich kurz vor dem Nest stehen – offenbar unfähig, es zu finden.

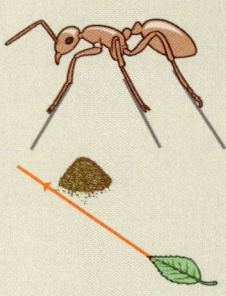

3| Bei einer zweiten Gruppe von Ameisen vergrößerte man die Schrittlänge, indem man ihnen kleine Borsten an die Beine klebte. Diese Insekten liefen über das Ziel hinaus und danach scheinbar ziellos umher.

132 TIERE, DIE ZÄHLEN

LÖWEN ZEIGEN TALENT ZUM BRÜLLEN

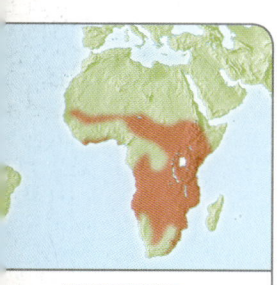

AFRIKANISCHE LÖWEN SIND FÄHIG, DIE ANZAHL IN DER NÄHE BEFINDLICHER ARTGENOSSEN ANHAND DEREN GEBRÜLLS ZU BESTIMMEN. IST DIE ERKANNTE ZAHL GRÖSSER ALS IHRE EIGENE, VERMEIDEN SIE EINE KONFRONTATION MIT DER GRÖSSEREN GRUPPE.

VERBREITUNG
Afrika südlich der Sahara

Mit ihren mächtigen Kiefern und der enormen Kraft ihrer Pranken sind Löwen die furchtbarsten Jäger des Schwarzen Kontinents. Dank eines spezialisierten Gewebes in der Netzhaut, welches das Licht reflektiert, sind sie in der Lage, auch nachts zu sehen. Wie Wölfe und Afrikanische Wildhunde leben sie in Rudeln. Sie jagen gemeinsam und bewohnen die offenen Ebenen mit den nicht versiegenden Wasserquellen und reichlich vorhandenem Wild. Diese Art von Sozialstruktur unterscheidet sich wesentlich von der anderer Großkatzen, die solitäre Jäger sind. Eine Folge dieser Lebensweise ist, dass Löwen unverzüglich das Territorium der Gruppe verteidigen.

Posieren und kämpfen

Neuere Forschungen haben eine bemerkenswerte Fähigkeit dieser Tiere aufgedeckt, falls sie ein aggressives Zusammentreffen mit anderen Löwen haben. Bei Kämpfen zwischen Artgenossen vieler Tierarten wäre es wenig zielführend, ernste körperliche Schäden zu riskieren, wenn dies vermieden werden kann. Mechanismen wie

DIE SOZIALE EINHEIT
Löwenrudel können groß oder klein sein. Ein wichtiges Charakteristikum ist, dass alle Weibchen miteinander verwandt sind. Nur in seltenen Ausnahmefällen bilden nicht verwandte Weibchen ein Rudel.

Siehe auch
Zusammenarbeit – Teamwork oder eher zufälliges Zusammenwirken?, *Seite 180*

134 TIERE, DIE ZÄHLEN

WICHTIGE WEIBCHEN

Hinsichtlich Größe und Aussehen bestehen zwischen männlichen und weiblichen Löwen erhebliche Unterschiede. Die Männchen sind deutlich größer und durch die Mähne sofort erkennbar. Die Weibchen spielen in der Gemeinschaft eine wichtige Rolle: Sie sind die Jäger, verteidigen das Territorium des Rudels und ziehen die Jungen auf. Sie können auch allein leben, halten aber enge Bindung zu ihren Schwestern und anderen Verwandten. Ein typisches Rudel zählt etwa 15 Individuen. Aber die Gruppen können viel größer sein und bis zu 18 Weibchen umfassen, dazu eine Reihe von erwachsenen, verwandten oder nicht verwandten Männchen und den Nachwuchs der Gruppe. Häufig gebären mehrere Weibchen zur gleichen Zeit, was eine gemeinschaftliche Betreuung des Wurfes ermöglicht. Dies bringt bedeutende Vorteile – einerseits für die Jungen und andererseits auch für ihre Mütter. Denn dadurch vergrößern sich u.a. die Überlebenschancen der Junglöwen.

ERWEITERTE FAMILIE

Löwinnen bilden den stabilen Kern eines Rudels. Männchen werden oft von Rivalen verdrängt, während Weibchen ihr ganzes Leben in ihrer Geburtsgruppe bleiben. Dies bedeutet, dass die weiblichen Rudelmitglieder in der Regel miteinander verwandt sind.

EINSCHÜCHTERNDES MÄNNCHEN

Die volle, meist dunkle Mähne des Löwenmannes ist einer seiner größten Beiträge zum Rudel. Damit schreckt er Eindringlinge ab und demonstriert seine Männlichkeit vor den Rudelweibchen.

---

das Bluffen und andere nicht aggressive, nicht körperliche Provokationen sind sinnvoll, weil dadurch schwere Verwundungen und mögliche tödliche Angriffe, sowohl innerhalb als auch zwischen Löwengruppen, minimiert werden können. Ob einzelne Löwen die Individuenzahl von Gruppen in der Nähe einschätzen können, um die bestmögliche Vorgehensweise festzulegen, blieb festzustellen.

Forscher in Tansania, Ostafrika, untersuchten eine Vielzahl von Rudeln im Serengeti-Nationalpark auf raffinierte Weise. Sie fanden heraus, dass Löwen tatsächlich eine zahlenmäßige Abschätzung eines anderen Rudels vornehmen können, um ihre eigene Verhaltensreaktion darauf abzustimmen. Zu den akustischen Merkmalen des Gebrülls einer Löwin gehört ein sogenanntes weiches Einleitungsstöhnen, gefolgt von einer Reihe lauter Brüller, die mit einigen Grunzlauten endet. Das Ganze dauert weniger als eine Minute. Ein Weibchen macht den Anfang, andere Weibchen folgen, wodurch sich das Gebrüll überlapt und jede Runde zu unterschiedlichen Zeiten beginnt und endet.

Da Rudelmitglieder das Gebrüll fremder Tiere erkennen, muss jeder Löwe einige individuelle Erkennungsmerkmale bei seiner eigenen Lautäußerung aufweisen. Dies zeigt wiederum, dass es möglich ist, die Anzahl gleichzeitig brüllender Löwen zu identifizieren. Aufzeichnungen fremden Löwengebrülls wurden deswegen über Lautsprecher in der Nähe von weiblichen Löwengruppen unterschiedlicher Größe abgespielt, um deren Reaktion zu verfolgen.

Die Anzahl potenzieller Eindringlinge wurde für die Rudel durch Abspielen eines ein- oder dreifachen Gebrülls über die Lautsprecher simuliert. Dies bewirkte deutlich erkennbare Reaktionen bei den Tieren. Hörte die Gruppe einen Löwen, näherte sie sich. Wenn sie drei Löwen hörte, mied sie häufig das Gebiet, in dem der Lautsprecher positioniert war. Selbst wenn sie sich bei einem dreifachen Gebrüll heranschlich, war die Gruppe viel vorsichtiger, schaute sich mehrfach nach ihren eigenen Gruppenmitgliedern um und stoppte öfter bei der Annäherung. All dies zeigt eine Zurückhaltung beim Antreten gegen eine andere Gruppe, vor allem wenn diese, wie andere Versuche zeigten, gegenüber der eigenen in der Überzahl ist. Diese Zurückhaltung nimmt mit wachsenden Individuenzahlen zu.

Es gab auch Hinweise darauf, dass das Gebrüll der Gruppe andere Gruppenmitglieder vor anwesenden Eindringlingen warnt oder damit um Unterstützung ersucht wird. In der Tat schlossen sich andere Weibchen in 43 Prozent der Fälle der Gruppe an, die mit dem Brüllen begonnen hatte. Das Brüllen diente deshalb zwei Zwecken: erstens, um potenziellen Eindringlingen die Anzahl der Gruppenmitglieder mitzuteilen, mit der sie es zu tun haben würden, und zweitens wird auf diese Weise ein Hilferuf abgesetzt.

LÖWEN ZEIGEN TALENT ZUM BRÜLLEN 135

LÖWEN ZÄHLEN BRÜLLER

Weibliche Löwen brüllen in einer charakteristischen Art und Weise. Andere Löwen können das Gebrüll vertrauter Individuen erkennen. Wenn fremde Löwen innerhalb des Territoriums eines Rudels brüllen, werden dessen Mitglieder dadurch sofort vor der potenziellen Bedrohung gewarnt. Wissenschaftler ließen sich einen raffinierten Versuch mit Tonaufzeichnungen einfallen, um herauszufinden, ob Löwen die Anzahl ihrer Rivalen aufgrund des Gebrülls schätzen können.

1| Als die Aufzeichnung eines einzelnen brüllenden Löwen abgespielt wurde, näherte sich oft ein einzelner Löwe dem Lautsprecher in selbstsicherer Weise.

2| Hörte ein einzelner Löwe eine Aufzeichnung von drei brüllenden Löwen, zog er sich häufig zurück.

3| Vernahm eine Gruppe von Löwen die Aufzeichnung dreier brüllender Löwen, reagierten die Tiere auffallend vorsichtig.

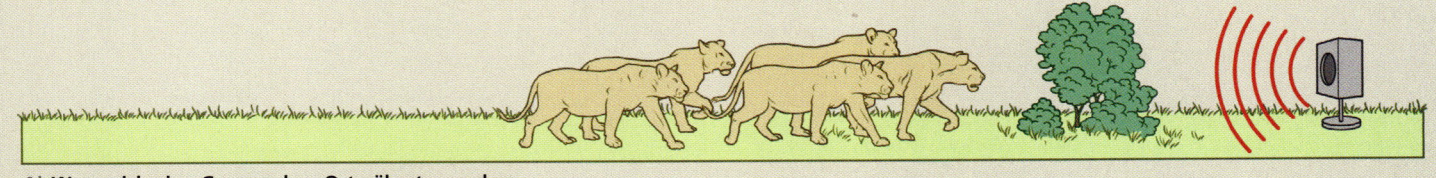

4| Wenn sich eine Gruppe dem Ort näherte, an dem sie mehrere brüllende Löwen hören konnten, taten sie dies eher zögerlich.

VÖGEL: DIE ZAHLEN-JONGLEURE

VERBREITUNG

Raben: Weltweit außer der Südspitze Südamerikas und den Polarkappen

Papageien: Die meisten warmen und tropischen Regionen

NACH DER UNRÜHMLICHEN GESCHICHTE MIT DEM KLUGEN HANS HIELTEN SICH FORSCHER EINE ZEIT LANG MIT UNTERSUCHUNGEN ZUM THEMA ZÄHLEN BEI TIEREN SEHR ZURÜCK. EINE AUSNAHME BILDETE EINE VERSUCHSREIHE IN DEN 1940ER-JAHREN MIT VÖGELN IN MENSCHENOBHUT. SIE GILT BIS HEUTE ALS EINE DER GRÜNDLICHSTEN UND ZUVERLÄSSIGSTEN ZUM THEMA UND REGT ZUM NACHDENKEN DARÜBER AN, OB DER BEGRIFF »SPATZENHIRN« WIRKLICH GERECHTFERTIGT IST.

»Was es nicht alles gibt«

In den 1940er- und 1950er-Jahren startete der deutsche Forscher Otto Koehler eine umfassende Versuchsreihe zur Nutzung numerischer Informationen bei Vögeln. Die Aufgabenfülle, für die Elstern, Raben, Krähen und andere Mitglieder der Rabenfamilie dressiert wurden, war erheblich und sollte von anderen Wissenschaftlern unbedingt fortgeführt und bestätigt werden.

Raben scheinen die intelligentesten Vögel zu sein, zumindest in Geschichten. Eine klassische Erzählung betrifft einen Jäger, der versuchte, auf eine Krähe zu schießen, aber der Vogel hielt Abstand und entzog sich ihm. Um nicht von einer Krähe ausgespielt zu werden, bat der Jäger vier seiner Freunde, sich mit ihm hinter einem Sichtschutz zu verstecken, wo die Gruppe vom Vogel nicht zu sehen war. Schließlich waren alle Jäger des Wartens auf die Rückkehr der Krähe müde, und erst als alle fünf gegangen waren, kehrte die Krähe zurück. Wahr oder unwahr – es lässt den Schluss zu, dass einige Vögel den Überblick über Mengen behalten können. Allerdings bleibt die Frage, inwiefern Vogelarten für das Überleben aus solchen Fähigkeiten Vorteile ziehen könnten.

Jakob

Koehler besaß einen Lieblingsraben namens Jakob, bei dem er die Fähigkeit untersuchte, mit Zahlen umzugehen. In einem Test präsentierte er dem Raben fünf Kästen, mit zwei bis sechs schwarzen Punkten auf dem Deckel. Wenn er beispielsweise mit nur drei der Kästen konfrontiert wurde, klopfte der Vogel an den Kasten mit den drei Punkten. Jedes Mal, wenn der Vogel die richtige Antwort gab, erhielt er eine Futterbelohnung, und schließlich wurde er sehr erfolgreich bei der Durchführung der Aufgabe. Ein wichtiges Merkmal der Untersuchung war, dass Größe, Form und Platzierung der Punkte auf den Kästen bei jedem Test verändert wurden. Dies zwang den Raben bezüglich der Anzahl der Markierungen zur Aufmerksamkeit. Dieses Kriterium war natürlich unumgänglich, um sicherzustellen, dass allein die Menge entscheidend war.

Der Wissenschaftler stellte dann einem Sittich die gleiche Aufgabe und fand heraus, dass dieser, nachdem er den Umgang mit den größeren Zahlen trainiert hatte, Punkte und Objekte ebenfalls korrekt zuordnen konnte. Als Nächstes wurde ein Papagei mit einer ähnlichen Aufgabe konfrontiert. Man platzierte Futter in Kästen, die man in einer Reihe anordnete, wobei der Vogel

GROSSER VERSTAND

Die Familie der Rabenvögel weist die größte Gehirnmasse aller Vögel auf. Die Krähe zum Beispiel besitzt in Bezug auf das Gehirn-Körper-Verhältnis die gleiche relative Gehirngröße wie ein Schimpanse. Beide Arten sind auch sehr sozial, und es gibt die These, dass der Evolutionsdruck in puncto größere Intelligenz beim frühen Menschen durch das Leben in einer dynamischen Sozialstruktur angefacht wurde, was Zusammenarbeit, Erkennen von Individualität und Verständnis für komplexe gesellschaftliche Wechselwirkungen voraussetzt. Solche sozialen Prozesse auf Rabenvögel auszudehnen, ist nicht schwierig.

Bedeutsam ist, dass Vogelgehirne einzigartig organisiert sind und sich von dem eines Schimpansen (und dem menschlichen) unterscheiden. Von der weitreichenden Hirnrinde, die die Oberseite des Gehirns abdeckt, hängen flexibles Verhalten, Lernen und die ganze Skala der höheren Steuerungsinformationsverarbeitung ab. Vögeln fehlt eine Hirnrinde vollkommen, stattdessen haben sie einen Gehirnteil, der Hyperstriatum genannt wird und eine Vielfalt von Funktionen erfüllt. Raben, Krähen und Elstern besitzen das größte Hyperstriatum unter allen Vögeln sowie die größten Gehirne mit einer enormen Anzahl an Gehirnzellen.

Siehe auch
Ein Spatzenhirn funktioniert am besten, *Seite 96*

ausschließlich den neunten Kasten öffnen durfte. Er beugte seinen Kopf zu jedem Kasten hinab, bis er zum neunten kam, woraufhin er das darin befindliche Futter erhielt. Interessanterweise klopfte jemand während eines der Tests an die Tür, was offenbar den Zählvorgang des Vogels unterbrach. Jedenfalls ging der Papagei daraufhin zum Anfang zurück und fing wieder von vorne an.

Leider hatten diese früheren Studien kaum Einfluss auf andere Versuche zum Zählen bei Tieren, weil sie auf Deutsch veröffentlicht wurden und für englischsprachige Forscher weitgehend unzugänglich waren. Inzwischen wurden sie natürlich übersetzt und sind als bedeutender Beitrag zum Verständnis der Fähigkeit anderer Spezies, Quantität zu erfassen, anerkannt.

GESCHEITE VÖGEL
Es gibt über 120 Arten von Rabenvögeln; dazu gehören Raben, Saatkrähen, Krähen, Dohlen, Elstern, Eichelhäher und andere Häher.

RATTEN KÖNNEN ZÄHLEN

RATTEN KÖNNEN DIE POSITION EINES GEGENSTANDES DURCH ZÄHLEN BESTIMMEN. MITTELS EINES »ZÄHLMECHANISMUS« SIND SIE FÄHIG, VORAUSZUSEHEN, WAS ALS NÄCHSTES FOLGEN WIRD, UND SIE VERFÜGEN ÜBER EINEN INNEREN »ZEITMESSER«.

VERBREITUNG
Weltweit

Ratten kommen mit einer Vielzahl unterschiedlichster Umweltgegebenheiten zurecht und leben in einer komplexen Gesellschaftsordnung – beides Hinweise auf eine anpassungsfähige Intelligenz. Jüngste Laborstudien haben neben weiteren Fähigkeiten dokumentiert, dass Ratten Zahlen begreifen.

Hervorragendes Gedächtnis

Eine der einfacheren Aufgaben betraf einen langen, geraden Steg bzw. Gang mit einer kleinen Futtermenge am Ende, dem »Zielraum«. Den Ratten wurde beigebracht, die Bahn hinunterzulaufen, wo sie in den ersten zwei von drei Versuchen Futter fanden, nicht jedoch beim letzten.

Zwei mögliche feste Sequenzen wurden nach dem Zufallsprinzip verwendet: Die erste bestand aus einer Folge mit einem nichtbelohnten Versuch (N) und zwei belohnten Versuchen (RR), gefolgt von einem nichtbelohnten Versuch (N). Die zweite Sequenz setzte sich aus zwei belohnten Versuchen (RR) zusammen, denen ein nichtbelohnter folgte (N). Die Versuche variierten also im Hinblick auf die Futterbelohnung. Bisweilen gab es auch eine Futterbelohnung bei den ersten beiden, keine beim dritten, dann wieder zwei mit Futter und keine beim folgenden. Sobald die Tiere gelernt hatten, die Bahn hinunterzulaufen, wurden ihre Testzeiten gemessen. Die Ratten bewegten sich sehr schnell in den Versuchen, an deren Ende sie Futter erwarteten, aber sehr langsam, wenn sie sich keine Belohnung erhofften.

RATTEN UND WISSENSCHAFT
Das Foto zeigt ein Tier der als Wanderratte bekannten Art. Viele Generationen wurden für Forschungszwecke gezüchtet, darunter Albinoratten mit begrenztem Sehvermögen und eine Schwarz-Weiß-Version mit gutem Sehvermögen für unterschiedliche Versuchsanordnungen.

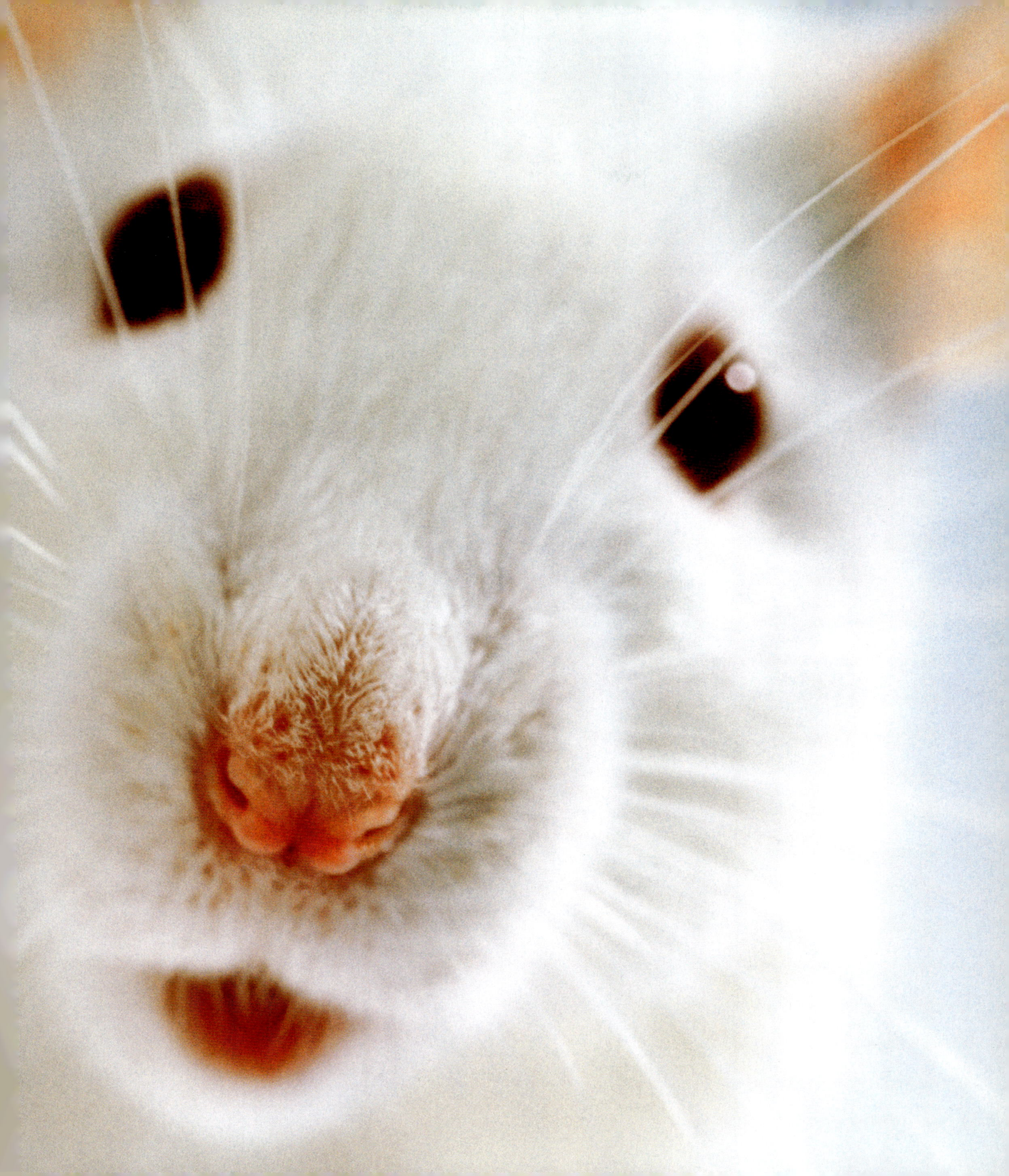

140 TIERE, DIE ZÄHLEN

Die Wissenschaftler schlussfolgerten, dass die Ratten aufgepasst oder bei den Versuchen mitgezählt haben mussten, um auf diese Weise reagieren zu können. In einem anderen pfiffigen Experiment entdeckten die gleichen Forscher, dass die Tiere aufmerksam verfolgten, welche Art von Belohnung sie bekamen, etwas Getreide mit Fruchtgeschmack oder weniger schmackhafte trockene Körner. Nach einigen Sitzungen liefen die Ratten immer dann schneller, wenn sie eine schmackhafte Belohnung erwarteten. Dies zeigte, dass die Tiere auch bei Versuchen mit unterschiedlichen Belohnungen die Übersicht behielten.

Der richtige Kasten

Ratten lernten auch, aus einer Reihe identischer Kästen denjenigen mit einer verborgenen Belohnung auszuwählen, wobei dessen numerische Platzierung wichtig war. Zum Beispiel lernte eine Ratte, dass der richtige Kasten der vierte in einer Reihe von sechs oder sogar zwölf Kästen war, die gleich weit voneinander entfernt in einer Reihe angeordnet waren. Bei einem Versuch lagen die Ratten selbst dann noch richtig, als der richtige Kasten der zehnte in einer Reihe von 18 war. Um den Test komplizierter zu machen, veränderten die Forscher die Anzahl der Kästen bei jedem Test, doch die Tiere suchten immer den richtigen aus und konnten nie durcheinandergebracht werden. Sogar als kleine und große Kästen benutzt wurden, um sicherzustellen, dass die Ratten nicht die kumulierte Länge der Kästen als Schlüssel benutzten, lösten sie das Problem.

AUSZEIT

Ratten sind auch geschickt darin, etwas im Zusammenhang mit Zeitintervallen zu lernen. Es wurden Untersuchungen durchgeführt, in denen Ratten eine Taste in ihrem Testkäfig drücken mussten, nachdem eine bestimmte Zeitspanne, beispielsweise 15 Sekunden, vergangen war, um eine kleine Futterbelohnung zu erhalten. Drückte die Ratte zu früh, wurde die Stoppuhr zurückgestellt, und die Ratte musste wieder 15 Sekunden warten, bis sie die Taste erneut drücken konnte. Jüngste Versuche deuten an, dass der gleiche Gedächtnismechanismus, der die numerischen Fähigkeiten der Ratten unterstützt, im Bedarfsfall auch flexibel wie ein Zeitmesser funktionieren kann. Das heißt, Ratten können einen neuronalen Prozessor in ihren Gehirnen als »Zeitmesser« oder als »Zählwerk« benutzen, wenn die Aufgabe ein Zeitmessen oder Zählen erfordert.

FLEXIBLE FRESSER

In ihrem natürlichen Lebensraum sind Ratten anpassungsfähige, opportunistische Fresser. Sie haben viele Feinde, was es erforderlich macht, dass sie sich in ihrer Umgebung in einer möglichst rationellen und flexiblen Weise bewegen.

DER BEWEIS

In diesem Versuch betritt die Ratte eine kleine Kammer, in der ihr sechs Kästen angeboten werden, jede mit einer verschlossenen Klapptür. Hinter einer der Türen ist ein geruchloser, fressbarer Leckerbissen versteckt.

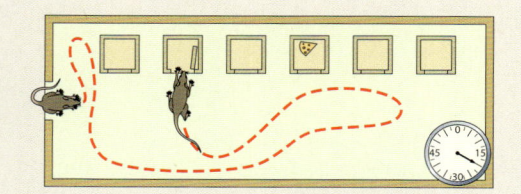

1 | Die Ratte tritt in die Kammer ein, schnüffelt herum, und nach 20 Sekunden macht sie Tür Nr. 2 auf, hinter der sich nichts befindet. Die Ratte wird herausgenommen.

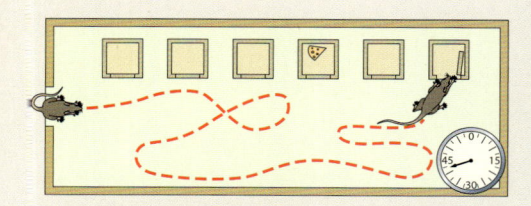

2 | Die gleiche Ratte betritt erneut die Kammer. Im zweiten Versuch sucht die Ratte volle 42 Sekunden, bevor sie die Tür mit der Nr. 6 aufstößt – wieder ein leerer Kasten.

3 | Die gleiche Ratte betritt wiederum die gleiche Kammer für einen dritten Versuch. Nach einer Untersuchungszeit von 40 Sekunden öffnet die Ratte mit Erfolg Tür Nr. 4.

4 | Die Ratte wird in die Kammer zurückgesetzt, um ihr Wissen zu testen. Sie scheint gelernt zu haben, wo sich das Futter befindet, und steuert geradewegs auf Tür Nr. 4 zu.

SALAMANDER LIEBEN GROSSE PORTIONEN

EINZIGARTIGES GESCHÖPF
Der Rotrücken-Waldsalamander verbringt sein gesamtes Leben an Land und atmet über die Haut.

VERBREITUNG
Östliches Nordamerika

ZEIT, RAUM UND ZAHLEN SIND INTEGRALE MERKMALE DES LEBENS BEI VIELEN TIERARTEN, UND SELBST BEI AMPHIBIEN KONNTE EIN GESPÜR FÜR QUANTITÄT NACHGEWIESEN WERDEN.

Viele Säugetier- und Vogelarten wurden unter kontrollierten Laborbedingungen auf ihre Fähigkeit für ein numerisches Verständnis untersucht. Natürlich kann diese Fähigkeit eine evolutive Anpassung zum Einsatz innerhalb der natürlichen Umgebung einer Art sein, die auf die eine oder andere Weise zum Erfolg der Spezies beigetragen hat. Den folgenden faszinierenden Test, den man mit verschiedenen Arten durchführte – beispielsweise Eichhörnchen, Kapuziner-, Rhesusaffen und Makaken sowie Schimpansen, Orang-Utans und Gorillas –, fordert von den Tieren, zwischen zwei Tellern mit mehr oder weniger Futter zu wählen. Wählte der Versuchskandidat das Gericht mit der größeren Menge, bekam er allerdings die kleinere Menge zur Belohnung. Anders ausgedrückt: Die Tiere lernten, dass sie den abgelehnten Teller bekommen würden.

Größer ist besser
Überraschenderweise waren die meisten der unter diesen Bedingungen getesteten Tiere unfähig, die Regeln zu verstehen. Sie wählten weiterhin die größere der beiden Mengen – selbst dann,

WAHL VON MENGEN

In einem anderen Versuch mussten die Salamander zwischen vier und sechs Fliegen wählen, wobei schließlich die sechs gewählt wurden. Dies sind die gleichen Ergebnisse, die in einer ähnlichen Aufgabe mit Rhesusaffen und menschlichen Kleinkindern erzielt wurden. Allerdings scheint es, dass die Unterscheidungsfähigkeit bei Salamandern Grenzen hat.
   Im letzten Versuch konnten die Salamander zwischen einer oder zwei Fliegen wählen. Zuverlässig entschieden sich für das Rohr mit den zwei Fliegen. Ingesamt zeigte die Studie, dass die Grenze beim Salamander bei drei liegt, wenn es darum geht, zwischen Mengen an Fruchtfliegen zu unterscheiden. Zudem demonstrierten die Wissenschaftler, dass sich Salamander, ebenso wie andere auf diese Fähigkeit getestete Tiere, immer für die größte Menge entscheiden.

KLUGER KUNDE

Man möchte meinen, dass ein so primitives Tier wie ein Salamander auf seine Beute in einer ziemlich automatischen, schablonenhaften Weise anspricht. Allerdings haben Salamander mehr Scharfsichtigkeit bewiesen, denn sie können auf Mengen reagieren. Wenn sie die Wahl zwischen zwei mit Fliegen bestückten Rohren haben, bevorzugen sie das Rohr, das die größere Menge enthält.

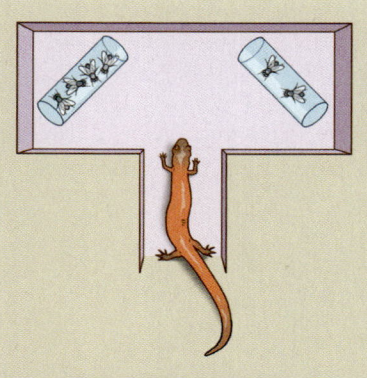

1| Wildfänge von Rotrücken-Waldsalamandern wurden in einer T-förmigen Kammer getestet.

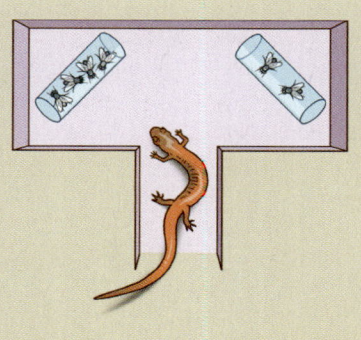

2| An gegenüberliegenden Enden der Kammer wurden zwei durchsichtige Rohre platziert, die unterschiedlich viele Fruchtfliegen enthielten.

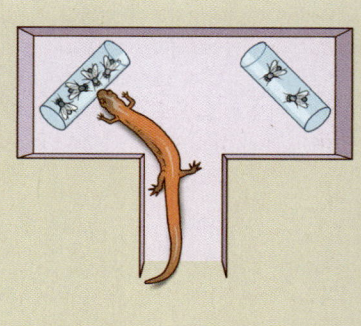

3| Alle Salamander liefen zu den Rohren, die die größere Anzahl von Fliegen beinhalteten – selbst dann, wenn der Mengenunterschied recht klein war.

Siehe auch
Man kann darauf zählen, dass Ameisen den Weg nach Hause finden, *Seite 130*

wenn sie immer wieder die kleinere Belohnung erhielten. Einige Forscher glaubten, dass allein die Anwesenheit von Futter direkt vor den Tieren es für sie schwierig machte, die größte Menge abzulehnen. Andere vertraten die These, dass sich die Probanden zu der Menge hingezogen fühlten, die größer aussah, auch wenn die Gerichte manchmal ungenießbare Gegenstände wie Steine enthielten. Beim nächsten Mal beinhalteten beide Teller entweder kleine oder große Portionen, die mengenmäßig gleich aussahen. In Wahrheit wiesen entweder beide genau die gleiche Menge auf oder ein Teller enthielt mehr Futter. Es scheint, dass immer größere Futterportionen gewählt wurden, sogar dann, wenn der abgelehnte Teller eine Anzahl kleinerer Portionen beinhaltete, deren Gesamtmenge größer war als die der einen oder der zwei größeren Portionen des ausgewählten Gerichts. Für viele Tiere ist dann mehr bzw. größer besser.

Die meisten Untersuchungen zu Quantitätsvergleichen wurden mit Primaten durchgeführt. Deswegen lautete eine Hypothese, dass die Ergebnisse von den Strategien beeinflusst waren, die die Säugetiere bei der Futtersuche einsetzen. Schließlich ist ein nahe gelegener Baum voller reifer Früchte sicherlich eine bessere Nahrungsquelle als ein weiter entfernter mit unreifen. Aber wie sieht die Sache bei anderen Tieren aus? Diese Frage faszinierte einen Wissenschaftler derart, dass er beschloss, die These mit einer Nichtsäugetierart zu testen, und zwar dem Salamander.

Nase vorn

Der Rotrücken-Waldsalamander wurde ausgewählt, und man sammelte in einem Wald in Virginia eine Reihe dieser kleinen Amphibien. Die Forscher brachten jeden Salamander in einem einzelnen Kasten unter und benutzten Fruchtfliegen als lebendige Beute, die der Salamander beim Herumfliegen beobachten konnte. Ein ähnlicher Versuch war früher bei einigen Affenarten, Schimpansen und bei menschlichen Kleinkindern durchgeführt worden, doch natürlich musste das Versuchsarrangement für die Salamander anders beschaffen sein.

Weil die Salamander aus ihrem natürlichen Lebensraum entnommen worden waren, mussten die Wissenschaftler wegen deren Lebensstils bei Haltung und Versuchsanordnung Vorsicht walten lassen. Dies bedeutete, dass die Salamander einzeln beherbergt und getestet werden mussten, da sie in der Natur einzeln leben und ein enges Beisammensein während der Testphase in Aggression resultieren könnte. Beim ersten Versuch wurde ein männlicher Salamander eingesetzt, der in einen kleinen Plastikkasten gebracht und mit fünf Fruchtfliegen gefüttert wurde. Als Nächstes wurde der Kasten in einer T-förmigen, transparenten Plastiktestkammer platziert. An jedes Ende der Kammer legte man ein durchsichtiges Plastikrohr. Der Salamander wurde freigelassen und durfte das Testgebiet erkunden. Dieses Verfahren wurde anderntags wiederholt. Am vierten Tag schränkte man den Bewegungsspielraum des Salamanders durch eine kleine Tür ein, wodurch er vom Betreten der Testkammer abgehalten wurde. Nun ersetzten die Wissenschaftler die beiden Plastikrohre durch zwei neue, die unterschiedliche Anzahlen von Fruchtfliegen enthielten. Obwohl durch die Rohre eingeschränkt, hatten die Fliegen noch genug Bewegungsspielraum. Die Tür zur Testkammer wurde entfernt, und der Salamander hatte die Möglichkeit, in den Raum hineinzukriechen.

Den Forschern ging es darum, zwei Dinge zu untersuchen: zum einen, wie lange der Salamander dafür aufwenden würde, eines der Rohre auszuwählen; und zum anderen: Würden die Versuchskandidaten das Rohr bevorzugen, das mehr Fliegen enthielt? Wenn der Salamander eines der Rohre mit der Nase berührte, galt dies als Antwort, und die benötigte Zeit wurde gestoppt. Anfänglich gab es nur zwei bzw. drei Fliegen in den beiden Rohren, aber trotzdem bevorzugte der Salamander das mit drei Fliegen bestückte Rohr. Als eine zweite Gruppe ausschließlich weiblicher Salamander getestet wurde, waren die Ergebnisse genau die gleichen.

SCHIMPANSENKINDER LERNEN DAS ZÄHLEN

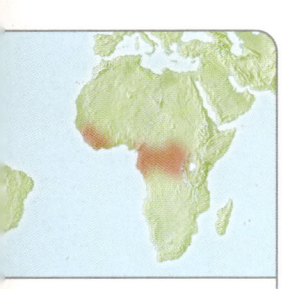

SCHIMPANSEN WURDEN DARIN GESCHULT, DIE RICHTIGE ARABISCHE ZIFFER MIT EINER BESTIMMTEN ANZAHL VON GEGENSTÄNDEN ABZUSTIMMEN. ÜBERRASCHENDERWEISE GINGEN DIE TIERE NOCH EINEN SCHRITT WEITER UND ZEIGTEN – OHNE VORHERGEHENDES TRAINING – DIE FÄHIGKEIT ZU ZÄHLEN.

VERBREITUNG
West- und Zentralafrika

Unter allen Tieren, die auf ihr Zahlenverständnis hin untersucht wurden, rangieren Schimpansen an erster Stelle. Studien aus dem vergangenen Jahrzehnt haben eine Reihe von Fähigkeiten aufgedeckt, die zeigten, dass Schimpansen Zahlensymbole lernen und sie auch richtig auf eine Reihe von Gegenständen anwenden können. Dabei schätzen sie rasch die Anzahl von Punkten und stellen Zahlen in einer geordneten Reihenfolge schneller zusammen als Fachhochschulstudenten. Alles in allem haben Schimpansen eine weitaus komplexere Bearbeitungsfähigkeit beim Umgang mit Zahlen bewiesen als alle anderen bisher getesteten Tiere. Sie können auch die größere zweier Gruppen aus kombinierten Gegenständen wählen. Einige Fachleute haben behauptet, dass diese geistigen Fähigkeiten benötigt werden, um in einer kooperativen und dynamischen Sozialstruktur leben zu können, da der Umgang mit Mengen den hierarchischen Beziehungen der Gruppenmitglieder untereinander dient. Möglicherweise traf für unsere frühen menschlichen Ahnen das zu, was noch für die heutigen Schimpansen gilt.

Schimpansenunterricht

Wie aber bringt man Schimpansen Zahlenkenntnisse bei? Bei einem wichtigen Test starteten die Forscher mit rund dreieinhalb Jahre alten Schimpansen. Sie wurden in ein sehr einfaches Spiel eingeführt, das ihnen beim Erlernen eindeutiger Beziehungen helfen sollte. Sie lernten, eine Reihe von Gegenständen zu zählen, wobei jedem Gegenstand ein Zahlwort zugewiesen wurde. Dieses benötigte man, um beim Zählen die eindeutige Beziehung zwischen der Zahl und dem individuellen Gegenstand zu verstehen. Aber wie teilt man dies begreifbar einer nicht sprechenden, nicht menschlichen Art mit?

Der Lehrer benutzte eine sehr einfache Herangehensweise und verwendete hierzu eine Schüssel, kleine, hölzerne Spulen und einen Eiswürfelbehälter mit zwölf Fächern, wie man sie mit Wasser befüllt ins Gefrierfach stellt. Um den Schimpansen eine ein-

RECHNENDE SCHIMPANSEN

In den 1950er-Jahren gab es den Versuch, einer jungen Schimpansin namens Viki das Sprechen beizubringen (siehe S. 150). Obwohl Viki nur vier Wörter zu sagen lernte, und dies unter großen Schwierigkeiten, testeten die Psychologen, die sie auch aufgezogen hatten, sie auf eine Vielfalt von Begriffen. Außerdem versuchten sie, Viki auch hinsichtlich Zahlen zu unterrichten. Ziel war, dass Viki die Anzahl von Punkten auf einer Karte zählen konnte. Doch Viki fiel dies mit steigender Punkteanzahl zunehmend schwerer, obwohl es nie mehr als fünf gab. Aus Frustration begann Viki, die Karten zu zerreißen, wann immer ihre Lehrer wünschten, dass sie mit dem »Zählen« begann. Offensichtlich war es für einen bewegungslustigen jungen Schimpansen von geringem Interesse, Punkte auf Karten zu zählen.

In einem anderen, früheren Versuch mit Schimpansen, diesmal unter strikten Laborbedingungen, sollten sich zwei Jungtiere Futter verdienen, indem sie eine Reihe von Hebeln betätigten, die eine Reihe von Lichtern anknipste. Der kniffligste Teil ihres Zahlentrainings war, dass das System auf einem binären Code und nicht auf Dezimalzahlen basierte. Wenngleich der Lehrer zugab, dass die Schimpansen nicht wirklich in einer menschenähnlichen Weise zählen konnten, wurde deutlich, dass die Tiere ein sehr komplexes System gelernt hatten und – allerdings erst nach vielen Tausend Versuchen – korrekt reagierten.

SCHIMPANSENKINDER LERNEN DAS ZÄHLEN 145

Siehe auch
Kann man einem Schimpansen wirklich das Sprechen beibringen?, *Seite 150*

WER ZÄHLT?
Laut Wissenschaftlern hängt die Zahlenkenntnis von Schimpansen damit zusammen, den Überblick über die Rangordnung der Gruppenmitglieder in einer komplexen und hierarchischen Sozialstruktur zu behalten.

KINDER UND SCHIMPANSEN
In einem Versuch wollte man in Erfahrung bringen, ob Schimpansen die genaue Anzahl von vorgezeigten und dann auf dem Trainingsgelände verborgenen Orangen verstanden hatten (siehe S. 147). Der interessante Aspekt bei diesem Test sind die auffälligen Ähnlichkeiten zwischen Schimpansen und Kleinkindern. Schon drei Jahre alte Kinder erfinden spontan Regeln für das Lösen eines mathematischen Problems, mittels derer sie zu der gleichen Art Schätzungen gelangen wie die Schimpansen. Aus einfachen Zählspielen, die Kinder lernen und ausführen, entwickeln sich bemerkenswerte Fähigkeiten, die u. a. ein Verständnis für eine Zahlenzunahme und -abnahme ermöglichen. Die genauen Mechanismen und Prozesse, die solchen Leistungen zugrunde liegen, sind bei Schimpansen und Menschen nach wie vor unbekannt. Das Ganze lässt aber darauf schließen, dass beide eine lange gemeinsame Evolutionsgeschichte teilen.

fache Beziehung beizubringen, wurde ihnen gezeigt, eine Spule in jedes der zwölf Abteile zu stellen. Da nur jeweils eine Spule hineinpasste, war der Eiswürfelbehälter perfekt für die Aufgabe.

Es arbeitete nur jeweils ein Schimpanse an der Sache, dem man anfänglich eine Spule gab. Als er die Spule in den Eiswürfelbehälter stellte, bekam er einen Leckerbissen, etwa eine Rosine oder ein Stück Banane. Als Nächstes gab der Lehrer dem Schimpansen zwei oder drei Spulen zum Platzieren. Schließlich musste jeder Schimpanse eine Spule in jedes Fach stellen, bevor es einen Leckerbissen gab. Als alle drei Affen die Aufgabe erfolgreich meisterten, gab man ihnen einen neuen Test, wenngleich ihr Lehrer keine Möglichkeit hatte, zu beurteilen, ob sie das System der Eins-zu-eins-Beziehung tatsächlich begriffen hatten. Drei Stadien an Tests folgten unter Verwendung von Gummidrops, Magneten, arabischen Ziffern und versteckten Orangen (siehe S. 146/147). Die Versuche bestätigten, dass Schimpansen nicht nur hinsichtlich Eins-zu-eins-Beziehungen ausgebildet werden können, sondern auch, dass sie zählen können.

146 TIERE, DIE ZÄHLEN

STADIUM 1: GUMMIDROPS UND MAGNETE

Drei gelbe, kreisförmige Plastikdeckel wurden in einer Reihe vor einem Schimpansen aufgestellt. Vor den drei Deckeln lag ein kleines Tablett. Die Lehrerin klebte einen runden, schwarzen Magneten an einen der Deckel und ließ die anderen beiden unbeklebt. Als Nächstes legte sie einen Gummidrops auf das Tablett. Während der Schimpanse zuschaute, nahm die Lehrerin den Drops, platzierte ihn auf dem Magneten und sagte: »Schau, eins!« Der Schimpsanse durfte dann den Drops essen. Danach bewegte die Lehrerin den Deckel an eine andere Position in der Reihe und legte wieder einen Drops auf das Tablett. Diesmal wartete die Lehrerin, bis der Schimpanse einen der drei Deckel aufnahm. Handelte es sich um den Deckel mit dem Magneten, nahm die Lehrerin den Drops, platzierte ihn obendrauf, sagte noch einmal: »Eins!« und belohnte den Schimpansen.

Dann änderten sich die Regeln. Die Lehrerin legte zwei Drops auf das Tablett und befestigte zwei Magnete an einem der leeren Deckel. Jetzt musste der Affe den Deckel mit nur einem Magneten ignorieren und den mit zwei Magneten finden. Nach und nach lernten die Schimpansen, die zwei Magnete und das Tablett mit den zwei Drops miteinander in Verbindung zu bringen.

Nun präsentierte die Lehrerin ihren Schülern Tabletts, auf denen entweder ein oder zwei Gummidrops lagen. Jetzt mussten die Tiere untersuchen, wie viele Süßigkeiten auf dem Tablett lagen. Wieder änderte die Lehrerin die Position der Deckel, und die Schimpansen mussten ihnen sorgsam folgen. Mit der Zeit konnten die Tiere die Anzahl der Gummidrops mit dem richtigen Deckel zusammenbringen.

In der letzten Phase befestigte die Lehrerin am letzten, leeren Deckel drei Magnete und benutzte einen bis drei Gummidrops, während sie auch die Position der Deckel veränderte. Die Einführung dreier Magnete brachte die Schimpansen anfänglich durcheinander, aber schließlich waren sie auch hier erfolgreich. Aber zählten die Schimpansen wirklich? Vielleicht ordneten sie ja einfach nur die Anzahl von Drops dem Muster der Magnete auf jedem Deckel zu. Vielleicht hatten sie eine Abstimmung mit dem Muster gelernt und benutzten die Zahlen überhaupt nicht. Nur weitere Tests könnten diese Frage beantworten.

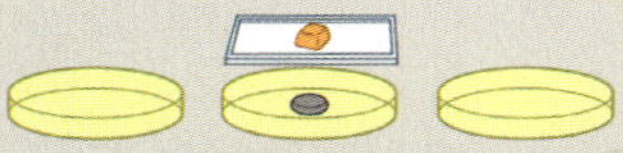

1| Zuerst wurde nur je ein Gummidrops auf dem Tablett und einem der Deckel präsentiert, wovon einer einen einzelnen angeklebten Magneten aufwies. Die Schimpansen mussten dann einen Deckel auswählen.

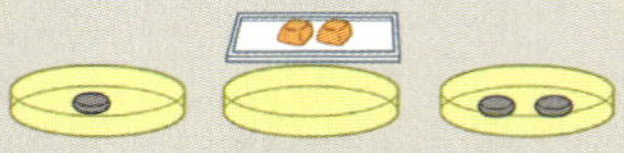

2| Dann wurde den Schimpansen die Wahl ermöglicht, einen oder zwei Drops auf einem Deckel mit einem Magneten, einem Deckel mit zwei Magneten oder einem leeren Deckel in Übereinstimmung zu bringen.

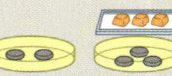

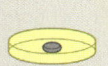

3| Schließlich wurden den Schimpansen drei Deckel mit einem, zwei oder drei aufgeklebten Magneten gezeigt. Sie hatten die Möglichkeit, unter diesen auszuwählen.

4| Im Verlauf des Versuchs wählten die Schimpansen den Deckel, den sie für den richtigen hielten, und deuteten darauf. Wenn sie richtig lagen, wurden sie mit den Gummidrops belohnt.

STADIUM 2: ARABISCHE ZIFFERN

In einem zweiten Stadium lehrte man die Schimpansen, arabische Ziffern zu benutzen, um Mengen darzustellen. Sie mussten die Verbindung zwischen der Anzahl an Drops und bestimmten Symbolen verstehen. Um die neuen Zahlensymbole einzuführen, wurde der Deckel mit einem aufgeklebten Magneten entfernt und durch eine rechteckige, klare Plastikfolie mit einer großen, schwarzen 1 ersetzt. Jetzt lagen den Schimpansen zwei gelbe Deckel zur Auswahl vor, der eine mit zwei Magneten, der andere mit drei Magneten, dazu die neu eingeführte Folie mit der arabischen Ziffer.

1| Zusammen mit der Ziffernfolie anstelle des einzelnen Magneten wurde auch ein einzelner Gummidrops auf ein Tablett gesetzt. Die Schimpansen wählten die neue Folie mit der Ziffer 1. Wahrscheinlich wählten sie die Ziffer im Ausschlussverfahren aus, weil sie wussten, dass sie keinen der anderen Deckel auswählen sollten.

2| Der Deckel mit zwei Magneten wurde durch eine Plastikfolie mit der Ziffer 2 ersetzt. Es kostete die Schimpansen etwas Zeit, die neuen Beziehungen herzustellen. Aber schließlich wählten sie die Ziffer, die der Anzahl der Gummidrops auf dem Tablett entsprach.

3| Der Deckel mit drei Magneten wurde durch eine Folie mit der Ziffer 3 ersetzt. Jetzt wiesen alle drei Wahlmöglichkeiten arabische Ziffern auf. Die Schimpansen hatten schon die Ziffern 1 und 2 benutzt. Als die Ziffer 3 eingeführt und drei Gummidrops präsentiert wurden, wählten sie die neueste Folie mit der Ziffer 3 darauf.

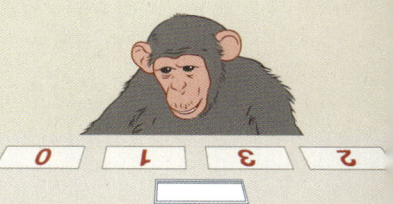

4| Jetzt führte die Lehrerin die Ziffer 0 ein, aber sie legte keine Süßigkeit auf das Tablett. Weil sie die Schimpansen nicht durcheinanderbringen wollte, indem sie ihnen eine Belohnung für das Auswählen von null zukommen ließ, gab sie ihnen stattdessen einen Kuss auf die Wange. Die Schimpansen begriffen die Bedeutung von null und nach kurzer Zeit auch die der Ziffer 4.

SCHIMPANSENKINDER LERNEN DAS ZÄHLEN

STADIUM 3: DER ORANGENTEST

Um zu überprüfen, ob die Schimpansen wirklich den Umgang mit Zahlen verstanden, entwickelten die Forscher einen dritten Test. Die Schimpansen waren daran gewöhnt, mit ihrer Lehrerin auf einer erhöhten hölzernen Plattform zu arbeiten. Drei Versteckplätze wurden innerhalb des regulären Unterrichtsraumes so eingerichtet, dass man ihren Inhalt nicht von einer anderen Stelle oder von der Plattform aus sehen konnte. Die Wissenschaftler versteckten bis zu vier Orangen (manchmal aber auch keine) an den drei Standorten. Dem Schimpansen zeigte man die Orangen und erwartete, dass er den Überblick über die Anzahl behalten konnte. Als Nächstes musste der Schimpanse zur Plattform zurückkehren und die Zahl auswählen, die der Gesamtzahl der gesehenen Orangen entsprach.

Währen der ersten zwei Versuche ging die Lehrerin mit dem Schimpansen im Raum umher und zeigte beim Vorbeigehen an jedem Versteck auf die Orangen. Wenn das Paar zur Plattform zurückgekehrt war, fragte die Lehrerin: »Wie viele Orangen hast du gesehen?« Obwohl Schimpansen, die in enger Beziehung mit Menschen leben, viel gesprochenes Englisch verstehen, ist es unwahrscheinlich, dass sie den ganzen Satz begriffen, aber das Wort »Orangen« war ihnen vertraut.

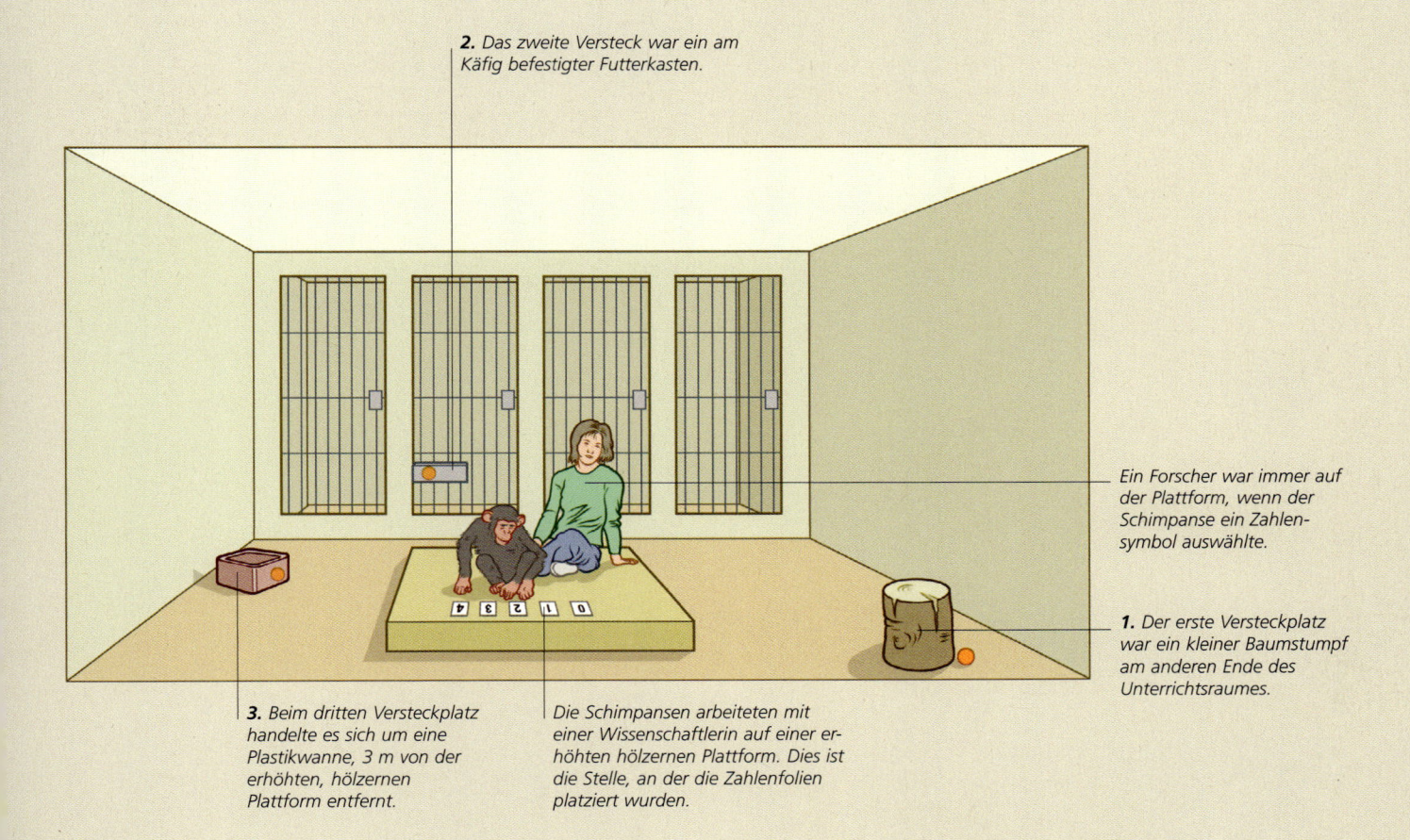

2. Das zweite Versteck war ein am Käfig befestigter Futterkasten.

Ein Forscher war immer auf der Plattform, wenn der Schimpanse ein Zahlensymbol auswählte.

1. Der erste Versteckplatz war ein kleiner Baumstumpf am anderen Ende des Unterrichtsraumes.

3. Beim dritten Versteckplatz handelte es sich um eine Plastikwanne, 3 m von der erhöhten, hölzernen Plattform entfernt.

Die Schimpansen arbeiteten mit einer Wissenschaftlerin auf einer erhöhten hölzernen Plattform. Dies ist die Stelle, an der die Zahlenfolien platziert wurden.

Während des ersten Versuchs wählte der Schimpanse die richtige Zahl aus. Das gleiche Ergebnis ergab sich beim zweiten Versuch.

Im dritten Versuch und bei allen weiteren blieb die Lehrerin auf der Plattform sitzen, und der Schimpanse ging allein umher. Wieder wählte er das richtige Zahlensymbol, das die Gesamtzahl der an den drei Stellen versteckten Orangen repräsentierte. In der ersten Trainingssitzung lag der Schimpanse zu 80 Prozent richtig.

Schließlich wurden zwei Forscher eingesetzt. Einer versteckte die Orangen und ging weg. Der zweite saß neben dem Schimpansen, als dieser seine Antwort gab, wusste aber selber nicht, wie viele Orangen versteckt worden waren. Dies nennt man einen »Doppeltblindtest«. Er garantiert, dass der Forscher den Schimpansen nicht versehentlich veranlassen kann, die richtige Antwort zu geben. Wie bisher erzielte der Schimpanse eine 80-prozentige Trefferquote, was die Forscher verblüffte. Aus bislang nicht bekannten Gründen verstand der Schimpanse mehr von Zahlen, als man ihm ausdrücklich beigebracht hatte. Noch erstaunlicher war die Tatsache, dass der Schimpanse in der zweiten Phase des Versuchs, als arabische Ziffern anstelle von Orangen eingesetzt wurden, erneut von Testbeginn an völlig richtig antwortete.

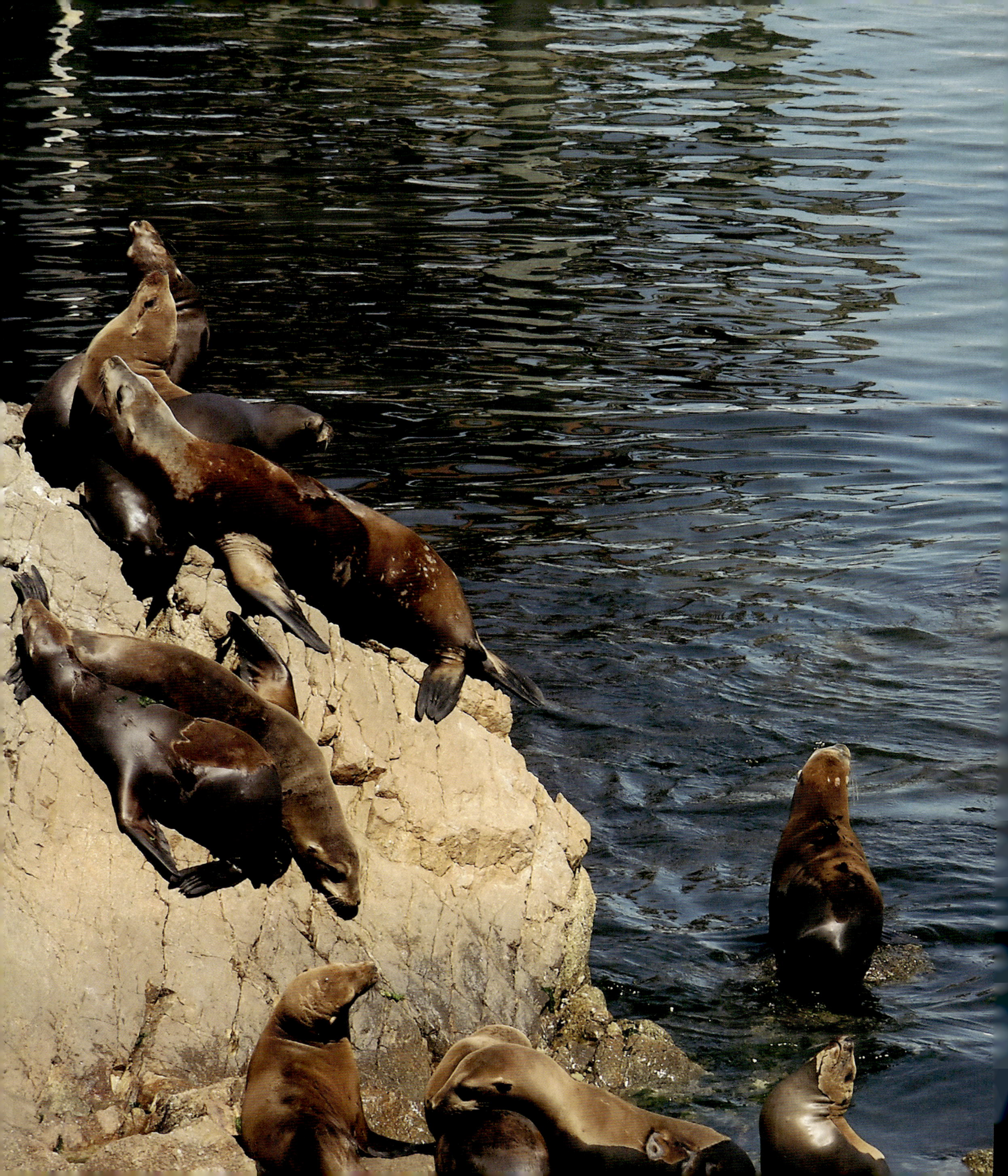

KAPITEL 6
SPRACHSTUDIEN MIT TIEREN

Zu den kreativsten und bahnbrechendsten Studien der letzten 50 Jahre zählen solche, die die Sprachfähigkeit der Tiere erforschen. Versuche mit der Amerikanischen Zeichensprache, abstrakten Symbolen und für Wörter stehenden Plastikgebilden haben Schimpansen, Delfine, Seelöwen, einen Orang-Utan und einen Gorilla als geschickte Sprachschüler ausgewiesen. Diese Leistungen wurden in der breiten Öffentlichkeit mit großem Interesse verfolgt, verursachten aber auch machen Disput, denn verschiedene Wissenschaftler beharren darauf, dass Sprache allein für Menschen reserviert ist. Zwar akzeptieren die meisten inzwischen, dass einige Tiere dazu fähig sind, abstrakte Symbole einzusetzen und zu verstehen, doch viele Fragen zur Einmaligkeit der menschlichen Sprache bleiben nach wie vor offen.

KANN MAN EINEM SCHIMPANSEN WIRKLICH DAS SPRECHEN BEIBRINGEN?

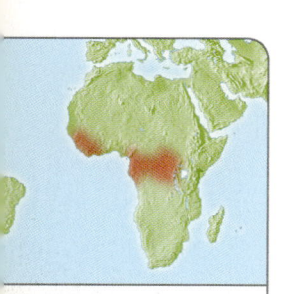

VERBREITUNG
West- und Zentralafrika

IM 20. JAHRHUNDERT UNTERNAHM DAS PSYCHOLOGENEHEPAAR KEITH UND CATHY HAYES DEN VERSUCH, DER SCHIMPANSIN VIKI DIE MENSCHLICHE SPRACHE BEIZUBRINGEN.

Schimpansen teilen sich einen bedeutenden Prozentsatz ihres genetischen Materials (DNA) mit dem Menschen. Beide Spezies überschneiden sich stark in Bezug auf ihre Morphologie, Physiologie, Anatomie, gestische Kommunikation und die kognitiven Fähigkeiten. So überraschte es nicht, als zwei Psychologen versuchten, einem sehr jungen Schimpansen namens Viki das Sprechen beizubringen.

Anfangserfolg und Ruhm

Trotz der Tatsache, dass Schimpansen sich in vielen wesentlichen Punkten anatomisch vom Menschen unterscheiden, erzeugte Viki zwei Grundlaute, die den unseren ähnlich sind, und zwar »up« und »ah«. Mit der Zeit lernte sie, diese zu verbinden und vier wortähnliche Äußerungen zu produzieren – »Mama«, »Papa«, »cup« (Tasse) und »up« (auf) –, die sie in angemessenem Zusammenhang benutzte. Für die ersten zwei Wörter, Mama und Papa, musste sie u. a. mithilfe ihrer Lippen die benötigten Vokale und Konsonanten bilden. Alle Wörter fielen Viki sehr schwer, und während ihrer Ausbildung mussten ihre Lehrer ihr helfen, die Lippen entsprechend zu formen, indem sie ihre Finger dagegendrückten. Schließlich lernte Viki, dies allein zu tun.

Während des Projekts wurde Viki zu einer regelrechten Berühmtheit, und sie erschien sogar auf dem Titel des Life-Magazins, des damals wichtigsten Wochenmagazin in den Vereinigten Staaten. Sie trat auch in einigen Fernsehsendungen auf und wurde von Tausenden Zuschauern gesehen. Leider erkrankte Viki mit nur sechs Jahren an Enzephalitis und starb daran. Die Hayes, besonders Cathy, blieben untröstlich und niedergeschmettert zurück. Viki hatte geradezu heldenhafte Anstrengungen unternommen, um sprechen zu lernen, und die Hayes lebten mit ihr zusammen, als wäre sie ihr Kind. Die emotionale und soziale Bindung zwischen Viki und den Hayes war sehr tief.

ÄHNLICHKEITEN UND UNTERSCHIEDE

Beobachtungen bei in Menschenobhut lebenden Schimpansen haben gezeigt, dass sie ein sehr aussagekräftiges Kommunikationssystem besitzen. Dazu zählt eine Reihe von Gesichtsausdrücken und Lautäußerungen (einschließlich Lachen), die beim Begrüßen, im Spiel, bei aggressiven Auseinandersetzungen und bei Beunruhigung oder Angst benutzt werden. Schimpansen verfügen auch über viele Gesten, die sie in sehr ähnlichem Zusammenhang einsetzen wie wir bei der zwischenmenschlichen Konversation. Folglich hatten die Hayes darauf gehofft, einen Weg zu finden, Vikis Lernkapazität und andere natürliche Ausdrucksfähigkeiten zu nutzen, um sie im Sprechen auszubilden. Allerdings stießen sie dabei auf Schwierigkeiten. Schimpansen besitzen nicht die gleiche anatomische Struktur des Kehlkopfes, des Halses oder der Zunge sowie die für das Sprechen benötigten Gehirnstrukturen und motorischen Kontrollmechanismen. Dennoch versuchten die Hayes, Viki beizubringen, wie sie ihre Lippen und die Atmung kontrollieren konnte, um ähnliche Laute wie Menschen beim Sprechen hervorzubringen.

KANN MAN EINEM SCHIMPANSEN WIRKLICH DAS SPRECHEN BEIBRINGEN? 151

Obwohl viele Menschen Vikis begrenzte Sprachaneignung als endgültigen und im Dauerexperiment erzielten Beweis dafür anführen, dass Schimpansen nicht sprechen lernen können, ist es unmöglich, vorherzusagen, was für sie bei einem längeren Leben erreichbar gewesen wäre (Schimpansen können immerhin über 70 Jahre alt werden). Ohne jeden Zweifel hatte sie aufgrund des intensiven Austauschs mit ihren Lehrern die grundlegende Bedeutung gesprochener Worte begriffen.

Aufgrund dessen, was wir heute über die kognitiven Fähigkeiten von Schimpansen und ihrem Vermögen wissen, sich unterschiedliche Arten von Symbolsystemen anzueignen (u. a. die Amerikanische Zeichensprache, Plastikgebilde für Wörter sowie grafische, abstrakte Symbole), wäre es durchaus denkbar, dass Viki zusätzliche Wörter sprechen gelernt hätte, etwa auf dem gleichen Niveau wie die sprachgeschulten Affen, die kürzlich mit entsprechendem Erfolg in ihre Fußstapfen traten. Wir schulden den Hayes sicherlich großen Dank, weil es ohne ihre bahnbrechende Arbeit keine nachfolgenden Sprachprojekte mit Tieren geben würde. Wir hätten eine riesige Wissensfülle und Verständnis für die Menschenaffen verloren, was viele neue Forschungserkenntnisse zur Entwicklung menschlicher, kognitiver Fähigkeiten nachdrücklich gefördert hat.

VON ANDEREN LERNEN
Das Erforschen der kognitiven Fähigkeiten bei Schimpansen hat Wissenschaftlern auch wichtige Erkenntnisse über die kognitiven Fähigkeiten des Menschen verschafft.

Siehe auch
Schimpansen: Meister der Kommunikation, *Seite 76*

WIE EIN SCHIMPANSE DIE ZEICHENSPRACHE LERNTE

VERBREITUNG
West- und Zentralafrika

DER ERSTE SCHIMPANSE, DEM MAN EINE GESTISCHE ZEICHENSPRACHE BEIBRACHTE, WAR EIN JUNGES WEIBCHEN NAMENS WASHOE. DIES GESCHAH ANFÄNGLICH UNTER LEITUNG DER PSYCHOLOGEN BEATRIX UND ALLEN GARDNER VON DER UNIVERSITÄT VON NEVADA IN RENO. DIESE ARBEIT WURDE DANN – FÜR DEN GROSSTEIL VON WASHOES LEBEN – VON DR. ROGER FOUTS UND DEBORAH FOUTS AN DER UNIVERSITÄT WASHINGTON, ELLENSBURG, FORTGEFÜHRT.

Eins der bemerkenswertesten wissenschaftlichen Projekte des letzten Jahrhunderts begann im Jahr 1966, als ein Psychologenehepaar eine zehn Monate alte Schimpansin erwarb, die sie Washoe nannten (nach dem Verwaltungsbezirk ihres Wohnsitzes und Unterrichtsstandorts in Nevada). Was war ihr Ziel? Sie wollten die Ersten sein, die die außergewöhnliche, aber jahrhundertealte Idee in die Tat umsetzten, einen Affen die Zeichensprache hörbehinderter Menschen zu lehren.

Der Gardners zogen Washoe in einem kleinen Wohnwagen auf ihrem Grundstück auf, wo sie rund um die Uhr von Menschen betreut wurde. Sie lebte ausschließlich in einer durch Handzeichen bestimmten Umgebung, weil keiner in ihrer Anwesenheit sprechen durfte. Die einzige Kommunikation, die Washoes Lehrer und Begleiter einsetzten, war eine Version der Amerikanischen Zeichensprache (Ameslan, ASL).

Bahnbrechende Erfolge

ASL schließt auch eine Gestentechnik ein, die Fingeralphabet genannt wird. Wörter, für die es keine Zeichen gibt, können über die Nutzung von 26 unterschiedlichen Handpositionen dargestellt werden. Allerdings fehlt den Schimpansen die Fingergeschicklichkeit und Flexibilität in ihren Handgelenken, um das Fingeralphabet auszuführen, weshalb Washoe einige Zeichen schwerfielen. Folglich konnte Washoe üblicherweise nur ein oder zwei Zeichen gleichzeitig bewältigen, nicht jedoch die besondere Syntax oder Wortfolge des kompletten ASL-Sprachsystems. Trotzdem begann sie, die Zeichen zu imitieren, die man um sie herum benutzte,

ZEICHEN VON INTELLIGENZ
Schimpansen, die dem Menschen nächstverwandte lebende Primatenart, sind fähig, Farben und Symbole zu erlernen und zu benützen, um Gegenstände, Aktivitäten und sogar rudimentäre Meinungen zu bezeichnen bzw. auszudrücken.

Siehe auch
Schimpansen und Menschen:
Denken zwei große Gehirne
ähnlich?, *Seite 154*

und verwendete sie im richtigen Zusammenhang. Man kann sich vorstellen, wie aufregend es für die Gardners und ihre Helfer gewesen sein muss, als sie erkannten, dass Schimpansen mit aussagekräftigen Gesten kommunizieren können.

Aber ist es Sprache?

Man hätte nun erwarten können, dass die Veröffentlichung der ersten Ergebnisse der Leistungen Washoes – nach einigen Jahren beherrschte sie ungefähr 130 Zeichen – in Wissenschaftlerkreisen mit großer Begeisterung aufgenommen wurde. Doch es gab ganz unterschiedliche Rückmeldungen. Die beispiellose Entdeckung der Fähigkeit eines Schimpansen, die Zeichensprache zu erlernen, entfachte einen Sturm an Kritik und Disputen, die zum Teil bis heute andauern. Hatte Washoe wirklich eine »Sprache« gelernt? Oder war es etwas anderes?

Wissenschaftler aus den unterschiedlichsten Fachbereichen, darunter Psychologen, Anthropologen, Biologen, Neurologen, Sprach- und Gehörspezialisten, Zoologen, Philosophen und natürlich Linguisten, mischten sich in die Debatte ein. Ja, Schimpansen können eine Zeichensprache anwenden, die für Gegenstände, Aktionen und Leute steht. Und mit Sicherheit konnten diese Fähigkeiten jetzt erstmals bei einem Tier nachgewiesen werden, aber niemand konnte der korrekten Definition von Sprache zustimmen. Der Versuch, unsere eigene Verwendung von Sprache mit den vorhandenen Fähigkeiten unserer nächststehenden Primatenverwandten zu vergleichen und zu definieren, forderte die akademische Welt heraus.

Im Jahr 1970, als Washoe fünf Jahre alt war, zog Dr. Roger Fouts mit ihr an das Institut für Primatenforschung der Universität von Oklahoma. Er hatte während der Fertigstellung seiner Dissertation unter den Gardners eingehend mit Washoe gearbeitet. Fouts setzte seine Arbeit mit dem Schimpansen fort, zuerst an der Universität von Oklahoma und später mit Unterstützung seiner Frau an der Universität Washington in Ellensburg. Inzwischen führten die Gardners ihre Untersuchungen mit vier weiteren sehr jungen Schimpansen fort. Sie gingen dabei von der Annahme aus, dass die soziale Wechselwirkung der Schimpansen untereinander in einem geeigneten Umgang mit Zeichen resultieren würde, die jene von Washoe übertraf. Als das Projekt 1980 endete, schlossen sich die vier Schimpansen Washoe und ihrem Adoptivsohn Loulis an der Universität Washington an. Washoe starb 2007 im Alter von 42 Jahren und hinterließ das Vermächtnis einer beispiellosen wissenschaftlichen Leistung.

Basierend auf der Arbeit Fouts' sowie nachfolgenden Studien, die die Unterrichtung von Schimpansen in spracheähnlichen Systemen im Fokus hatten, konnte man jetzt Einvernehmen darüber erzielen, dass Affen zum Erlernen und Anwenden von Symbolen für Namen, Gegenstände und Aktivitäten fähig sind. Darüber hinaus können sie auch begriffliche Beziehungen wie »größer« gegenüber »kleiner«, »unter« oder »über«, »in« oder »auf« und »gleich« oder »unterschiedlich« herstellen. Weiterhin benutzen sie unterschiedliche Farbnamen, arabische Ziffern, Namen für Personen und andere Affen sowie weitere gegenständliche Symbole, die sich auf ihre Umgebung beziehen.

SCHIMPANSEN UND MENSCHEN: DENKEN ZWEI GROSSE GEHIRNE ÄHNLICH?

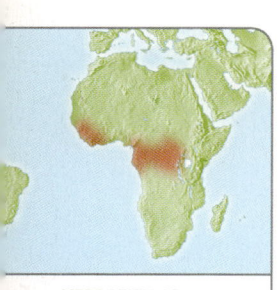

VERBREITUNG
West- und Zentralafrika

MIT DEM ZIEL, DIE SCHIMPANSENINTELLIGENZ ZU UNTERSUCHEN, BEGANN IM JAHR 1967 EIN NEUES PROJEKT UNTER FÜHRUNG VON DR. DAVID PREMACK MIT EINEM JUNGEN SCHIMPANSEN NAMENS SARAH. SARAH WURDE EIN KÜNSTLICHES SPRACHSYSTEM BEIGEBRACHT, DAS AUF PLASTIKGEBILDEN AUFGEBAUT WAR, DIE FÜR WÖRTER STANDEN. DADURCH KÖNNEN WIR EINEN BESSEREN BLICK ALS FRÜHER AUF DIE HOCH ENTWICKELTEN KOGNITIVEN FÄHIGKEITEN EINES AFFEN WERFEN.

Während andere Sprachprojekte mit Tieren unter Verwendung der Zeichensprache durchgeführt wurden, hatte Dr. David Premack eine ganz neue Idee: Aufgrund fehlender anatomischer und neurologischer Voraussetzungen können Schimpansen nicht sprechen. Deshalb ersann er ein einmaliges Symbolsystem, das aus Plastikgebilden bestand, die auf Metallunterlagen montiert waren. Jede Form war einmalig und abstrakt, sodass weder von der Form noch von der Farbe her angedeutet wurde, für was sie stand. Zum Beispiel war das Symbol für »Apfel« ein blaues Dreieck. Trotzdem erlernte Sarah die Verknüpfung zwischen dem Symbol und dem realen Gegenstand. Überdies konnten die Symbole auf einem magnetisierten Untergrund von oben nach unten arrangiert werden. So bestanden Sarahs »Sätze« aus einer kleinen Anzahl von Symbolen, die in einer senkrechten Reihe angeordnet waren.

Im Alter von sieben Jahren besaß Sarah ein Vokabular von 120 Wörtern, darunter die Namen ihrer Lehrer, für Gegenstände im Labor (etwa Tasse und Eimer), für Farben sowie für Symbole, die komplexere Beziehungen repräsentieren. Eine der ersten Präpositionen, die Sarah lernte, war »an«. Ihre Lehrer brachten ihr dies bei, indem sie zwei Farbsymbole aufeinanderstellten und das präpositionale Symbol zeigten. Nach kurzem Training begriff Sarah und konnte auf die Befehle ihres Lehrers reagieren. Sagte man etwa »Blau auf Gelb«, platzierte sie das Symbol für Blau auf dem gelben. Ihre Genauigkeit bei zwölf möglichen Farbzusammenstellungen lag bei 80–90 Prozent – eine beeindruckende Leistung für den ersten dokumentierten Einsatz einer rudimentären Syntax bei einem Schimpansen. Sarah war auch in der Lage, ganz neuen Lebensmitteln die jeweils richtigen Symbole zuzuweisen, womit sie bewies, dass sie die Grundregeln zur Etikettierung der Wahrnehmungsmerkmale eines Gegenstands anwenden konnte. Bei weiteren Trainings wurden Verben und Fragewörter eingeführt und Details zur Satzstruktur geklärt sowie vergleichende Worte wie »gleich« und »ähnlich«.

Weitere spannende Fragen

Einer der einfallsreichsten Versuche, den man sich für Sarah ausdachte, hat eine ganze Forschungsrichtung in der Entwicklungspsychologie begründet, die in den letzten zehn Jahren wiederholt bei nichtmenschlichen Primaten angewandt wurde. Premack hatte sich gefragt, ob Sarah eine Reihe von Problemen lösen könnte, die ihr als aufgenommene Videoszenen präsentiert wurden und für die es nur eine mögliche Lösung gab. Zum Beispiel sah Sarah einen zitternden und auf der Stelle hin und her trippelnden menschlichen Schauspieler, der zu frieren schien, während sich neben ihm ein nicht angeschlossenes, tragbares Heizgerät und daneben eine Steckdose befand. Im Anschluss präsentierte man Sarah einige Farbfotos, die alle die wichtigsten Merkmale des Videos enthielten, doch nur ein Foto zeigte die »richtige«

SCHIMPANSEN UND MENSCHEN: DENKEN ZWEI GROSSE GEHIRNE ÄHNLICH?

THEORY OF MIND

Premack und sein Schüler Guy Woodruff präsentierten ihre Thesen 1978 in einer richtungweisenden Veröffentlichung. Das Konzept der Theory of Mind (ToM) wurde schnell von der Entwicklungspsychologie aufgegriffen, und es folgte eine Reihe von Versuchen mit Kindern, um herauszufinden, ob und ab welchem Alter ToM beim Menschen auftaucht. Die Literatur zu ToM mit Kindern ist inzwischen sehr umfangreich, und das Ganze gilt nach wie vor als umstrittenes Thema bei Entwicklungspsychologen. In den letzten zehn Jahren gab es eine größere Anzahl experimenteller Studien, um ToM bei Schimpansen noch genauer zu untersuchen. Die verblüffenden Ergebnisse der Versuche mit Sarah legen nahe, dass man diese Fähigkeit bei dieser Primatenart am ehesten nachweisen kann. Ob ToM eine spezialisierte Befähigung ist, die sich während unserer eigenen kognitiven Entwicklung ausbildete, oder ob wir sie mit unseren Schimpansen-Vettern teilen – die Debatte darüber dauert an.

Antwort: eine angeschlossene Heizung, die nur eingeschaltet werden musste, um den frierenden jungen Mann aufzuwärmen. Sarah sah acht unterschiedliche Szenen und wählte bei sieben das richtige Foto.

Nun interessierte Premack, ob Sarah so antwortete, weil sie sich in die Rolle des Schauspielers im Video versetzen konnte. Erkannte sie, dass sie ein funktionierendes Heizgerät wollte, wenn sie in der gleichen Situation wäre? Sarah hatte gesehen, dass Leute im Winter ähnliche Apparate anschlossen, weil diese dann bekanntlich warme Luft erzeugen. Oder basierten Sarahs Antworten einfach auf einigen komplexen Verknüpfungen, die sie durch Beobachtung solcher Aktivitäten im Labor erworben hatte?

Wenn Sarah erkannt hatte, dass der Schauspieler in einem Dilemma steckte und ihre Antwort auf Mitgefühl beruhte, würde ihre Leistung eine neue Fähigkeit widerspiegeln, die früher als einmalig für Menschen galt. Premack bezeichnete solch eine Möglichkeit als »Theory of Mind« – das Erkennen mentaler Zustände bei anderen. Dies deutet auf die Einsicht eines Individuums hin, dass andere auch abweichende Meinungen, Wünsche und Kenntnisse haben können. Dazu wiederum ist die fundamentale Erkenntnis nötig, dass andere ebenfalls einen Verstand haben.

CLEVERES MÄDCHEN
Sarah bildete während ihrer Arbeit mit Premack einen Wortschatz von über 120 Wörtern aus und lernte auch, einen einfachen Satzbau zu benutzen.

Siehe auch
Gähne, und die Welt gähnt mit – empathische Reaktionen, *Seite 176*

FRAG EINEN DELFIN, UND DU BEKOMMST DIE RICHTIGE ANTWORT

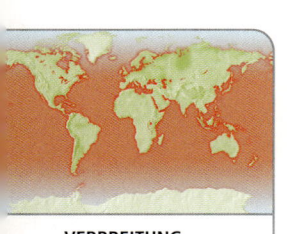

VERBREITUNG
Weltweit, zumeist in Flachwassermeeren des Festlandsockels

WISSENSCHAFTLICHE STUDIEN BEI DELFINEN IN MENSCHENOBHUT GEBEN AUSKUNFT ÜBER IHRE KOGNITIVEN FÄHIGKEITEN. IN EINEM DER ERSTEN ERFOLGREICHEN ANSÄTZE UNTERRICHTETE MAN DELFINE, KOMMANDOZEICHEN ZU VERSTEHEN, DARUNTER EINE REIHE VON GESTEN, DIE KOMPLEXE VERHALTENSANTWORTEN VERLANGTEN.

Seit Jahrhunderten faszinieren Delfine die Menschen. Es gibt viele Geschichten über Delfine, die ertrinkende Matrosen gerettet und andere selbstlose Taten vollbracht haben. Obwohl das US-Militär offenbar dressierte Delfine bei Marineoperationen eingesetzt hat, wurden nur wenige experimentelle Studien über die Delfinintelligenz zu Ende geführt. Fast immer beschränkte man sich darauf, sie für spektakuläre, akrobatische Vorstellungen in einem Delfinarium zu dressieren, wo sie ihr natürliches Verhalten aus der Wildnis vorführen.

Hermans Delfine

Delfintrainer benutzen oft Handgesten oder andere visuelle Zeichen, etwa kurze, gefärbte Stöcke, um den Tieren den Beginn eines Programms zu signalisieren; beispielsweise hoch in die Luft zu springen und mit einer enormen Wasserfontäne aufzuschlagen oder anmutig und vollkommen synchron mit anderen Delfinen aus dem Wasser zu springen. 1970 dann beschloss der Meeresbiologe Dr. Louis Herman, die Reaktionsfähigkeit von Delfinen auf gewisse Signale zu untersuchen und die intellektuellen Fähigkeiten des Großen Tümmlers genauer zu erforschen.

Dr. Herman gründete dazu das Kewalo Basin Marine Mammal Laboratory an der Universität von Hawaii in Honolulu. Die Unterrichtsmethoden beim ersten Delfin im Projekt, Akeakamai, basierten auf dem Belohnungsprinzip und konditioniertem Tierverhalten. Die Forscher am Kewalo Basin wollten herausfinden, in welchem Umfang Delfine Kommandogesten von einem menschlichen Trainer verstehen können. Zuerst wurde Akeakamai gelehrt, sich vor ihrem Trainer, der am Beckenrand stand, zu positionieren. Der Trainer machte dann eine bestimmte Geste, die für einen bestimmten Gegenstand im Becken galt, wie etwa eine Frisbeescheibe, einen Ball oder ein Schwimmbrett. Zu Beginn ihrer Ausbildung musste Akeakamai lediglich in die Nähe des richtigen

FRAG EINEN DELFIN, UND DU BEKOMMST DIE RICHTIGE ANTWORT 157

Gegenstands schwimmen. Sobald sie die Gesten verstanden hatte, übertrug man ihr auch schwierigere Aufgaben. Auf den Befehl »ball-flipper-touch« etwa sollte sie zum Ball schwimmen und ihn mit ihrer Flosse berühren.

Akeakamai war eine eifrige Schülerin und lernte die Namen vieler Gegenstände, die Namen von Personen aus ihrer Umgebung sowie den symbolischen Hinweis auf Dinge, die gar nicht vorhanden waren. Um dies zu testen, wurde dem Delfin beigebracht, zwei Paddel zu benutzen, die die Wörter »ja« und »nein« repräsentierten und sich in unterschiedlichen Teilen des Pools befanden und leicht mit ihrem Maul zu erreichen waren. Dann beobachtete sie, wie ihr Trainer eine Anzahl von Gegenständen ins Wasser warf. Als er fragte, ob ein bestimmter Gegenstand im Becken vorhanden sei, antwortete Akeakamai richtig. Lautete die Frage »Ist da ein Schwimmbrett?«, und es war tatsächlich eines da, wählte sie das Paddel, das »Ja« bedeutete. War keines da, kam als die korrekte Antwort »Nein«. Akeakamai hatte also verstanden, dass sich der erfragte Gegenstand nicht in ihrem Umfeld befand. Da der Geist des Klugens Hans, des zählenden Pferdes (siehe S. 126), in jedem Tierlaboratorium nach wie vor präsent ist, trugen Akeakamais Trainer während des Tests immer dunkle Sonnenbrillen, um sicherzustellen, dass es keine ungewollten sozialen Signale gab, die ihr bei der Wahl der richtigen Antwort helfen konnten.

GEDANKENSPRÜNGE
Delfine verstehen nicht nur Gesten und Zeichen, die sich auf Handlungen und Gegenstände in ihrer Umgebung beziehen, sie sind auch fähig, zu »denken« und über Gegenstände zu kommunizieren, die nicht unmittelbar vorhanden sind.

Siehe auch
Meeresschwämme als Schutzkissen, *Seite 26*

KOKO, DER EINZIGE GORILLA, DER DIE ZEICHENSPRACHE LERNTE

ÜBERHOLTE ANSICHTEN
Lange Zeit glaubte man, dass Gorillas nicht das Denkvermögen von Schimpansen besitzen.

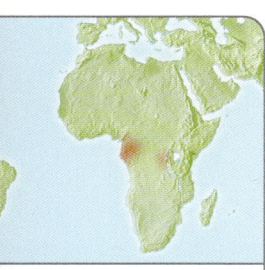

VERBREITUNG
Zentrales Westafrika

1972 NAHM DIE PSYCHOLOGIN FRANCINE PATTERSON EIN JUNGES GORILLAWEIBCHEN NAMENS KOKO AUF. DIES WAR DER BEGINN DES LANGFRISTIGSTEN PROJEKTS, DAS SICH JE MIT DER ANEIGNUNG DER ZEICHENSPRACHE DURCH EINEN FLACHLANDGORILLA BEFASST HAT.

Die Mitte der 1970er-Jahre war eine aufregende Zeit für die Psychologie, weil drei Studien über die Symbolverwendung bei Schimpansen gleichzeitig durchgeführt wurden. So versuchte eine Studentin an der Stanford University in Kalifornien, einem jungen, 1971 geborenen Gorilla aus dem Zoo von San Francisco die Amerikanische Zeichensprache (ASL) beizubringen. Koko erwies sich als ausgezeichnete Schülerin und lernte während des ersten Projektmonats drei Zeichen. Pattersons Studie, die zur Grundlage für ihre Doktorarbeit wurde, hat die Ansichten über Gorillas weltweit verändert.

Früher gab es kaum wissenschaftliche Literatur über die Intelligenz von Gorillas. Obwohl Gorillas in Gefangenschaft und in freier Wildbahn studiert worden waren, gab es wenig Anzeichen dafür, dass Gorillas mit den sehr sozialen und intelligenten Schimpansen konkurrieren könnten. Eigentlich wies wenig darauf hin, dass sie überhaupt das Potenzial besitzen, sozial zu sein, geschweige denn bedeutende intellektuelle Fähigkeiten aufweisen – bis Koko das Gegenteil demonstrierte.

Privilegierte Kindheit

Was aber unterschied Koko von den anderen? Koko tauchte völlig in die Welt der Zeichensprache ein. Die frühesten Zeichen, die sie machen konnte, standen für Trinken, Essen und Ähnliches. Mit drei Jahren zog Koko mit Patterson in ein neues Haus und machte sogar noch größere Fortschritte, da sie jetzt zusätzliche Zeit zusammen verbringen konnten. Dank ihrer angeborenen Fähigkeiten zum empirischen Lernen begann sie bald, kurze Sätze aus Zeichen zu erzeugen. Im Alter von fünf Jahren war Koko begeistert, als sie einen neuen Gorillagefährten, den zwei Jahre alten Michael bekam, und beide lernten, miteinander durch Zeichensprache zu kommunizieren. Ein paar Jahre später baute man für beide ein neues Haus in einem bewaldeten Gebiet.

Erkennen des eigenen Spiegelbildes

Einer der bedeutendsten Versuche mit Koko überprüfte, ob sie sich in einem Spiegel erkennen konnte. Über dieses Thema war

KOKOS ZEICHENSPRACHE

Angeblich umfasst Kokos Wortschatz derzeit mehr als 1000 Begriffe, die sie benutzt, um Dinge zu erbitten und eine große Vielfalt von Spielzeugen und Gegenständen zu benennen. Sie hat auch Namen für ihre Tierwärter. Zudem hat Koko offenbar sogar selbst einige Zeichen erfunden. Obgleich die von ihr benutzten Zeichen nicht immer mit denen der Amerikanischen Zeichensprache (ASL) übereinstimmen, sind die meisten sehr ähnlich. Dr. Patterson meint, dass es deshalb vielleicht angebracht wäre, Kokos Gesten als Gorilla-Zeichensprache oder als Gorillasprache zu bezeichnen.

Seit Beginn des Projekts dokumentierten Patterson und ihr Kollege Ron Cohn die Entwicklungsgeschichte und Kokos Aneignung der Zeichensprache auf Video (Gleiches gilt für Michael, bis er starb). Außerdem hat man eine große Datenmenge über Kokos Verwendung der Zeichensprache gesammelt. Dazu zählen auch die von ihr erzeugten Zeichen, der gesprochene Zusammenhang und die Anzahl der auftretenden Zeichen. Auch wenn irgendetwas Außergewöhnliches passierte, insbesondere in Zusammenhang mit einer innovativen oder ungewöhnlichen Verwendung von Zeichen, wurde dies festgehalten.

Koko wurde regelmäßig auf ihr Verständnis für gestisches Vokabular getestet, zudem wurden andere Arten von standardisierten Tests durchgeführt, darunter solche, die man zur Intelligenzmessung bei Kindern benutzt.

erstmals 1970 in einer Abhandlung über Schimpansen berichtet worden (siehe S. 108). Schimpansen, die frühere Erfahrungen mit einem Spiegel hatten, wurden im Schlaf mit rotem Farbstoff markiert. Als sie erwachten und sich in einem Spiegel sahen, berührten und untersuchten sie die Markierung unter Benutzung des Spiegels. Sie erkannten, dass es sich um ihr eigenes Bild handelte, was andeutete, dass Schimpansen ein Selbstverständnis besitzen. Nach Veröffentlichung der Studie testete der Verfasser unter Verwendung des gleichen Versuchsansatzes Orang-Utans und Gorillas (siehe S. 116). Die Orang-Utans zeigten dieselben Verhaltensweisen wie die Schimpansen, aber die Gorillas ignorierten den Spiegel in jeder Phase des Versuchs. Auch nicht zu den Primaten zählende Affenarten bekundeten niemals Interesse an dem Erkennen des eigenen Spiegelbildes. Bald galt es als Fakt unter Primatologen, dass das Erkennen des eigenen Spiegelbildes auf Schimpansen, Orang-Utans und Menschen beschränkt war. Aber warum klappte es nicht bei Gorillas!

Sehen wir uns dazu Koko genauer an. Sie genoss eine im Vergleich mit den meisten Gorillas in Zoos sowie in der Wildnis bemerkenswert andersartige Erziehung. Sie wuchs in einer sehr abwechslungsreichen vom Menschen beeinflussten Umgebung auf, wo sie viele Dinge um sich herum lernte, über die andere Gorillas niemals etwas erfahren. Bei den ersten Versuchen mit Gefangenschaftsgorillas hielt man sie in den Zoos überdies nicht in sozialen Gruppen, wie sie es in der Wildnis gewohnt waren. Sie wurden vielmehr typischerweise als Paar oder sogar allein gehalten, da die Männchen sehr aggressiv waren. Folglich gab es jeden Tag wenig Beschäftigung für die Gorillas, nur dasitzen und fressen. Ein solcher Lebensstil erzeugt verständlicherweise kaum Neugier und Interesse hinsichtlich der Umgebung.

Bei Koko war das anders. Sie wurde in einem sozialen Umfeld erzogen und interagierte mit Menschen. Zudem lernte sie, dass die Welt durch gestische Symbole repräsentiert werden kann. Koko hatte auch die Zeit, zu lernen, wie Spiegel funktionieren, und es war für sie von entscheidender Bedeutung, niemals die Erfahrung zu machen, dass Anstarren unter Gorillas als Zeichen von Aggression gilt. Als man ihr erstmals einen Spiegel gab und sie darin einen zurückblickenden Gorilla sah, hatte sie keine Angst. Stattdessen wurde sie auf diesen neuen Freund neugierig und erfuhr, wie eine Spiegeloberfläche funktionierte. Andere Gorillas hatten diese Gelegenheit nicht, und so verhielten sie sich beim Erblicken des Spiegelbildes natürlicherweise wie alle Gorillas in der Wildnis – sie schauten weg. Das ist der Grund, warum Gorillas, außer Koko, im Standardtest zum Erkennen des eigenen Spiegelbildes versagen.

Erst kürzlich hat ein anderer, lange allein in Gefangenschaft lebender Gorilla den Beweis erbracht, dass auch er sich in einem Spiegel erkennt. Obwohl er keineswegs die gleiche Art von Erziehung wie Koko genoss (etwa Kulturartefakte zu erforschen und ein Sprachsystem zu erlernen, das man symbolisch benutzen kann). Allerdings erfuhr er große Zuneigung, hatte eine stabile Umgebung und Dinge, die Spaß machten. Wie Koko wuchs dieser Gorilla nicht mit anderen Gorillas auf, und so lernte er nicht, dass das direkte Anschauen eines Artgenossen Probleme verursachen kann.

Siehe auch
Starren ist unhöflich – Gorillas schenken Spiegeln keinen zweiten Blick, *Seite 116*

IST ER KLUG, ODER PLAPPERT ER NUR GEHÖRTES NACH?

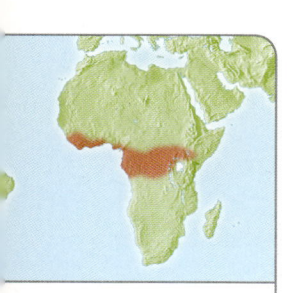

EINEM AFRIKANISCHEN GRAUPAPAGEI BRACHTE MAN IN JAHRELANGER, SPEZIELL ENTWICKELTER AUSBILDUNG BEI, VERBAL AUF EINE REIHE VON GEGENSTÄNDEN, FARBEN, MATERIALIEN UND MENGEN ZU REAGIEREN.

VERBREITUNG
West- und Zentralafrika

Im Jahr 1977 startete ein einmaliges Forschungsvorhaben mit einem ein Jahr alten Afrikanischen Graupapagei namens Alex. Das Projekt war die Idee von Dr. Irene Pepperberg, die an Sprachversuchen mit Tieren interessiert war, wie man sie mit Schimpansen, einem Orang-Utan, einem Gorilla, Delfinen und Seelöwen durchgeführt hatte. Damit hatte man bemerkenswerte Ergebnisse erzielt, und sie fragte sich, ob nicht auch andere Tierarten dazu fähig wären, Symbole zu benutzen. Dr. Pepperberg wollte herausfinden, ob der Afrikanische Graupapagei, der für seine Intelligenz und langes Leben berühmt war, gelehrt werden könnte, Gegenständen in seiner Umgebung »verbale Etiketten« zuzuweisen und dann jene Etiketten unter experimentellen Versuchsbedingungen einzusetzen, um Dinge zu »benennen«. Alex wäre freilich nur in der Lage, »verbale Etiketten« auf Gegenstände anzuwenden, wenn er jedes »Wort« verstanden hatte und sich an seine Bedeutung erinnerte.

Beobachten und kopieren

Afrikanische Graupapageien sind sehr soziale Tiere, die in großen Schwärmen leben, interagieren und Futter suchen. All dies bedeutet, dass Pepperberg einen einmaligen Unterrichtsansatz für Alex benutzen konnte. Zuerst diente ein Student als Ersatzkandidat für Alex, der zuschaute. Pepperberg befragte den Studenten mündlich, beispielsweise: »Welche Farbe ist dies?« Der Student antwortete, und falls er richtig lag, wurde er gelobt. Manchmal sprach der Student absichtlich den Namen falsch aus, was Pepperberg veranlasste, zu antworten: »Sag es besser!« Sie gab dann dem Studenten erneut die Gelegenheit, zu antworten und es richtig zu machen. Dann war Alex dran und wurde auf ähnliche Weise befragt. Durch dieses »soziale Modellierungsverfahren« sah und hörte der Papagei den mündlichen Austausch zwischen Student und Lehrerin. Der Ansatz, den Pepperberg über 30 Jahre lang bei Alex benutzte, spielte wahrscheinlich die entscheidende Rolle dabei, ihm die kommunikative Funktion von Wörtern beizubringen.

Sehr geschickt

Alex' frühe Wortverknüpfungen schlossen Namen für Dinge ein, mit denen er gerne spielte. Er benutzte »Fell« für das Stück Rohleder, das er kaute, »Holz« für einen hölzernen Zungenspatel und »Nuss« für eine Cashewnuss. Sein Vokabular wuchs an und schloss schließlich die Namen von 50 Gegenständen, die Zahlen eins bis sechs sowie fünf unterschiedliche Formen und sieben Farben ein. Alex lernte auch eine Anzahl von vergleichenden Begriffen wie »gleich«, »unterschiedlich«, »größer« und »kleiner«, die er richtig anwendete. Er konnte sogar einen Gegenstand aufgrund seiner Form, der Farbe und des Materials, aus dem er hergestellt war, benennen. Er wurde hinsichtlich unterschiedlicher Gegenstände getestet und konnte, als er gefragt wurde, richtig antworten,

IST ER KLUG, ODER PLAPPERT ER NUR GEHÖRTES NACH? 161

ob es einen Unterschied zwischen zwei beliebigen Gegenständen gab, und fügte »keiner« hinzu, wenn es keinen Unterschied gab.

Insgesamt hatte Alex ein Vokabular von ungefähr 150 Wörtern, aber im Gegensatz zu einem Haustier-Papagei, der kaum lernt, Klänge und Wörter nachzuahmen, schien er die referenzielle Bedeutung der Wörter zu verstehen. Vor Pepperbergs Forschungsprogramm mit Alex war Papageienintelligenz nur von wenigen Wissenschaftlern erforscht worden, die gemeint hatten, dass Papageien diese beeindruckenden Ergebnisse erzielen könnten. Pepperberg glaubt, dass Alex die Intelligenz eines fünfjährigen Kindes besaß und seine kognitiven Fähigkeiten in einigen Fällen jenen von Delfinen und Menschenaffen ähnelten. Sie ist auch der Überzeugung, dass Alex sein kognitives Potenzial nicht ausgeschöpft hatte, als er unerwartet im Alter von 31 Jahren tot in seinem Käfig gefunden wurde. Dies war eine große Überraschung, weil er offenbar bei guter Gesundheit war. Sein pathologischer Befund zeigte eine Arteriosklerose an. Da seine Kost ausgezeichnet, artgerecht und die jüngste Blutprobe normal gewesen waren, müssen genetische Faktoren zu einem Herzinfarkt oder Hirnschlag geführt haben.

Auch andere Vögel wurden für Pepperbergs Forschungsprogramm dressiert, doch Alex blieb der geschickteste. Er war ein einzigartiges Individuum, das ein faszinierendes wissenschaftliches Vermächtnis hinterließ.

KLUGER ALEX
Als Alex, der Versuchskandidat in Dr. Pepperbergs Forschungen, im Alter von 31 Jahren starb, schätzte die Wissenschaftlerin, dass er die Intelligenz eines fünfjährigen Kindes besaß.

VOGELGEHIRNE
Dr. Irene Pepperbergs Sprachexperimente mit Papageien in den 1970er-Jahren zeigten, dass die Vögel nicht nur das Nachahmen lernen können, sondern mit entsprechender Schulung auch die Bedeutung der Wörter begreifen, die sie sprechen.

Siehe auch
Ein Spatzenhirn funktioniert am besten, *Seite 96*

EINE JUNGE SCHIMPANSIN ORDNET IHRE ANTWORTEN

VERBREITUNG

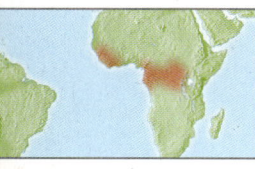

Schimpansen: West- und Zentralafrika

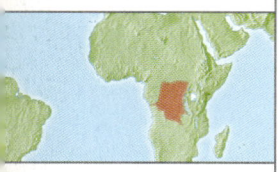

Bonobos: Demokratische Republik Kongo

DER BERÜHMTESTE SCHIMPANSE JAPANS IST EIN WEIBCHEN NAMENS AI, WAS AUF JAPANISCH »LIEBE« HEISST. SIE LERNTE EIN KÜNSTLICHES SPRACHSYSTEM ZU BENUTZEN, MIT DEM SIE ZUSAMMENGESTELLTE GEGENSTÄNDE UND DEREN ANZAHL BENENNEN UND BESCHREIBEN KONNTE.

Die in Westafrika geborene Ai gelangte im Alter von einem Jahr nach Japan. Als sie anfing, eine grafische Symbolsprache anzuwenden, ahnte niemand, dass sie einmal solch bemerkenswerte Fähigkeiten aufweisen würde. Ai lernte eine von Menschen entworfene Sprache, die sich aus Symbolen zusammensetzt, die Wörter repräsentieren. Hierzu benutzte man ein sehr einfaches »Alphabet«, das aus geraden Linien, offenen Kästen, Punkten, Kreisen und schrägen Linien besteht. Die unterschiedlichen Elemente im Alphabet können verbunden werden, um Symbole zu bilden, die Gegenstände in ihrer Umgebung bezeichnen (z. B. Schuhe, Bleistift, Schüsseln), dazu Lebensmittel wie Äpfel und Bananen, Spielsachen, bekannte Personen sowie elf unterschiedliche Farben (schwarz, grau, weiß, rot, orange, gelb, braun, grün, blau, purpurn und rosa). Damit stand Ai eine Anzahl von Symbolen zur Verfügung, die in einer neuen, kreativen Weise benutzt werden konnten. Bald beschlossen die Wissenschaftler, die Ai diese Sprache beigebracht hatten, sie darauf zu testen, ob sie die benutzten Symbole auch wirklich verstand.

Entscheidung für Güteklasse A

Zuerst wurde Ai in jeder Symbolgruppe getestet, die ihr beigebracht worden war. Obwohl sie viele Ausbildungssitzungen zur Verwendung von Objektnamen, Farben und Zahlen gehabt und sehr gut abgeschnitten hatte, brauchte man diese Symboltests, um sicherzustellen, dass sie wirklich deren Bedeutung begriff. Erst dann konnte sie zuverlässig das richtige Symbol für einen spezi-

DER ERSTE AFFE MIT COMPUTERKENNTNISSEN

Das von Dr. Duane Rumbaugh 1971 ins Leben gerufene LANA-Projekt (Language Analogue Project) startete mit einem weiblichen Schimpansen namens Lana. Lana beherrschte ein grafisches Sprachsystem, wobei die Eingaben über eine Tastatur und einen Computer erfolgten. Ihre Schulung erlaubte ihr, Personen, Lebensmittel, Gegenstände und Handlungen zu benennen, indem sie abstrakte Lexigrammsymbole verwendete. Die Lexigramme umfassten eine Sprache, die zu Ehren von Robert M. Yerkes, dem »Vater« der amerikanischen Primatologen, Yerkish genannt wurde. Lana lernte die Bedeutung vieler Lexigramme, sie in Sequenzen zu ordnen und manchmal neuartige Reihungen zu schaffen. Nach dem Erfolg von Lana ließ man zwei männliche Schimpansen, Austin und Sherman, Yerkish mit einer andersartigen Methode lernen. Ihnen wurde größere Flexibilität gewährt, um Lexigramme funktioneller zu benutzen. Sie konnten schließlich mittels Lexigrammen untereinander kommunizieren und hatten sogar gelernt, sich gegenseitig um Werkzeuge zu bitten und diese zu nutzen, um an schmackhafte Belohnungen zu gelangen. Ein anderer Zweig des LANA-Projekts unter Dr. E. S. Savage-Rumbaugh setzte Bonobos ein. Der berühmteste Proband dieses Projekts ist Kanzi, der die Verwendung der Lexigramme erlernte, indem er andere Bonobos und Menschen bei der Benutzung der Tastatur beobachtete. Kanzi hat auch die Fähigkeit gezeigt, gesprochenes Englisch zu verstehen, was aus vielen Berichten von Schimpansen bekannt war und sich damit jetzt auch für Bonobos bestätigte.

KANZI KOMMUNIZIERT

Kanzi lernte, mit Dr. Savage-Rumbaugh mittels Lexigrammsymbolen zu kommunizieren, indem er andere Bonobos und Menschen bei der Verwendung beobachtete.

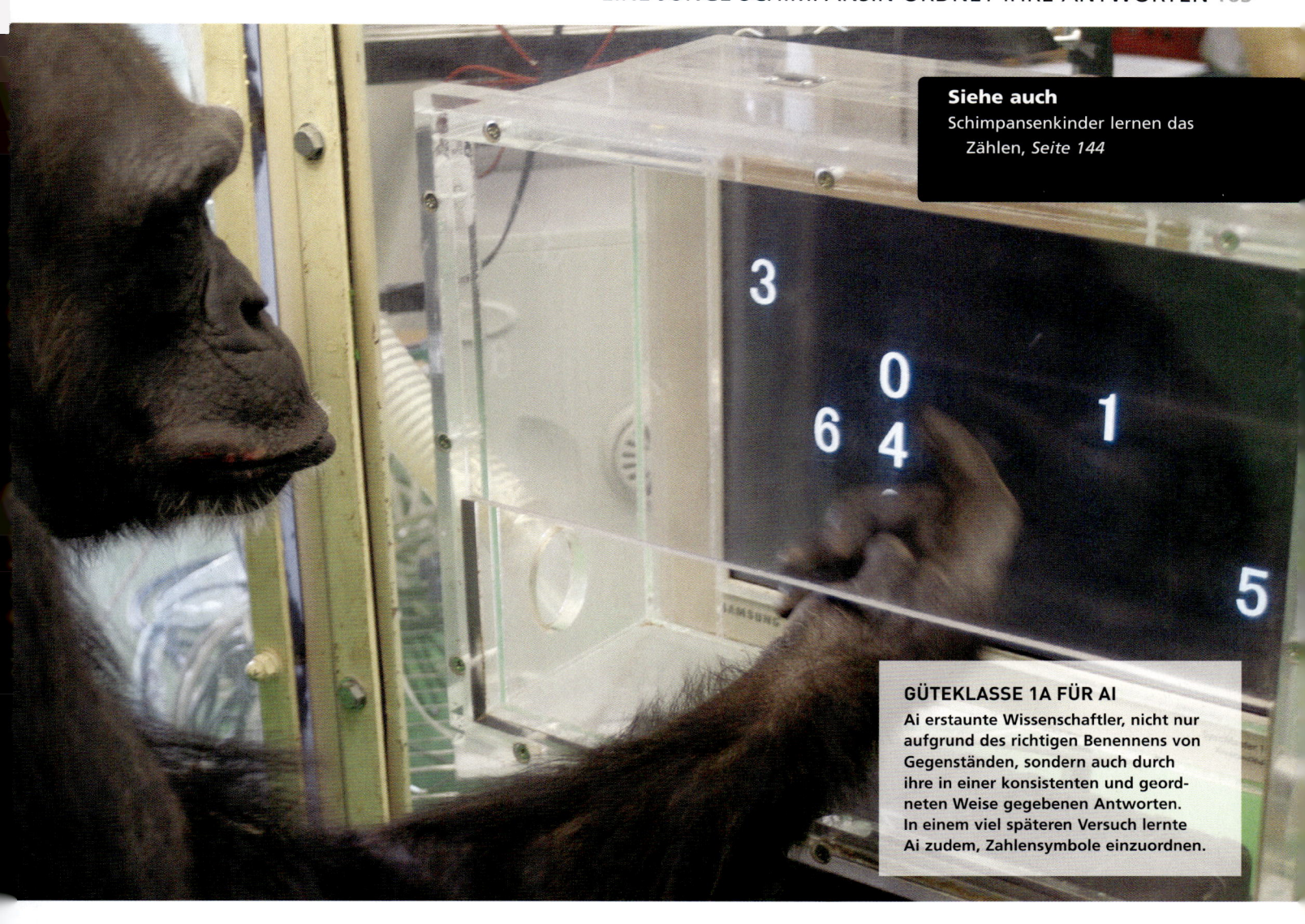

EINE JUNGE SCHIMPANSIN ORDNET IHRE ANTWORTEN

Siehe auch
Schimpansenkinder lernen das Zählen, *Seite 144*

GÜTEKLASSE 1A FÜR AI
Ai erstaunte Wissenschaftler, nicht nur aufgrund des richtigen Benennens von Gegenständen, sondern auch durch ihre in einer konsistenten und geordneten Weise gegebenen Antworten. In einem viel späteren Versuch lernte Ai zudem, Zahlensymbole einzuordnen.

ellen Gegenstand wählen. Sie musste auch zeigen, dass sie das richtige Farbetikett für alle Arten von Gegenständen wählen konnte. Und schließlich musste Ai einen Test bestehen, der bewies, dass sie das richtige Zahlensymbol einer Anzahl von Gegenständen zuordnen konnte. Schließlich kannte Ai genug Symbole, um mit einem brandneuen Test herausgefordert werden zu können.

Drei auf einmal

Bis zu diesem Zeitpunkt war Ai niemals darum gebeten worden, ihren Lehrern sowohl den Namen eines Gegenstands als auch dessen Farbe zu sagen, noch hatte man sie dazu aufgefordert, die Gegenstände zu zählen und zu benennen. Jetzt würde Ai erstmals die Aufgabe erhalten, den Gegenstand gleichzeitig mit dem richtigen Namen zu versehen, seine Farbe anzuzeigen und zu sagen, wie viele Gegenstände gezeigt wurden. Da ihr nie bei-

gebracht worden war, diese drei Antworten gleichzeitig zu geben, hatte sie auch nicht gelernt, wie man sie ordnen sollte. Was sie machte, überraschte jeden.

Zu dem neuen Test gehörte, Ai einige Bleistifte zu zeigen (Gegenstände, mit denen sie vertraut war), die entweder blau oder rot waren und ihr in Gruppen zwischen einem und fünf präsentiert wurden. Ai erzielte beim Lösen des Tests Bestnoten. Sie lag richtig beim Objektnamen, bei der Anzahl und bei der Farbe der Bleistifte. Überdies verwendete sie ihre eigene Ordnung für die unterschiedlichen Gruppen von Gegenständen: Zuerst gab sie den Symbolnamen an, dann die Farbe und schließlich die Anzahl. Name, Farbe, Zahl und immer in dieser Reihenfolge – obwohl sie nie gelehrt worden war, dies auf diese Art durchzuführen. Auch wenn die Gründe für dieses systematische Verhalten ein Rätsel bleiben: Ai ordnete ihre Antworten immer auf diese Weise.

EIN ORANG-UTAN LERNT ZEICHEN VERWENDEN

VERBREITUNG
Borneo und Sumatra

SPRACHPROJEKTE MIT AFFEN WURDEN TRADITIONELL MIT WEIBLICHEN SCHIMPANSEN DURCHGEFÜHRT – BIS DR. LYN MILES MIT EINEM JUNGEN ORANG-UTAN DAS PROJEKT CHANTEK INS LEBEN RIEF UND IHN LEHRTE, MIT HILFE DER ZEICHENSPRACHE ZU KOMMUNIZIEREN.

Chantek (das Wort kommt aus der Malaiischen und bedeutet »hübsch« oder »schön«) wurde 1977 in einem Primatenzentrum im US-Bundesstaat Georgia geboren. Miles übernahm ihn im Alter von neun Monaten, und von 1978 bis 1986 lebte er ständig mit Menschen zusammen in einer durch Zeichen bestimmten Umgebung.

Chantek wohnte in einem Wohnwagen auf dem Gelände der Universität von Tennessee und erhielt täglich Unterrichtung in Zeichengeben, von Miles, anderen Lehrern und Studenten, die bei seiner täglichen Pflege halfen. In vielerlei Hinsicht wurde Chantek wie ein menschliches Kind behandelt, sogar die Benutzung der Toilette wurde ihm beigebracht, und wie Dozenten und Studenten musste er kleine Hausarbeiten erledigen, wofür er Spielgeld erhielt, das er bevorzugt in einem Fast-Food-Restaurant ausgab. Zudem räumte er gern seinen Schlafplatz auf, und manchmal half er sogar aus eigenem Antrieb beim Kochen. Solange er klein war, nahm Miles Chantek auf Ausflüge zu Spielplätzen und nahe gelegenen Seen und zu einem Berg mit, wo er Gleitschirmflieger beobachten konnte.

Zeichen austauschen und verstehen

Chantek lernte einige Hundert Zeichen sowie gesprochenes Englisch und die Amerikanische Zeichensprache (ASL). Doch es ist eine Sache, ASL zu benutzen, um Dinge zu benennen oder zu etikettieren, und eine andere, Zeichen anderer Individuen zu verstehen und nachzuvollziehen. Dennoch wurde Chantek mit der Zeit sehr gut darin, Zeichen zu geben bzw. zu verstehen. Er ent-

VON DER AUSROTTUNG BEDROHT

Orang-Utans gibt es heute nur noch auf zwei Inseln in Indonesien: Borneo und Sumatra. (Der Name »Orang-Utan« kommt aus der malaiischen und der indonesischen Sprache, wo »orang hutan« so viel bedeutet wie Waldmensch.) Diese Orang-Utans gehören zu einer Unterart, die eigene Körper- und Verhaltensmerkmale entwickelt hat. Beide Formen haben Arme, die doppelt so lang sind wie ihre Beine – eine Anpassung an ihren Baumlebensraum. Da ihre natürliche Umgebung der Regenwald ist, sind beide Orang-Utan-Subspezies sehr gefährdet. Die Abholzung des Waldes in Borneo und Sumatra hat weite Gebiete jeglicher Vegetation beraubt, was die Tiere zwang, sich in andere Gebiete mit Früchten und Laubwerk zu begeben, die sie dringend für ein Überleben benötigen. Auf beiden Inseln sind Anstrengungen im Gange, so viel Wald wie möglich für die wenigen übrig gebliebenen wilden Orang-Utans zu bewahren. Ansonsten werden die beiden Unterarten in den nächsten 50 Jahren vermutlich aussterben.

EIN ORANG-UTAN LERNT ZEICHEN VERWENDEN 165

ZEICHENSPRACHEN-INNOVATOR
Der Orang-Utan Chantek verbrachte die ersten neun Jahre seines Lebens in einer Welt der Zeichensprache. Er gewann so große Sicherheit darin, dass er schließlich sogar selbst einige neue Zeichen erfand.

Siehe auch
Die große Affendebatte,
Seite 100

wickelte diese Fähigkeiten innerhalb des gleichen Entwicklungszeitrahmens wie Kinder und erfand sogar selbst einige Zeichen, als er auf neue Gegenstände stieß. Zum Beispiel bezeichnete er Kontaktlinsenlösung als »Augengetränk« und benutzte zu einigen Hauptwörtern auch beschreibende Adjektive, etwa »roter Vogel«.

Chanteks Lehrer sorgten dafür, dass er viel Abwechslung hatte. Er spielte verschiedene Spiele wie Kinder des gleichen Alters. Besonders liebte er es, gekitzelt und gejagt zu werden, und hatte offensichtlich Spaß am Malen und anderen kreativen Beschäftigungen. Mit zunehmendem Alter wurde Chantek allerdings einfach zu groß für sein Heim. Eine Weile musste er ins Primatenzentrum in Georgia (wo er im Jahr 1977 geboren worden war), bevor er in einen speziell für ihn eingerichteten Teil des Zoologischen Gartens von Atlanta umziehen konnte. Dort lebt Chantek heute in einer artgerechten, naturnahen Umgebung, mit Gras und Bäumen zum Klettern und viel Bewegungsspielraum. Er »unterhält sich« regelmäßig mit dem Zoopersonal in der Zeichensprache, und Dr. Miles kann ihn, sooft er es einrichten kann, besuchen.

ROCKY, EIN SEELÖWE MIT LOGISCHEM DENKANSATZ

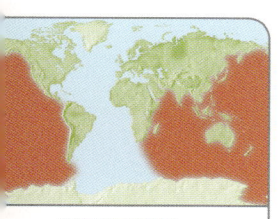

1978 WURDE EIN BEMERKENSWERTES PROJEKT BEGONNEN, DAS DAS ZIEL HATTE, KALIFORNISCHEN SEELÖWEN GESTISCHE UND VISUELLE SYMBOLE BEIZUBRINGEN.

VERBREITUNG
Subarktische bis tropische Gewässer der Weltmeere mit Ausnahme des Atlantischen Ozeans

Im Laufe der letzten drei Jahrzehnte gab es einige erfolgreiche Forschungsprojekte mit dem Ziel, bei drei unterschiedlichen Affenspezies, Delfinen, Seelöwen und einem Afrikanischen Graupapagei die Fähigkeit zum Verständnis für abstrakte Symbole nachzuweisen. Das heißt, die Tiere sollten symbolische Darstellungen von Gegenständen, verschiedenen Lebensmitteln, Namen von Personen in ihrer Umgebung, Farben und eine Reihe von Begriffen bezüglich ihrer Ähnlichkeit und Unterschiedlichkeit korrekt zuordnen. Eines dieser innovativen Projekte war die Arbeit von Dr. Ronald Schusterman mit seinen ersten »Schülern«, Rocky und Rio, zwei Kalifornischen Seelöwen.

Schusterman startete seine wissenschaftliche Karriere im Jahr 1960, als er Gibbons, Schimpansen und andere Affen am Yerkes Laboratory, Orange Park, Florida, studierte, bevor er zum Stanford-Forschungsinstitut wechselte. Er gründete das North American Laboratory, das sich speziell mit dem Verhalten und der Physiologie von Seelöwen und Seehunden beschäftigt. Später verlagerte Schusterman sein Forschungsprogramm an das Long Marine Laboratory der Universität von Kalifornien bei Santa Cruz. Von der Arbeit über Gestik und Delfine inspiriert, die Schusterman bei Dr. Lou Herman auf Hawaii gesehen hatte, beschloss er einige Jahre später, seinen Seelöwen einen ähnlichen Lehransatz nahezubringen.

Kluge Antworten

Rocky war zehn und Rio drei Jahre alt, als ihre Ausbildung zu gestischen Signalen begann. Die ersten Gesten, die ihnen beigebracht wurden, bezogen sich auf Gegenstände, die sie in ihrem Becken finden konnten, etwa eine Frisbeescheibe, einen Ball und einen großen Kegel. Handlungsgesten ergänzten das Repertoire, und bald reagierten die Seelöwen auch auf eine Folge von Signalen, die von ihnen verlangte, dass sie eine Aktion auf oder mit einem Gegenstand ausführten. Zum Beispiel lernte Rocky, auf die Kommandogeste ihres Trainers »white ball – flipper – touch« hin zu einem weißen Ball zu schwimmen und ihn mit ihrer Schwanzflosse zu berühren. Rocky und Rio mussten bei allen drei Gesten aufpassen, um den richtigen Gegenstand zu wählen und dann

Siehe auch
Frag einen Delfin, und du bekommst die richtige Antwort, *Seite 156*

SCHNELLLERNER
Zusammen mit Affen, Delfinen und Papageien sind Seelöwen seit Langem Gegenstand der Erforschung tierischer Intelligenz.

GEWINNEN/BLEIBEN, VERLIEREN/VERÄNDERN

Dieses wichtige Konzept ist ein entscheidender Teil vieler Unterrichtsprogramme mit Tieren. Das Ganze läuft auf Folgendes hinaus: Reagiert das Tier beim ersten Mal richtig bei einem Angebot von zwei Möglichkeiten, sollte es beim nächsten Mal bei der gleichen Wahl bleiben, wenn das gleiche Beispiel auftritt. Liegt es dagegen falsch, sollte es die andere Alternative wählen, wenn die Wahlsituation erneut vorliegt.

ROCKY, EIN SEELÖWE MIT LOGISCHEM DENKANSATZ

ÄQUIVALENZ

Die Wissenschaftler wollten herausfinden, ob Seelöwen fähig sind, willkürlich angeordnete Symbolpaare zu erkennen und sich an sie zu erinnern. Diese Information sollten sie dann nutzen, um logische Verbindungen herzustellen, wenn ihnen neue Symbole präsentiert wurden. Rocky lernte, beliebige Bilder wie ein schwarzes Pferd und eine schwarze Teekanne paarweise zuzuordnen.

1| Rocky wird ein vertrautes zentrales Symbol (eine schwarze Teekanne) gezeigt, das früher willkürlich mit einem Pferdesymbol gepaart war und jetzt von zwei neuen Symbolen flankiert wird.

2| Sie wird dann aufgefordert, eines der Symbole beidseits des zentralen Symbols zu wählen, um einen Leckerbissen zu erhalten.

3| Liegt sie bei der ersten Wahl falsch und erhält keine Belohnung, wählt Rocky beim nächsten Versuch das richtige Symbol.

4| Sie wird mit einem Fisch belohnt.

5| Im nächsten Versuchsstadium wird das zentrale Symbol durch das ursprüngliche dazu passende Symbol ersetzt.

6| Rocky muss die Verbindung zwischen der ursprünglichen Paarung und dem neuen Bild herstellen, um ihre Futterbelohnung zu erhalten.

die Aktion zu vollenden. Rocky hatte auch andere Begriffe gelernt, etwa einen Gegenstand zu einem anderen im Becken zu tragen, was vermuten lässt, dass sie einfache Sätze verstand.

Schusterman und seine Studenten fragten sich, ob Rocky eigentlich »denken« konnte wie ein Mensch, und entwickelten eine entsprechende Aufgabe. Sie wollten erkunden, ob Rocky gewisse Arten von logischen Beziehungen verstand, was nach ihrer Meinung nur durch Sprache möglich war. Schusterman glaubte, dass Rockys Verständnis für gestische Zeichen und die Gegenstände und Handlungen, für die sie stehen, von einer einfachen Art Lernmechanismus gestützt wurde, der die Basis einer komplexeren Informationsverarbeitung war.

Logisches Denken

Die Lehrer ersannen zu diesem Zweck einen Satz grafischer Bilder und entsprechender arabischer Ziffern. Es wurde ein hölzerner Apparat gebaut, der aus drei großen Tafeln mit je einem quadratischen Fenster in der Mitte bestand, das geöffnet werden konnte, um ein Symbol zu zeigen. Vor den Tafeln war eine Kinnstütze für Rocky installiert, um sicherzustellen, dass sie sich am Anfang stets die mittlere Tafel anschaute. Dann brachte man Rocky bei, zwei abstrakte Symbole zu verbinden, die die Wissenschaftler willkürlich zusammengestellt hatten. Zu Versuchsbeginn öffnete man das mittlere Fenster und deckte ein Symbol auf. Dann folgten die zwei Seitenfenster, und Rocky musste auf diese schauen und eines durch Berühren mit ihrer Nase auswählen. Am Beginn der Ausbildung musste Rocky einfach zufällig auswählen, worauf sie mit einem schmackhaften Fisch belohnt wurde, wenn sie richtig lag. Mit der Zeit lernte Rocky den Prozess von »Versuch und Irrtum« und begriff, dass sie, wenn sie bei ihrer ersten Wahl falsch lag und das nächste Mal wieder das gleiche Paar sah, diesmal die andere Möglichkeit auswählen sollte. Lag sie das erste Mal zufällig richtig, erinnerte sie sich daran, dass sie für diese Antwort belohnt worden war, und wählte sie beim nächsten Mal wieder. Das Ganze lief nach dem Prinzip: gewinnen/bleiben – verlieren/verändern.

Im Laufe der Zeit hatte Rocky die Symbolpaare gelernt und war damit für den wirklichen Test bereit, bei dem sie mit neuen Symbolpaaren konfrontiert werden würde. Würde Rocky die logische Verbindung zwischen den neuen Paarungen herstellen können? Nehmen wir zum Beispiel an, Rocky hatte gelernt, die schwarze Silhouette eines Pferdes mit dem Bild einer schwarzen Teekanne zu kombinieren bzw. beim Zeigen der Teekanne das Scherensymbol zu wählen. Als nun das Pferdesymbol präsentiert wurde, gab es nur zwei Optionen: Schere oder Schlüssel. Rocky sollte nun den Gegenstand wählen, der früher eine logische Beziehung zum Pferd und zur Teekanne gehabt hatte, also die Schere. Leicht!

Rocky zögerte nicht und reagierte auf alle neuen Kombinationen richtig. Sie begriff sofort die logische Beziehung zwischen den Symbolen. Ja, sie verband sogar Symbolpaare miteinander, die neu für sie waren. Damit führte sie einen logischen Prozess aus, der »Äquivalenz« genannt wird und von dem man früher gemeint hatte, dass er ausschließlich beim Menschen vorkomme und der der Sprache bedurfte, um zu funktionieren.

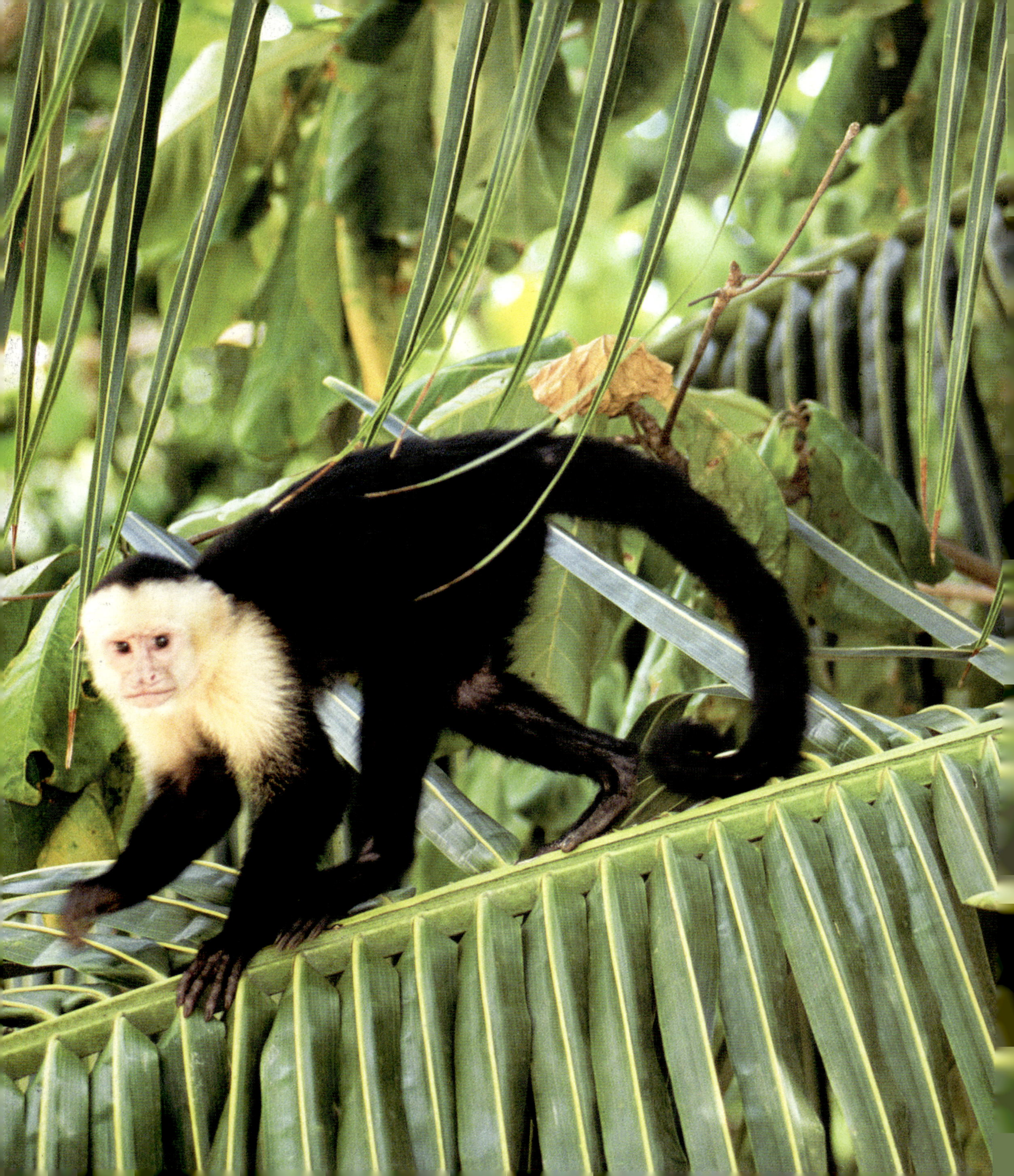

KAPITEL 7
KOOPERATION UND ALTRUISMUS

Der vielleicht bedeutendste Unterschied zwischen Menschen und Tieren ist unsere Fähigkeit, Mitgefühl für andere aufbringen zu können. Moderne Anthropologen sind der Auffassung, dass die Notwendigkeit zur Zusammenarbeit in einer komplexen Sozialstruktur ein wesentlicher Antrieb für die Entwicklung von höherer Intelligenz beim Menschen war. Allerdings wurden Anzeichen für empathisches Verhalten, etwa das Essen zu teilen und kooperatives Jagen, auch bei anderen Arten dokumentiert, beispielsweise bei Fledermäusen, Kapuzineraffen, Schimpansen, Pavianen, wilden Hunden und Löwen. In einigen Fällen spiegelt sich ein sehr hoch entwickelter Austausch unter Gruppenmitgliedern sogar in Form von Aussöhnung und Trost wider. Dabei werden Arten von Mitgefühl reflektiert, die man früher allein dem Menschen zuschrieb.

EINE HAND WÄSCHT DIE ANDERE

VERBREITUNG
Mittel- und Südamerika

DARWINS ANSCHAUUNG, DASS DIE NATUR DAS »ÜBERLEBEN DES STÄRKEREN« FÖRDERT, WEIST DARAUF HIN, DASS SICH ALLE TIERE AUF DER GRUNDLAGE VON EGOISMUS UND KONKURRENZFÄHIGKEIT ENTWICKELT HABEN. ANDERERSEITS GIBT ES HINWEISE, DASS TIERE INTELLIGENTE SOZIALE TAKTIKEN ANWENDEN, UM HARMONISCHE SOZIALE BEZIEHUNGEN ZU FÖRDERN.

Als Darwin behauptete, dass sich die Natur nach dem Grundprinzip »Überleben des Stärkeren« entwickelt hat, ging er davon aus, dass Tiere von gänzlich egoistischen Motiven getrieben werden. Jedes Individuum würde mit anderen Tieren um ein beschränktes Angebot an Ressourcen konkurrieren. Folgt man Darwin, dann würde eine solche Ausgangslage gemeine, aggressive Ellenbogengesellschaften erzeugen.

Überleben der Verwandten

Obwohl wir im Tierreich jede Menge Aggression und Wettbewerb finden, gibt es auch viele Beispiele für freundliches, kooperatives und sogar offenbar aufopferndes Verhalten. Zum Beispiel geben viele Spezies Warnrufe ab, wenn sie ein Raubtier entdecken, was den Alarmgeber selbst in unmittelbare Gefahr bringt, da dieser damit die Aufmerksamkeit des Fressfeindes auf sich zieht. Dennoch tun dies viele Vogel-, Nagetier- und Primatenarten.

Forscher haben nachgewiesen, dass bei einem solchen Warnruf dennoch biologisch-egoistische Motive im Spiel sind. Zum Beispiel sind Belding-Ziesel viel eher geneigt, Alarmrufe abzugeben, wenn ihre Zielgruppe aus nahen Verwandten anstatt entfernter verwandter Individuen besteht (siehe S. 66). Die Förderung des Überlebens der eigenen Verwandten wird Verwandtenselektion genannt. Man teilt mehr Gene mit der nahen Verwandtschaft als mit Fremden. Indem man den Verwandten hilft, fördert man also das langfristige eigene genetische Überleben. Daher könnte ein großer Teil des Warnrufens eher genetisch bedingt sein, als auf vollkommen selbstlosen Motiven zu beruhen.

Noch ein bisschen Blut?

Doch Tiere helfen nicht immer nur Familienmitgliedern. Es gibt einige Tierarten, die persönliche Opfer auch für nicht Verwandte

---

REZIPROKER ALTRUISMUS

Eine mustergültige Beobachtung reziproken, d.h. wechselseitigen Altruismus (Selbstlosigkeit oder Hilfsverhalten) liefert Craig Packers Untersuchung über das Paarungsverhalten von wilden Anubispavianen. Werden weibliche Anubispaviane paarungsbereit, schwellen ihre Hinterteile gewaltig an. Wenn dies geschieht, konkurrieren die erwachsenen männlichen Paviane miteinander, weil sie das Weibchen sexuell ganz für sich beanspruchen möchten. Sie versuchen, eine sogenannte Paarungspartnerschaft zu bilden, indem ein einzelnes Männchen ein paarungsbereites Weibchen vom Rest der Männer wegtreibt. Die anderen Männchen folgen dem Paar oft und versuchen, das Weibchen zu stehlen. Packer bemerkte, dass die Männchen mehr Erfolg beim Frauenraub hatten, wenn sie paarweise vorgingen: Zwei Männer folgten dem Männchen auf Freiersfüßen und belästigten es immer wieder. Griff das paarungswillige Männchen dann einen seiner Schikanierer an, nutzte häufig ein drittes Männchen die Gelegenheit, um sich anzuschleichen und das Weibchen zu rauben. Packer konnte nachweisen, dass sich die männlichen Paviane bei der Zusammenarbeit offenbar abwechseln. Eroberte bei einer Gelegenheit Pavian A das Weibchen, dann bekam bei der nächsten Gelegenheit Pavian B das Weibchen. Mit anderen Worten: Sie schienen sich erkenntlich zu zeigen. Leider gelang es noch nicht, Packers spannende Entdeckungen unter wissenschaftlichen Voraussetzungen zu wiederholen.

> **BLUTSBANDE**
> Vampirfledermäuse müssen, um am Leben zu bleiben, regelmäßig Blut aufnehmen. Sie teilen in der Regel die Nahrung mit anderen Fledermäusen ihrer Kolonie, die nichts zu fressen haben.

zu erbringen scheinen. Das vielleicht außergewöhnlichste Beispiel findet man bei Vampirfledermäusen.

Ein Wissenschaftler nahm erhebliche Strapazen auf sich, um Vampirfledermäuse in ihrem natürlichen Lebensraum zu studieren. Die Fledermäuse lebten in Kolonien, die in den Höhlen an der Basis mächtiger Bäume schliefen. Zum Sammeln seiner Daten musste der Forscher Gerald Wilkinson auf dem Rücken liegend in diese Höhlen hineinkriechen und nicht nur den Gestank des Fledermausdunges, sondern auch die unerwünschte Aufmerksamkeit der hungrigen kleinen Vampire über sich ergehen lassen. Aber seine Mühen waren nicht vergebens. Er entdeckte nämlich ein erstaunliches Verhalten: Die Tiere teilen Blut miteinander.

Vampirfledermäuse müssen mindestens alle drei Tage frisches Blut aufnehmen, sonst verhungern sie. Jungtiere schaffen dies oft nicht und betteln dann bei anderen Koloniemitgliedern um Versorgung. Fledermäuse, die genügend Nahrung fanden, würgen dann häufig Blut für ihre Artgenossen hoch. Wilkinson vermutete, dass das Teilen des Blutes zwar überwiegend unter nahen Familienmitgliedern stattfand, aber auch zwischen nicht verwandten Tieren geschehen könnte. Um seine Theorie zu testen, ersann er eine geschickte Methode: Er fing entfernt verwandte Fledermäuse und bildete mit ihnen Kolonien in seinem Labor. Dann separierte er einige Fledermäuse und ließ sie hungern. Als diese zu ihrer neuen Kolonie zurückkehrten, teilten andere Fledermäuse in der Regel mit ihnen das Blut – obwohl es sich nicht um nahe Verwandte handelte. Überdies schienen die Fledermäuse sich diejenigen zu merken, die ihnen einmal Blut abgegeben hatten. Wenigstens zeigten sie sich später denen gegenüber viel erkenntlicher, die bei einer früheren Gelegenheit großzügig gewesen war.

Das von Vampirfledermäusen gezeigte Muster des Teilens folgt dem von Robert Trivers entwickelten Begriff eines »reziproken Altruismus«. Der Anthropologe und Soziobiologe Trivers stellte die These auf, dass sich die Neigung zu aufopferndem Verhalten gegenüber Nichtverwandten entwickeln könne, wenn sich Individuen gegenseitig einen Gefallen erweisen. Es sei eine Art »Eine Hand wäscht die andere«. Allerdings ist die Neigung zu reziprokem Altruismus wahrscheinlich selten, da dies komplexe geistige Fähigkeiten voraussetzt. Die Partner müssen in stabilen sozialen Gruppen leben, Individuen erkennen können und sich an Details des bisherigen sozialen Austauschs erinnern und danach richten können. Tatsächlich gibt es sehr wenige solide wissenschaftliche Beweise für reziproken Altruismus unter wilden Tieren.

Obwohl es schwierig ist, reziproken Altruismus bei Tieren nachzuweisen, haben Wissenschaftler viele Verhaltensweisen bei verschiedenen Spezies ausmachen können, die sich auf die Förderung harmonischer sozialer Beziehungen auszuwirken scheinen.

> **Siehe auch**
> Ziesel achten auf Artgenossen, *Seite 66*

IMMER MIT DER RUHE!
Aussöhnung und Trost werden oft durch Fellpflege erreicht. Sie hilft, die Anspannung zu verringern, und erlaubt eine baldige Rückkehr zu harmonischen Beziehungen.

SCHIMPANSEN VERSÖHNEN SICH NACH AUSEINANDERSETZUNGEN

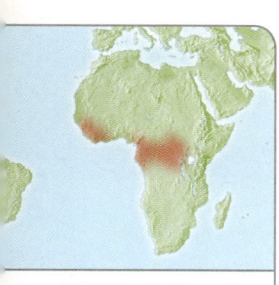

VERBREITUNG
West- und Zentralafrika

DIE MITGLIEDER EINER SOZIALEN GRUPPE KONKURRIEREN UM DIE GLEICHE RESSOURCE, WAS UNVERMEIDLICH ZU KONFLIKTEN FÜHRT. ALLERDINGS WERDEN VON EINIGEN ARTEN GEWISSE KOMPLEXE SOZIALE TAKTIKEN BENUTZT, DIE DIE SPANNUNGEN VERRINGERN UND HARMONISCHE SOZIALE BEZIEHUNGEN ZU FÖRDERN SCHEINEN.

In einer sozialen Gruppe zu leben, geht nicht konfliktfrei ab. Wenn eine Gruppe aus Mitgliedern der gleichen Art besteht, konkurrieren sie unvermeidlich um die gleichen Ressourcen: Immerhin fressen sie die gleiche Art von Nahrung, benötigen die gleiche Art von Schutz und werden von den gleichen Partnern angezogen. Trotz dieses unvermeidlichen Wettbewerbs ergeben sich aus dem Zusammenleben in einer sozialen Gruppe Vorteile, etwa größerer Schutz vor Raubtieren, bessere Chancen, Futter zu entdecken und zu erbeuten, und vermehrter Zugang zu paarungswilligen Angehörigen des anderen Geschlechts. Nun würden die Gruppenmitglieder unnötig Energie verschwenden, wenn sie immer wieder in offenem Wettstreit miteinander stünden. Daher gilt es, ein Gleichgewicht zu wahren, d. h. sich einerseits so viele der begrenzten Ressourcen als möglich zu sichern, gleichzeitig aber auch stabile soziale Beziehungen zu erhalten.

Dominanzhierarchien

Ein Weg, den viele soziale Arten einschlagen, ist die Bildung von Dominanzhierarchien. In diesen Hierarchien kennt jedes Gruppenmitglied seinen Platz und wird sich ranghöheren Individuen beugen. Die Verhaltensweisen zur Aufrechterhaltung dieser Rangstrukturen sind wahrscheinlich fest verankert und setzen auch keine große Intelligenz voraus.

Nun gibt es bei einigen Schimpansenarten jedoch Verhaltensweisen, die der Förderung der sozialen Harmonie zu dienen scheinen und einen Grad von geistiger Kultiviertheit einschließen könnten. Eine dieser Verhaltensweisen ist als »Aussöhnung« bezeichnet worden.

Im Anschluss an seine Doktorarbeit forschte Frans de Waal mit einer größeren Gruppe Schimpansen im Zoo der holländischen Stadt Arnhem. Die Tiere lebten auf einer von einem Wassergraben umgebenen Insel. De Waal bemerkte, dass sich die Arnhem-Affen im Anschluss an eine Auseinandersetzung in freundlicher Weise zu nähern pflegten. Einer der früheren Kombattanten streckte dem anderen die Hand hin, und anschließend umarmten oder küssten sie sich sogar häufig. De Waal fragte sich, ob dieses Verhaltensmuster der Weg der Schimpansen war, Differenzen beizulegen. Eine Fortführung des Kampfes wäre möglicherweise sehr destruktiv gewesen, da die Tiere ja in ständiger Tuchfühlung miteinander lebten. Sich nach einem Kampf wieder zu versöhnen, konnte dazu dienen, die Spannung schnell zu verringern, wodurch verhindert wurde, dass die Auseinandersetzung eskalierte.

Als de Waal seine Anschauung über eine Schimpansenaussöhnung erstmals präsentierte, stieß er auf große Skepsis. Seine Kollegen hielten es für mehr als unwahrscheinlich, dass eine Tierart wie der Schimpanse, der zwar unser nächster genetischer Verwandter ist, solch komplexe soziale Fähigkeiten besitzen würde. Um sie von seiner These zu überzeugen, entwickelte de Waal eine geschickte Methode. Er konnte die Schimpansen im Arnhem-Zoo von großen Aussichtstürmen aus beobachten, wo immer sie sich auf ihrer Insel herumtrieben. Jedes Mal, wenn es einen Kampf gab, beobachtete er die daran beteiligten Schimpansen die nächsten zehn Minuten genau, um zu sehen, ob sie sich einander in freundlicher Weise näherten. Er sammelte zudem weitere

Siehe auch
Schimpansen: Meister der Kommunikation, *Seite 76*

KOOPERATION UND ALTRUISMUS

Daten, um diese mit Beobachtungsdaten nach dem Kampf vergleichen zu können. So beobachtete er auch einzelne Schimpansen in 10-Minuten-Abschnitten, die nicht in Kämpfe verwickelt gewesen waren. So konnte er zeigen, dass sich Schimpansen in der Regel innerhalb der ersten zehn Minuten nach einem Kampf häufiger annähern, einander umarmen, küssen, tätscheln oder Fellpflege betreiben, als hätten sie zuvor nicht gekämpft. Dadurch erbrachte de Waal einen fundierten statistischen Beweis, der seine Behauptung unterstützte, dass Schimpansen nach einem Konflikt besonders freundlich zueinander sind.

De Waals Begriff von Aussöhnung und seine streng wissenschaftliche Untersuchungsmethode, diese zu belegen, stieß bei anderen Tierforschern auf großes Interesse. Viele Forscher unterschiedlichster Fachrichtungen nutzten diese Methoden, um herauszufinden, ob ihre Probanden sich ebenfalls miteinander aussöhnen. Inzwischen ist Aussöhnung bei vielen Primatenarten und sogar bei einigen Nichtprimatenspezies beobachtet worden, beispielsweise beim Wildschaf, bei der Fleckenhyäne und bei Löwen, Delfinen, Zwergmangusten sowie Hausziegen.

Trösten

Dennoch findet man einige Verhaltensformen bei Schimpansen nach einem Kampf, die bei anderen Arten äußerst selten scheinen oder sogar fehlen. Einem Bericht zufolge gibt es bei Schimpansen ein Verhaltensmuster, das die Bezeichnung »Trösten« erhielt. Ab und zu pflegte sich nach einem Kampf eine dritte Partei, die nicht direkt beteiligt gewesen war, zu nähern und Gewinner oder Verlierer zu umarmen, zu küssen oder zu pflegen. Der Forscher folgerte daraus, dass Trost der Aussöhnung ähnelt, weil er die Spannungen in der Gruppe verringert. Allerdings geht Trost in seiner sozialen Komplexität einen Schritt weiter als Aussöhnung, da der Tröster ja nicht direkt in den Kampf verwickelt war, sich aber trotzdem enorm engagiert, um die Gruppenmitglieder zu beruhigen.

AFFEN-BEOBACHTUNG
Wissenschaftler zeichnen das Verhalten von Schimpansen im Burgers-Zoo in Arnhem (Niederlande) auf.

SCHIMPANSEN VERSÖHNEN SICH NACH AUSEINANDERSETZUNGEN

SCHLICHTUNG

De Waal beschreibt auch ein noch selteneres Verhaltensmuster bei Schimpansen, das er Schlichtung nennt. Dies betrifft einen Dritten, der nicht direkt am ursprünglichen Kampf beteiligt war und die beiden Kämpfer versöhnt. Einer der Schimpansen in der Arnhem-Gruppe, ein altes Weibchen, Mama genannt, war eine besonders qualifizierte Schlichterin. Sie schien sehr bemüht um harmonische Beziehungen zwischen den dominierenden erwachsenen Männern in ihrer Gruppe. Wenn zwei dieser Männer gekämpft hatten, näherte sich Mama manchmal, um entweder den Gewinner oder den Verlierer zu streicheln bzw. zu putzen. Fellpflege ist eine entspannende Aktivität, die oft genügt, um Individuen zu beruhigen. Einige Male bemerkte de Waal, dass Mama nach einer kurzen Fellpflege sanft die Hand oder den Arm dieses Mannes ergriff und ihn zu seinem früheren Gegner führte. Sie putzte dann das Fell des anderen Schimpansen, während sie selbst vom ersten Mann geputzt wurde. Schließlich überließ sie die zwei Männer der gegenseitigen Fellpflege. Solche sozialen Fähigkeiten erscheinen außergewöhnlich, und sie haben Forscher zu der Folgerung veranlasst, dass zumindest Schimpansen möglicherweise Einfühlungsvermögen besitzen.

VERSÖHNEN
Schimpansen versöhnen sich mittels Fellpflege, mit Tätscheln und sogar mit Küssen.

1| Ein Kampf bricht zwischen zwei Gruppenmitgliedern (A und B) aus.

2| Ein drittes Gruppenmitglied (C) nähert sich und pflegt das Fell eines der Kämpfer (A).

3| Der Friedensstifter (C) bringt die Kämpfer zusammen. Während er beim ersten noch Fellpflege betreibt (A), lädt er den zweiten Kämpfer zum Fellpflegen ein (B).

4| Nach einer Weile schleicht sich der Friedensstifter (C) diskret davon, was den vormaligen Feinden (A und B) die Möglichkeit verschafft, sich miteinander zu versöhnen.

GÄHNE, UND DIE WELT GÄHNT MIT – EMPATHISCHE REAKTIONEN

LANGE ZEIT GALT ES ALS SICHER, DASS MITGEFÜHL EINE AUSSCHLIESSLICH MENSCHLICHE FÄHIGKEIT IST. ALLERDINGS GIBT ES FASZINIERENDE HINWEISE DARAUF, DASS AUCH TIERE IN DER LAGE SIND, DEN SCHMERZ ANDERER ZU VERSTEHEN UND DARAUF ZU REAGIEREN.

VERBREITUNG

Hunde und Mäuse: Weltweit

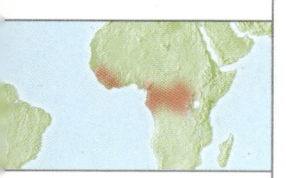

Schimpansen: West- und Zentralafrika

Delfine: Weltweit, zumeist in Flachwassermeeren des Festlandsockels

Empathie oder Mitgefühl ist die Fähigkeit, die Gefühle anderer zu teilen und darauf angemessen zu reagieren. Im einfachsten Fall könnte sich das Leid anderer auf ein Individuum auswirken, indem es dadurch selbst auch Leid empfindet. Eine solche Reaktion wird emotionale Übertragung genannt. Dies ist ein eher automatischer Prozess, für den keine große Intelligenz erforderlich ist. Schon neugeborene menschliche Babys fangen bekanntlich zu weinen an, wenn sie andere Babys weinen hören. Allerdings ist dies ein höchst kognitiver Prozess, denn Mitgefühl bedeutet, die geistige Perspektive eines anderen Individuums einzunehmen und darauf in einer Weise zu reagieren, die speziell den Bedürfnissen des anderen entspricht. So könnte ein Kind auf die Not eines anderen

KOMPLEXE EMPATHISCHE REAKTIONEN

Zwei Studien über Affen lassen vermuten, dass sie zu komplexeren Reaktionen fähig sein könnten. In einem frühen Versuch hatten Affen eine ungute Wahl: Zog ein Tier an einer Kette, erhielt es Futter als Belohnung, versetzte aber gleichzeitig einem anderen Affen in einem angrenzenden Käfig einen elektrischen Schlag. Die Affen zeigten ein größeres Einfühlungsvermögen als die Menschen, die diesen Versuch ersonnen hatten. Sie weigerten sich sehr schnell, an der Kette zu ziehen, nachdem sie bemerkt hatten, dass dies einem anderen Affen Schmerz verursachte. Ihr Verhalten schien auf emotionaler Übertragung zu basieren, da sie Bereitschaft zeigten, auf ihre eigenen Wünsche zu verzichten, um damit anderen Leid zu ersparen.

MÜDER HUND
Man hat beobachtet, dass Hunde zu gähnen anfangen, wenn Menschen in ihrer Umgebung gähnen.

GÄHNE, UND DIE WELT GÄHNT MIT – EMPATHISCHE REAKTIONEN

ICH FÜHLE DEINEN SCHMERZ
Mäuse reagieren auf den Schmerz anderer Mäuse, insbesondere dann, wenn sie zeitweise Käfiggenossen waren.

Kindes reagieren, indem es dessen Mutter herbeiholt oder ihm sein Lieblingsspielzeug bringt. Der Trost ist also direkt auf den Bedarf des anderen Kindes zugeschnitten.

Anhand einer Langzeitstudie beim Menschen konnte nachgewiesen werden, dass Kleinkinder im Alter zwischen zwölf und 24 Monaten beginnen, empathisches Trostspenden zu zeigen. Als die Mütter der Kleinkinder vorgaben zu weinen, versuchten viele der Kinder, sie durch Umarmen, Tätscheln und durch Überreichen von Spielzeug zu trösten. Doch während Menschen ab einem frühen Alter Fähigkeit zur Empathie zeigen, liegen bei anderen Spezies bislang wenig Beweise für Mitgefühl vor.

Anekdotischer Beweis

Die meisten Hinweise auf Empathie bei Tieren sind anekdotischer Natur. Einige der bekanntesten Beispiele betreffen Delfine, die berühmt dafür sind, in Not geratenen menschlichen Schwimmern zu helfen. So liegen zahlreiche Erzählungen über Delfine vor, die Menschen vor dem Ertrinken retteten. Allerdings ist es fast unmöglich, den Wahrheitsgehalt solcher Erzählungen zu überprüfen. Maddalena Bearzi hat frei lebende Delfine über zehn Jahre studiert. Sie war Erzählungen dieser Art gegenüber äußerst skeptisch – bis sie selbst Augenzeugin eines solchen Vorfalls wurde. Sie folgte gerade einer Gruppe von Delfinen, die in seichten Gewässern jagten, als die Tiere plötzlich drehten und sehr schnell in tiefes Wasser schwammen. Als Bearzi in ihrem Rennboot folgte, entdeckte sie, dass die Delfine eine junge Frau umringten, die am Ertrinken war. Nachdem Bearzi die junge Frau an Bord gezogen hatte, waren die Delfine verschwunden. Bearzi war sich nicht im Klaren, wie sie dieses Verhalten der Delfine interpretieren sollte. Zeigten die Tiere Mitgefühl für einen strampelnden Schwimmer, oder waren sie lediglich neugierig auf die seltsam zappelnde Person?

Vollendetes Mitgefühl

Das Problem mit Anekdoten ist Folgendes: Obwohl sie oft faszinieren, kann ihre Interpretation schwierig sein. Frans de Waal erzählte viele Anekdoten über offenbar mitfühlendes Verhalten bei Schimpansen. Zum Beispiel beschrieb er das Verhalten eines weiblichen Bonobos namens Zuni, die im Zoo von San Francisco lebte. Eines Tages geriet ein Vogel in Zunis Gehege und verletzte sich, als er gegen ein großes Glasfenster flog. Zuni nahm den Vogel sanft auf, streichelte ihn und brachte ihn zur Spitze eines Klettergerüsts. Dort drehte sie den Vogel von sich weg, hielt seine Flügel auseinander und entließ ihn in den freien Raum. Leider war der Vogel zu verblüfft, um zu fliegen, und flatterte zur Erde zurück. Zuni holte ihn zurück und trug ihn vorsichtig herum, bis sich der Vogel wieder erholt hatte und wegflog.

De Waal hält Zunis Verhalten für ein Beispiel vollendeten Mitgefühls: Sie reagierte in einer Weise, die aus der Perspektive des Vogels relevant war. Sie brachte ihn zu einem hoch gelegenen Ausgangspunkt, um ihm das Wegfliegen zu ermöglichen, und drehte ihn von sich weg, bevor sie ihn freiließ. Doch Zuni hätte auf den Vogel auch in dieser Weise reagieren können, wenn sie ihn als empfindliches Spielzeug betrachtete.

Mäuse und Hunde

Versuche mit Mäusen haben ergeben, dass sie auf den Schmerz von anderen Mäusen reagieren, besonders dann, wenn die Tiere eine Zeit lang Käfiggenossen waren. Die Mäuse krümmten sich und leckten ihre Pfoten, wenn sie einen früheren Käfiggenossen Schmerz erleiden sahen. Sie schienen in Gegenwart einer anderen leidenden Maus ebenfalls schmerzempfindlicher zu sein. Dies galt auch, wenn zwei Mäuse unterschiedliche Arten von Schmerz erlebten, zum Beispiel aufgrund eines erhitzten Bodens oder künstlich herbeigeführter Übelkeit.

Kürzlich berichtete ein Wissenschaftlerteam des Birkbeck-Colleges der Universität von London über eine andersartige Übertragung bei Haushunden. Sie fanden heraus, dass ein vor Haushunden übertrieben gähnender Mensch die Wahrscheinlichkeit deutlich vergrößerte, auch bei den Tieren ein Gähnen auszulösen. Die Forscher diskutierten dieses Verhalten in Zusammenhang mit dem Einfühlungsvermögen des Tieres.

Siehe auch
Schimpansen sehen im Spiegel, wie sie ausschauen, *Seite 108*

KOOPERATION UND ALTRUISMUS

EINE HUNDE-MAHLZEIT IST EIN GEMEINSCHAFTS-ERLEBNIS

SEHR WENIGE SPEZIES TEILEN FUTTER MIT NICHTANGEHÖRIGEN. BEI NICHTMENSCHLICHEN PRIMATEN KOMMT ES BESONDERS SELTEN VOR. ALLERDINGS WURDEN SOWOHL KAPUZINERAFFEN ALS AUCH SCHIMPANSEN AKTIV BEIM FUTTERTEILEN MIT ANDEREN BEOBACHTET.

VERBREITUNG

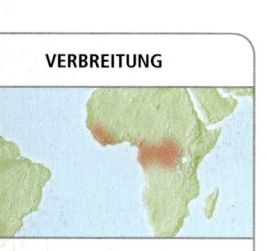

Schimpansen: Zentrales Westafrika

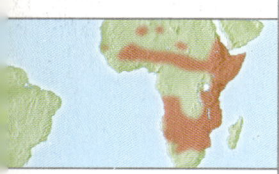

Afrikanische Wildhunde: Ost- und Südafrika

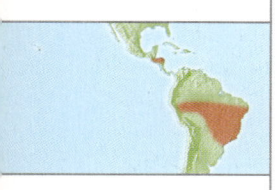

Kapuzineraffen: Mittel- und Südamerika

»DOGGYBAG«
Afrikanische Wildhunde schlucken Fleisch und tragen es in ihrem Körper zur Höhle zurück. Dort würgen sie eine Portion des anverdauten Fleisches für die Welpen der Leithündin und ihre Babysitter hervor.

Menschen teilen beinahe täglich das Essen miteinander. Es ist so normal für uns, dass es uns niemals eigenartig vorkommt. Allerdings ist Essenteilen ein sehr seltenes Verhaltensmuster bei Primaten, und sehr wenige reichen einem anderen Individuum, nicht einmal ihrem eigenen Nachwuchs, freiwillig Nahrung. Im Gegensatz dazu scheint das Essenteilen beim Menschen ein uraltes Verhaltensmuster zu sein. Jäger und Sammler, die sich ausschließlich von Wildpflanzen und Wild ernährten, folgten einer Lebensweise, die nach Meinung von Paläontologen typisch für unsere Steinzeitvorfahren war. Alle jemals studierten Jäger- und Sammlergruppen weisen sehr starke Traditionen auf, ihr Essen mit dem Rest der Gruppe zu teilen – und zwar nicht nur mit nahen Familienmitgliedern, sondern auch mit Fremden.

Eine Menge anderer Arten teilen die Nahrung mit ihren Jungen, aber das Teilen mit Nichtfamilienmitgliedern ist viel weniger üblich. Afrikanische Wildhunde transportieren teilweise verdautes Fleisch oft über lange Entfernungen in ihrem Körper vom Riss zurück zur Höhle und würgen es für andere Rudelmitglieder hervor, die häufig zur Welpenpflege zurückblieben. Sie teilen mit anderen Rudelmitgliedern, sogar wenn sie nicht mit ihnen verwandt sind.

Unter Primaten ragen in dieser Hinsicht zwei Arten heraus: Kapuzineraffen und Schimpansen. Die am häufigsten vorkommende Art zu teilen, die man bei Kapuzineraffen findet, wäre wohl am besten als »tolerierter Diebstahl« zu bezeichnen. Kapuziner sind sehr tolerant gegenüber anderen. Sie erlauben es Artgenossen, sich ihnen beim Fressen zu nähern, und lassen es sogar manchmal zu, dass ein anderer Affe Speisereste aufklaubt oder ihnen Nahrungsstücke geradewegs aus den Händen nimmt.

Teilungsverhalten in Menschenobhut

Frans de Waal hat Studien über Nahrung teilende Kapuzineraffen durchgeführt. Er installierte Versuchskammern an der Vorderseite der Affengehege und rief die Affen bei ihrem Namen, worauf diese dann freiwillig in die Kammern stiegen. Nun platzierte de Waal zwei Kammern so, dass sie nur durch eine einzelne Maschendrahtwand getrennt waren. Dann fütterte er einen der Affen mit Früchten, den anderen aber nicht, und fand dabei heraus, dass sie miteinander teilten. Die Affen, die das Futter erhielten, setzten sich sofort neben den Maschendraht und fraßen, sodass es für den Nachbarn leicht war, hindurchzugreifen und Futterreste aufzuklauben. Darüber hinaus schoben sie sogar

Siehe auch
Gähne, und die Welt gähnt mit – empathische Reaktionen, *Seite 176*

Nahrungsstücke durch die Maschendrahtwand in die angrenzende Kammer.

Es gab auch Hinweise auf wechselseitigen Altruismus. So war es wesentlich wahrscheinlicher, dass Affen Futter zu einem Nachbarn durchschoben, wenn dieser bei einer früheren Gelegenheit Nahrung mit ihnen geteilt hatte.

Obwohl ein solches Teilen bei in Menschenobhut lebenden Kapuzinern leicht auszulösen ist, gibt es kaum Hinweise darauf in freier Wildbahn. Teilweise mag dies damit zusammenhängen, dass Pflanzennahrung meist gleichmäßig verteilt ist und somit keine Notwendigkeit besteht, anderen Affen, die sich genauso leicht bedienen können, Futterstücke zu reichen. Auch menschliche Jäger und Sammler neigen schließlich nicht dazu, Pflanzennahrung miteinander zu teilen. Was beim Essen unter Jägern und Sammlern geteilt wird, ist hauptsächlich Fleisch. Das Jagen ist in diesen Gesellschaften die Domäne der Männer, und wird ein erlegtes Tier zum Lager zurückgebracht, bekommt jedes Gruppenmitglied etwas davon ab.

Fleisch teilende Schimpansen

Die einzigen anderen Primaten, die man in der Wildnis beim Teilen beobachtete, sind Schimpansen, und genau wie bei menschlichen Jägern und Sammlern betrifft dies in der Regel Fleisch. Schimpansen sind eine der wenigen Primatenarten, die andere Tiere jagen und fressen. War die Jagd erfolgreich, geht es in der Gruppe ganz aufgeregt zu. Andere Schimpansen betteln die Individuen mit Kadaverstücken heftig um einen Happen an. Unter diesen Umständen ist es nicht ungewöhnlich, dass ein Tier einen kleinen Fleischfetzen abreißt und ihn einem bettelnden Artgenossen reicht.

Schimpansen scheinen beim Teilen von Fleisch taktisch vorzugehen. Meistens jagen die Männchen, und sobald die Beute, etwa ein Sansibar-Colobusaffe, eine kleine Antilope oder ein Buschschwein, gefangen und getötet ist, teilen sie mit anderen Jagdteilnehmern. Taucht ein hochrangiges Männchen nach der Jagd auf, hat es geringere Chancen, einen Fleischanteil zu erhalten, als rangniedrigere Jagdteilnehmer. Die Jäger teilen zudem nicht nur untereinander, sondern oft auch mit erwachsenen Weibchen. Dies lässt den Schluss zu, dass die Männchen einen Hintergedanken für ihre Großzügigkeit gegenüber Weibchen hegen. Gibt ein Männchen Fleisch an ein Weibchen ab, steigt die Wahrscheinlichkeit, dass sie sich, wenn er das nächste Mal paarungsbereit ist, erkenntlich zeigt. Obwohl die Fleisch-für-Sex-Hypothese sinnvoll erscheint, konnte anhand von empirischen Daten keine Beziehung zwischen Fleischteilen und zukünftigem Paarungserfolg gefunden werden. Es bleibt daher offen, warum Männchen Fleisch mit gewissen Weibchen teilen, mit anderen aber nicht.

ZUSAMMENARBEIT – TEAMWORK ODER EHER ZUFÄLLIGES ZUSAMMENWIRKEN?

VERBREITUNG

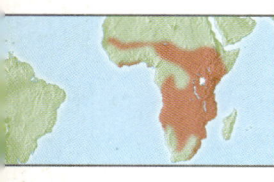

Löwen: Afrika südlich der Sahara

Paviane: Ostafrika

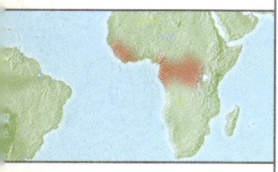

Schimpansen: West- und Zentralafrika

Kapuzineraffen: Mittel- und Südamerika

DER GROSSTEIL DES KOOPERATIONSVERHALTENS WIE DIE GRUPPENJAGD BEI LÖWEN SCHEINT EHER OPPORTUNISTISCH ALS ABSICHT. ALLERDINGS GIBT ES EINIGE HINWEISE BEI PRIMATEN, DASS JEDER DAS VERHALTEN DER ANDEREN IM AUGE BEHÄLT, WENN SIE GEMEINSAM MIT EINEM PROBLEM BEFASST SIND.

Zusammenarbeit bedeutet, dass zwei oder mehr Individuen auf das gleiche Ziel hinarbeiten. Dabei erzielen sie einen Gesamtgewinn, der das überschreitet, was jeder allein erreicht hätte. Die Gruppenjagd bei Löwen ist vielleicht eines der berühmtesten Beispiele einer Zusammenarbeit bei Tieren. Löwen sind einmalig unter den Großkatzen, weil sie in Rudeln leben. Untersuchungen haben gezeigt, dass in Gruppen jagende Löwen größere Beute mit einer höheren Erfolgsquote zu Fall bringen als einzeln jagende Tiere. Allerdings bedeutet die Gemeinschaftsjagd nicht, dass ihre Jagdtaktiken sehr intelligent sind. Ein Beobachter bemerkte, dass die Art, in der sie beim Anpirschen auf die Beute untereinander Abstand halten, eher opportunistisch zu sein scheint als wissentlich koordiniert.

Die Pumpenhausbande

Die Jagdtaktiken, die Paviane einsetzen – einer der wenigen Primaten übrigens, die bei der Verfolgung und dem Verspeisen anderer Tiere beobachtet wurden –, scheinen überwiegend opportunistisch zu sein. Shirley Strum studierte das Jagdverhalten einer Paviangruppe, die Pumpenhausbande genannt wurde, weil sie sich in der Nähe eines Wasserpumpwerkes herumtrieb. Als sie erstmals die Pavianjagd beobachtete, startete ein Tier die Jagd, und als die Beute (üblicherweise ein Hase oder eine neugeborene Antilope) zu fliehen begann, schlossen sich andere Männer an. Erlegte ein Pavian die Beute dagegen allein, teilte er sie niemals. Und wenn es einem Weibchen gelang, etwas Fleisch zu bekommen, wurde es üblicherweise von einem der großen Männchen aggressiv angegangen.

Eines Tages schloss sich ein neuer männlicher, eifriger Jäger, Rad genannt, der Bande an. Die Anzahl der Jagden stieg drastisch an, und die Paviane begannen, mehr Zusammenarbeit zu zeigen. Rad

ZUSAMMENARBEIT – TEAMWORK ODER EHER ZUFÄLLIGES ZUSAMMENWIRKEN? 181

FAMILIENRUDEL
Löwen leben in großen sozialen Gruppen. Die eng miteinander verwandten Löwinnen innerhalb eines Rudels jagen gemeinsam und verspeisen auch die Beute zusammen.

Siehe auch
Löwen zeigen Talent zum Brüllen, *Seite 132*

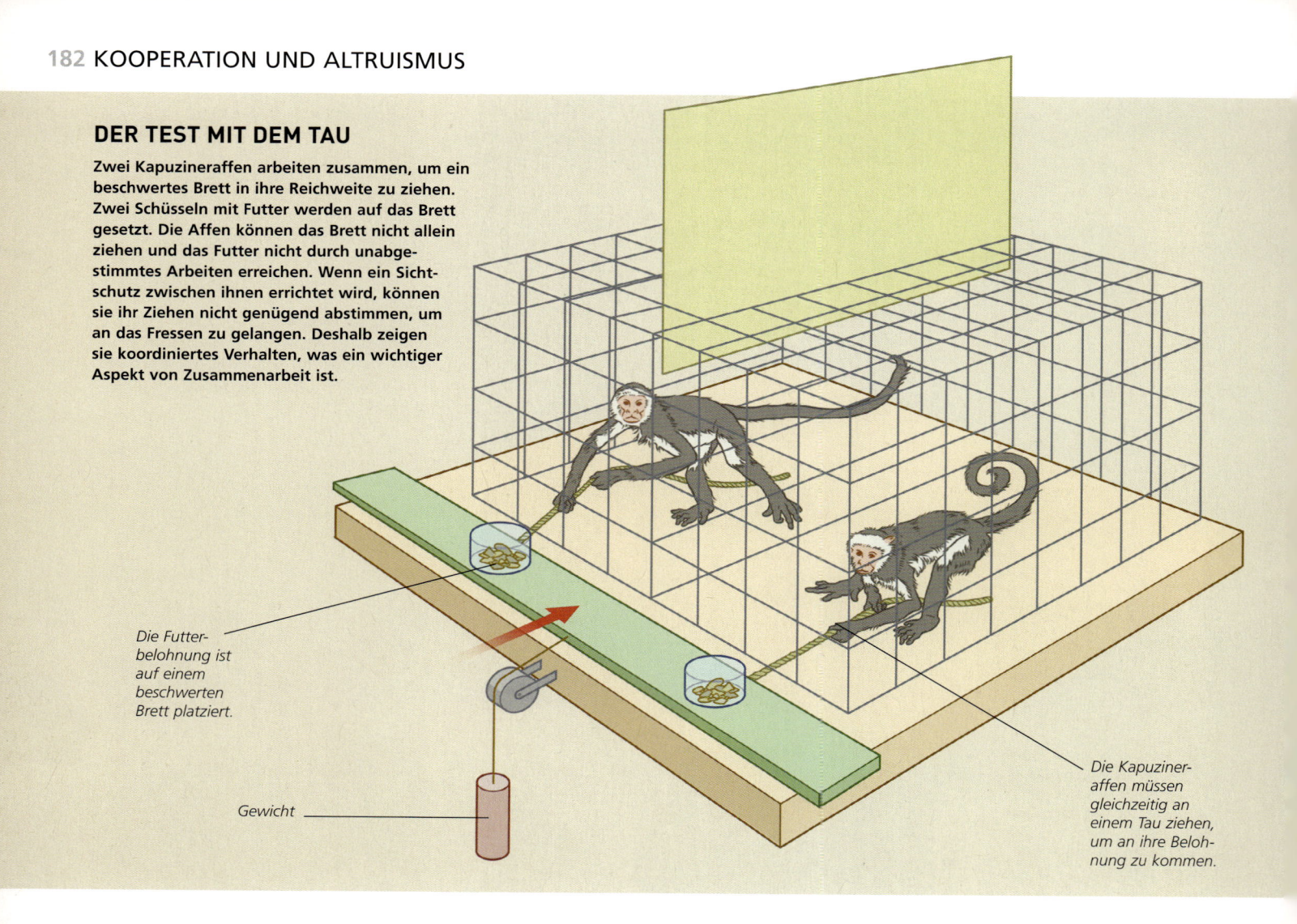

KOOPERATION UND ALTRUISMUS

DER TEST MIT DEM TAU

Zwei Kapuzineraffen arbeiten zusammen, um ein beschwertes Brett in ihre Reichweite zu ziehen. Zwei Schüsseln mit Futter werden auf das Brett gesetzt. Die Affen können das Brett nicht allein ziehen und das Futter nicht durch unabgestimmtes Arbeiten erreichen. Wenn ein Sichtschutz zwischen ihnen errichtet wird, können sie ihr Ziehen nicht genügend abstimmen, um an das Fressen zu gelangen. Deshalb zeigen sie koordiniertes Verhalten, was ein wichtiger Aspekt von Zusammenarbeit ist.

Die Futterbelohnung ist auf einem beschwerten Brett platziert.

Gewicht

Die Kapuzineraffen müssen gleichzeitig an einem Tau ziehen, um an ihre Belohnung zu kommen.

nahm eine charakteristische wachsame Stellung an, wenn er eine potenzielle Beute erspähte, und die anderen Paviane reagierten und näherten sich schnell. Bald schlossen sich immer mehr Individuen, darunter auch Weibchen, den Jagden an. Machte ein Weibchen Beute, war es nun sehr viel wahrscheinlicher, dass sie das erlegte Tier behalten und allein fressen konnte, als vor Rads Ankunft. Trotz der verbesserten Abstimmung war das Verhalten der Pumpenhaus-Paviane dennoch eher opportunistisch als kooperativ.

Kooperative Schimpansen

Im Gegensatz dazu deuten andere Forschungsprojekte an, dass die Schimpansen des Tai Forest bei der Jagd wissentlich zusammenarbeiten. Sie geben einen charakteristischen Ruf ab, um den Jagdbeginn zu signalisieren, anschließend übernehmen die Tiere unterschiedliche Rollen: Treiber scheuchen die Beute vor sich her, Jäger versuchen, sie zu schnappen, Blockierer verhindern ein Entkommen der Beute, und Lauerjäger verbergen sich in dichtem Laubwerk, um zuzuschlagen. Die Schimpansen teilen auch das Fleisch miteinander, wobei alle Tiere Berücksichtigung finden, die an der Jagd teilgenommen haben; der Rang eines Individuums spielt dabei keine Rolle. Einige Wissenschaftler fechten diese Behauptungen mit dem Hinweis an, dass die Jagd nicht kooperativer als bei Löwen sein könnte. Das Problem ist, dass aufgrund von Beobachtungen in der Wildnis allein nur schwer feststellbar ist, wie bewusst kooperativ die Schimpansen sind. Allerdings gab es eine Reihe von Versuchen zur Zusammenarbeit von nichtmenschlichen Primaten, darunter Schimpansen.

Im Rahmen der ersten Untersuchung wurde ein größerer Betonblock mit Bananen darauf außerhalb des Käfigs zweier junger Schimpansen platziert. Man befestigte Taue an dem Block und zog diese durch die Gitter des Schimpansenkäfigs. Für einen der Schimpansen war der Block zu schwer, um ihn allein in seine Reichweite zu ziehen. Um das Futter zu erreichen, mussten beide zusammenarbeiten und gleichzeitig ziehen. Als die Affen dazu in der Lage waren, schlussfolgerte man, dass sie absichtlich kooperieren. Dennoch ist es schwierig zu sagen, ob die Schimpansen ihr

ZUSAMMENARBEIT – TEAMWORK ODER EHER ZUFÄLLIGES ZUSAMMENWIRKEN?

Verhalten wirklich absichtlich koordinieren oder ob ihre Synchronisierung opportunistischer Art war. Sicherlich deuten die Filmaufnahmen an, dass es sich um eine absichtliche Verhaltensweise handelte. Einer der Schimpansen schaut, als sei er durch die Aufgabe gelangweilt, und macht Anstalten, wegzugehen. Sein Gefährte nähert sich ihm, legt ihm den Arm um die Schultern und drängt ihn zurück zu den Tauen. Sie ziehen dann den Block mit vereinten Kräften in ihre Reichweite, und der »gelangweilte« Schimpanse geht wieder weg. Offenbar hat er nichts dagegen, dass sein Gefährte die ganzen Bananen bekommt.

Der zweite Test

Bei einer neueren Version der Tauziehaufgabe wurde die Zusammenarbeit bei Kapuzineraffen untersucht. Man bot den Affen Futter auf einem beschwerten Brett außerhalb ihres Käfigs an. Um das Essen zu erreichen, mussten sie gleichzeitig am Tau ziehen, was sie auch erfolgreich bewerkstelligten. In einem ausgeklügelteren Test, mit dem man herausfinden wollte, ob die Synchronisierung auf Zufall basierte, trennte man die Affen durch eine Maschendrahtwand. Als der Maschendraht durch eine feste Sichtbarriere ersetzt wurde, waren die Affen nicht in der Lage, ihr Verhalten zu koordinieren. Es scheint also, dass sich die Kapuzineraffen gegenseitig beim Ziehen beobachteten, auch wenn dies nicht sofort ersichtlich war. Ein späterer Versuch wiederholte das Tauziehenexperiment mit Schimpansen. Das Ergebnis zeigte, dass die Schimpansen zusammenarbeiten, aber im Vergleich mit den Kapuzineraffen weniger gut teilen konnten. Herrschte zwischen ihnen eine angespannte Beziehung, bevor der Test begann, hatten sie Probleme, die Futterbelohnung zu teilen, selbst wenn sie auf dem Brett verstreut war.

Es gibt also Hinweise, dass einige Primatenarten zu einer absichtlichen Zusammenarbeit fähig sind. Überdies können tolerantere Arten den kooperativen Austausch fördern, indem sie sich ihre Belohnungen teilen.

SCHIMPANSEN UND KAPUZINERAFFEN

Raphael Chalmeau dachte sich eine besondere Aufgabe aus, um die Zusammenarbeit bei Schimpansen zu testen. Er konfrontierte eine Gruppe von sechs Schimpansen mit einem Paar weit auseinander liegender Hebel, die gleichzeitig von zwei Tieren gezogen werden mussten, damit ein Apparat das Essen freigab. Ein erwachsenes Männchen und ein junges Weibchen waren bei der Zusammenarbeit erfolgreich. Das Weibchen schien wahllos an den Hebeln zu ziehen, aber das Männchen beobachtete sie aufmerksam und synchronisierte sein Ziehen mit ihrem. Allerdings besaß er ein bisschen etwas von einem Tyrannen und weigerte sich, die Futterbelohnung mit ihr zu teilen. An diesem Punkt kündigte das Weibchen die Zusammenarbeit auf. In weiteren Versuchen wurde die Hebelaufgabe mit Kapuzineraffen wiederholt. Die Affen waren auch erfolgreich, aber sie schienen einander nicht zu beobachten, während sie die Hebel zogen, was darauf hinweist, dass das synchronisierte Ziehen zufällig geschah. Da die erste Studie durch das dominante Männchen beeinträchtigt war, wollten zwei Wissenschaftler – de Waal und Berger – untersuchen, ob es mit ihren Kapuzineraffen besser gelingen würde. Sie konnten Folgendes feststellen: Wenn einer der Kapuzineraffen nach dem gemeinsamen Tauziehen das Futter erhielt, der andere aber nicht, teilte der erste Affe bereitwilliger mit seinem Gefährten.

ZUSAMMENARBEIT

Schimpansen haben kooperatives, synchronisiertes Verhalten beim Verfolgen eines gemeinsamen Zieles bewiesen. Allerdings ist nicht klar, ob dies absichtlich oder opportunistisch begründet ist.

AFFEN LASSEN SICH NICHT ÜBER DEN TISCH ZIEHEN

VERBREITUNG

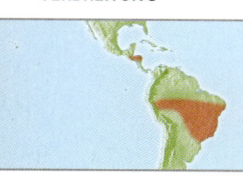

Kapuzineraffen: Mittel- und Südamerika

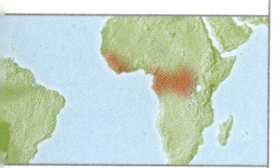

Schimpansen: West- und Zentralafrika

KAPUZINERAFFEN UND MÖGLICHERWEISE AUCH SCHIMPANSEN SCHEINEN EINEN SINN FÜR GERECHTIGKEIT ZU BESITZEN. SCHIMPANSEN ERKENNEN AUCH DEN UNTERSCHIED ZWISCHEN UNABSICHTLICHEN UND ABSICHTLICHEN AKTIONEN UND HEBEN Z.B. VON MENSCHEN VERSEHENTLICH FALLEN GELASSENE GEGENSTÄNDE AUF UND GEBEN SIE ZURÜCK.

Wenn Menschen bemerken, dass sie ungerecht behandelt wurden, reagieren sie im Normalfall mit offener Empörung. So können wir wirklich gern arbeiten – bis wir erfahren, dass jemand anderer für dieselbe Leistung mehr Geld bekommt. So ausgeprägt der Gerechtigkeitssinn beim Menschen ist, scheint es doch unwahrscheinlich, dass Tiere eine ähnliche Sensibilität zeigen. Dennoch legen Versuche nahe, dass Kapuzineraffen und Schimpansen ebenfalls ein Gespür für Gerechtigkeit besitzen könnten.

Ein fairer Handel

Forscher setzten Kapuzineraffen in zwei getrennte, aber aneinandergrenzende Maschendrahtkäfige. Die Affen hatten gelernt, Steine gegen Futterstücke zu tauschen. Einem Affen wurden Gurkenstücke für Steine angeboten. Dann bot man dem Affen im zweiten Käfig Trauben zum Tausch an (schmackhafter für Kapuzineraffen als Gurken). Als der erste Affe bemerkte, dass der Nachbar einen besseren Handel machte, weigerte er sich, weitere Steine einzutauschen. Und einige Affen schienen sich wegen der Ungerechtigkeit so zu ärgern, dass sie sich ans Ende des Käfigs zurückzogen und sich zusammenrollten.

Nun könnte es sein, dass schon der Anblick der Trauben ausreicht, um den ersten Affen mit der Gurke zu frustrieren; in diesem Falle wäre Gerechtigkeit kein Thema. Selbst wenn keine anderen Affen anwesend waren und Weintrauben ins Blickfeld gebracht würden, hätte der Affe vielleicht aufgehört, Steine gegen die Gurkenstücke zu tauschen. Allerdings zeigten Tests, dass die Affen bei der Fütterung froh waren, Gurke zu bekommen, auch wenn ein Nachbar Trauben bekam. Deshalb schienen die Affen wirklich zu erwarten, dass sie den gleichen Handel

Siehe auch
Eine Hundemahlzeit ist ein Gemeinschaftserlebnis, *Seite 178*

IMMENS HILFSBEREIT

Eine kürzlich durchgeführte Versuchsreihe zeigt, dass Schimpansen selbstlos anderen helfen. Die Schimpansen beobachteten entweder einen fremden Menschen oder einen genetisch nicht verwandten Schimpansen, die sich mit einem Problem abmühten, zum Beispiel einen Gegenstand nicht erreichten. Die wachsamen Schimpansen halfen spontan, sogar ohne Belohnung und auch dann, wenn das Helfen erheblichen körperlichen Einsatz erforderte. Sie schienen das Ziel der sich abmühenden Schimpansen und Menschen zu verstehen und unterstützten sie dabei, es zu erreichen.

abschließen konnten. Fade schmeckende Gurkenstücke anstelle von Trauben zu erhalten, war einfach nicht gerecht.

Schimpansengerechtigkeit

Wenn Kapuzineraffen ein Gespür für Gerechtigkeit zu besitzen scheinen, gilt dies ja möglicherweise auch für Schimpansen. Forscher führten deshalb einen ähnlichen Test wie den Trauben-Gurken-Tausch durch, und die Menschenaffen verhielten sich genau wie die Kapuziner. Allerdings waren Kapuzineraffen toleranter in Bezug auf einen schlechten Tausch, wenn sie bereits freundschaftliche Beziehungen zu ihrem Nachbarn pflegten.

An dieser Stelle ist es wichtig zu wissen, dass Kapuzineraffen in toleranteren Gesellschaften leben als Schimpansen. Letztere leben in Gruppen, die aus wechselnden Allianzen und komplexen Beziehungen bestehen. Insofern liegt es nahe, dass sich die langfristigen Beziehungen der Schimpansen darauf auswirken, wie sie während eines kurzfristigen Versuchs auf einen ungleichen Handel reagieren. Das war jedenfalls die Theorie. Ein ähnlicher Versuch erbrachte widersprüchliche Ergebnisse. Ungeachtet ihrer Beziehung zu einem Nachbarn bettelten die Schimpansen gerade dann stärker, wenn der glückliche Nachbar einen besseren Handel machte, anstatt den Tausch zu verweigern.

Schuldig oder unschuldig?

Ebenfalls widersprüchliche Ergebnisse lieferte ein Versuch, um herauszufinden, ob Schimpansen zwischen einer absichtlichen und einer unabsichtlichen Handlung differenzieren können. In einer Studie reichten Menschen den Schimpansen einige Becher mit Orangensaft. Ab und zu wurde der Saft verschüttet. Allerdings goss der Forscher manchmal den Saft absichtlich auf den Fußboden und ließ das nächste Mal den Becher »versehentlich« fallen. Anschließend hatten die Schimpansen Gelegenheit zu wählen, wer ihnen den Saft reichen sollte. Wenn sie zwischen unabsichtlicher Tollpatschigkeit und absichtlicher Gemeinheit unterscheiden konnten, war davon auszugehen, dass sie die Person bevorzugen würden, die den Saft versehentlich fallen ließ. Tatsächlich trafen sie keine solche Wahl.

Allerdings zeigte ein anderer Versuch, dass Schimpansen zwischen absichtlichen und unabsichtlichen Handlungen sehr wohl unterscheiden können. Dazu wurde Futter in einem von zwei Kästen versteckt, und ein Forscher setzte einen kleinen hölzernen Würfel auf einen der Kästen, um zu markieren, wo sich das Futter befand. Die Schimpansen lernten, auf den Kasten mit dem Würfel zu deuten, und wenn sie dies taten, erhielten sie das darin befindliche Futter. Allerdings fiel der Würfel bei einigen Versuchen »versehentlich« auf einen leeren Kasten und wurde dann zum richtigen Kasten gebracht. Ab und an wurde der Würfel absichtlich am richtigen Ort abgelegt und dann »versehentlich« zu einem leeren Kasten bewegt. Die Schimpansen waren fähig, den Unterschied zwischen unabsichtlicher und absichtlicher Platzierung zu erkennen, und zeigten demgemäß auf die richtigen Kästen (zwei- und dreijährige Kinder sowie Orang-Utans benahmen sich übrigens beim gleichen Test ähnlich wie die Schimpansen).

GERECHTIGKEIT FÜR ALLE
Wissenschaftler haben festgestellt, dass Kapuzineraffen einen ausgeprägten Sinn für Gleichheit besitzen.

GLOSSAR

Alarmruf, Warnruf: Warnlaut oder -ruf nach Sichtung eines Raubtieres oder einer anderen wahrgenommenen Gefahr.

Altruistischer Alarmruf: Lautäußerung beim Wahrnehmen einer Gefahr, trotz vergrößerten Risikos für den Rufer (altruistisch = selbstlos).

Amerikanische Zeichensprache, Ameslan, ASL: Standardisierte Gestensprache hörbehinderter Menschen in den Vereinigten Staaten.

Buschfleisch-Handel: Derzeitiges Wildern in der afrikanischen Tierwelt (u.a. gefährdete Gorillas, Schimpansen und Bonobos) u.a. zum Verkauf von Fleisch an kenianische Restaurants.

Darwin, Charles: Überaus einflussreicher Theoretiker und Naturwissenschaftler, der das erste umfassende Grundlagenwerk über den Evolutionsprozess publizierte (»Die Entstehung der Arten«, 1859).

Dominanzhierarchie: Tierische Sozialstruktur, die die Rangordnung in Tiergesellschaften widerspiegelt.

Doppelter Blindversuch: Experimentelle Methode, bei der ein Wissenschaftler eine Seite eines Versuchs überwacht und ein zweiter die Rückmeldung des Probanden überprüft. Dadurch wird sichergestellt, dass keiner der Forscher die Mitwirkung anderer Versuchsteilnehmer beeinflusst.

Erkennen des eigenen Spiegelbildes, Mirror self-recognition (MSR): Die Fähigkeit, zu verstehen, dass das Spiegelbild das eigene Gesicht und den eigenen Körper zeigt.

Erkenntnis-Lernen: Art des Lernens, die sich von anderen Typen unterscheidet und durch die vermutete plötzliche und spontane Lösung einer Aufgabe charakterisiert ist.

Extrahierende Nahrungssuche: Verhalten bei der Nahrungssuche, bei dem eingebettete oder verborgene Nahrung mittels Werkzeugverwendung extrahiert wird (z.B. Verwendung von Steinen zum Öffnen von Nüssen).

Hominid: Oberbegriff für moderne oder ausgestorbene Primaten, die bipedal (zweifüßig) aufrecht gehen, einschließlich aller Arten der Gattung *Homo* (z.B. *Homo sapiens*) und *Australopithecus*.

Imitation: Hundertprozentige Reproduktion von beobachtetem Verhalten bzw. beobachteten Verhaltensweisen und deren Ausführung bei der ersten Gelegenheit nach Beobachtung des Verhaltens.

Infraschall: Äußerst niederfrequente Schallwellen, die unterhalb der menschlichen Wahrnehmung liegen. Er dient einigen Großtierarten (u.a. Elefanten, Walen) der Kommunikation.

Inzesttabu: Verhaltensveranlagungen unter Tieren, die genetisch programmiert zu sein scheinen, um eine Inzucht zwischen Eltern und Nachwuchs zu verhindern.

Keuchheulen: Charakteristische Lautäußerung bei Schimpansen, die bei großer Erregung, etwa bei der Begrüßung während eines Wiedersehenstreffens, abgegeben wird.

Komparative Psychologie: Vergleichende Untersuchung des Lernens und Verhaltens bei Tieren.

Lernen durch Versuch und Irrtum: Art des Lernens, bei dem Individuen bei dem Versuch, Aufgaben zu lösen, so lange Fehler machen, bis sie daraus lernen und eine Aufgabe lösen können.

Lernstrategie »Gewinnen/bleiben, verlieren/verändern«: Lernstrategie, bei der ein an einer Aufgabe beteiligtes Tier versteht, dass es zwischen zwei Gegenständen wählen muss. Dabei besteht eine 50:50-Chance für die richtige Antwort. Liegt er bei der ersten Wahl bei zwei Möglichkeiten richtig, wählt der Proband den gleichen Gegenstand bei der folgenden Aufgabe aus (gewinnen/bleiben). War die Antwort falsch, sollte der Versuchskandidat den anderen Gegenstand wählen (verlieren/verändern).

Markierungsbezogenes Verhalten: Verhaltensreaktion auf eine sichtbare Markierung (Farbstoff oder andere Materialien) auf der Haut von Versuchstieren; typischerweise folgt ein Berühren und eine Untersuchung der Markierung, danach ein Beriechen der Finger. *Vgl. auch* Vorgetäuschte Markierung.

Markierungstest: Eine von dem Psychologen Gordon Gallup entwickelte experimentelle Aufgabe, um bei Tieren das Erkennen des eigenen Spiegelbildes zu testen. Dazu werden das Gesicht und/oder andere Körperteile mit Farbstoff markiert und das Versuchstier anschließend mit seinem Spiegelbild konfrontiert.

Matriarchin: Weiblicher Führer einer sozialen Gruppe. Meist das älteste und erfahrenste Tier.

Musth: Zeitraum von verstärkter Reizbarkeit und sexueller Erregbarkeit während der Paarungszeit bei männlichen Elefanten. Beruht auf einem Hormonanstieg.

Nachahmung: Verhaltensreaktion auf beobachtete Handlungen eines anderen Individuums, die aus der Aufmerksamkeit des Beobachters resultiert. Der Beobachter reproduziert dann beobachtetes Verhalten oder Handlungen.

Opportunistischer Allesfresser: Ein Tier, das ein breites Spektrum an Lebensmitteln – alles, was nicht giftig ist – frisst, wie beispielsweise Früchte, Pflanzenbewuchs, Laubwerk, Fleisch.

Parabolische Rezeptoren: Körperteile, üblicherweise Ohren oder Strukturen ums Gesicht, die einen verbesserten Empfang ermöglichen, besonders für Lautäußerungen über weite Entfernungen (z. B. große Backenpolster bei erwachsenen, männlichen Orang-Utans).

Playbackstudie: Experimenteller Ansatz, der vorher aufgezeichnete Klänge wie artspezifische Lautäußerungen verwendet, die abgespielt werden, um die Verhaltensreaktionen von einzelnen Tieren zu beobachten.

Präzisionsgriff: Die Verwendung von Daumen und Zeigefinger, um einen kleinen Gegenstand aufzunehmen oder zu halten. Voraussetzung dafür ist ein opponierbarer Daumen, der lang und flexibel genug ist, um quer über die Handfläche zu reichen.

Protokultur: Rudimentäre Kultur mit einigen sozialen Traditionen, beispielsweise Übertragung von Werkzeugverwendung, Teilen von Nahrung und kooperatives Verhalten innerhalb einer dynamischen und komplexen Sozialstruktur (z.B. bei Schimpansen).

Rumpelgeräusch: Niedrigfrequenter Schall, der von Elefanten zur Kommunikation über weite Entfernungen abgegeben und über ihre Füße aufgenommen wird.

Semiterrestrisch: Tierart, die aktiv einen Teil ihrer Zeit auf dem Boden, aber die Mehrheit ihrer Zeit in den Bäumen verbringt.

Soziales Raubtier: Raubtiere (u. a. Löwe), die in komplexen sozialen Einheiten leben, kooperativ jagen und ihre Jungen gemeinschaftlich aufziehen.

Soziales Lernen: Das Erlernen von Verhalten oder Verhaltensweisen durch das Beobachten anderer Mitglieder der eigenen sozialen Gruppe, das sonst nicht erworben werden könnte.

Spaltungs-und-Vereinigungs-Gesellschaft: Dynamische tierische Sozialstruktur, bei der Gemeinschaftsmitglieder nicht in einer statischen Gruppe bleiben, sondern für eine gewisse Zeit weggehen, um später zurückzukehren.

Spiegelbezogenes oder spiegelgelenktes Verhalten: Verhalten, das auf der Verwendung eines Spiegelbildes basiert, etwa um sich bei der Berührung und Untersuchung von Körperteilen zu orientieren, die ohne Spiegel nicht betrachtet werden könnten.

Stößelstampfen: Beobachtete Werkzeugverwendung in einer Schimpansengemeinschaft. Dazu klettert ein Affe auf die Spitze einer Palme, zieht die große, zentrale Krone heraus und benutzt den Stiel als Stößel, um das Palmherz zu einem Brei zu zerstampfen, bevor er es frisst.

Theory of Mind (ToM): Das Verständnis dafür, dass andere Individuen ähnliche oder unterschiedliche Gedanken und somit Verstand und Intelligenz wie wir Menschen haben. Es wird anerkannt, dass andere eigene Gedanken, Bedürfnisse und Wünsche haben.

Vorgetäuschte Markierung: Vortäuschen einer Markierung im Gesicht oder auf einem anderen Körperteil bei einem Versuchstier, ohne ein sichtbares Zeichen zu hinterlassen.

Warnruf: *siehe* Alarmruf

REGISTER

A

Aborigin 16
Adler 74
Adleralarm 69
Adleralarmruf 68
Affenpopulation 49
Afrika 32, 56, 68, 86, 96, 132, 180
Afrikanischer Wildhund 132
Ai (Schimpanse) 162, 163
Akeakamai 156, 157
Alarm-Pfeifen 66
Alarmruf 66
–, spezifischer 68
Alaska 24
Albinoratte 138
Alex (Graupapagei) 160, 161
Allesfresser, opportunischer 37
Alligator 72, 87
Altruismus, wechselseitiger 179
Altweltaffe 72
Altweltaffenarten 116
Ameise 30, 130, 131
Ameisenstippen 38
Amerikanische Zeichensprache 118, 151, 152, 158, 164
Ameslan 152
Amphibie 143
Analdrüsensekret 67
Angesicht 70
Anubispavian 170
Äquivalenz 167
Araberhengst 126
Arbeiter 30
Asien 32, 96
ASL 152, 158
Atlantischer Ozean 166
Aussöhnung 174
Austin (Schimpanse) 162
Australien 16, 96

B

Baldachin-Wald 14, 75
Baumhöhle 41
Baumlebensraum 164
Bearzi, Maddalena 177
Belding-Ziesel 66, 170
Belohnungsprinzip 156
Betrachtung, artenfokussierte 8
Betty (Krähe) 22, 23
Beziehung, hierarchische 144
Biene 30, 62
Bienenkorb 63, 65
Bienenstock 62, 64
Blattstängelwerkzeug 17
Blattwerkzeug 16
Blattzerreißverhalten 102
Blauwal 84, 85
Bonobo 37, 54, 162, 177
Borneo 40, 102, 164
Bossou 34
Brasilien 48, 49, 94
Buckelwal 84
Buschbaby 36, 38
Buschfleisch 119
Buschschwein 179

C

Camp Leaky 100
Chacma-Pavian 72
Chalmeau, Raphael 183
Chantek (Orang-Utan) 100, 164, 165
Chim (Schimpanse) 101
Cohn, Ron 158
Colobus-Affe 75

D

DAN 28
Darwin, Charles 8, 14, 170
Daumen, opponierbarer 37, 50
Delfin 10, 26, 80, 114, 156, 160, 166, 174, 176
Delfinarium 156
Delfinschule 82
Demokratische Republik Kongo 37, 162
Diana-Affe 74, 75
Dohle 16, 137
Dominanzhierarchie 172
Doppelblindtest 147
Downsweep-Gesang 85
Downsweep-Ruf 85
Drahthaken 23
Drohblick 73
Drohgähnen 73
Drohlaut 70

E

Echoortung 80, 81, 114
Efi (Gorilla) 46
Eichelhäher 137
Eichhörnchen 142
Ein-zu-eins-Beziehung 145
Elefant 10, 32, 86, 120
–, Afrikanischer 32, 86
–, Asiatischer 32, 121
Elefantenbulle 86
Elefantengemeinschaft 32
Elefanten-Infraschall 86
Elefantenkommunikation 87
Elster 16, 136, 137
Empathie 176, 177
Emulation 94, 95, 96, 101
Entwicklung, kognitive 108
Erkennen des eigenen Spiegelbildes 7, 112, 114, 159
Erkennungspfeifen 80
Erkennungspfeifton 83
Europa 96
Evolutionsgeschichte 145

F

Fähigkeit, kognitive 151
Fähigkeit, numerische 126
Fellpflege 102, 105, 172, 175
Fernkommunikation 78
Festlandsockel 26
Feuchtnasenaffe 38
Feuerstein 54
Fingeralphabet 152
Fleckenhyäne 174
Fledermaus 171
Fleisch-für-Sex-Hypothese 179
Flexibilität, kognitive 10
Fluke 29
Fouts, Roger 152, 153
Fressfeind 68
Fressverhalten 103
Frisch, Karl von 63
Fruchtfliege 142
Futterbelohnung 136
Futterquelle 64
Futterressourcen 38

G

Galapagosinseln 14
Gallup, Gordon 108
Gardner, Allen 152
–, Beatrix 152
Geburtshöhle 66
Geisterhand 105
Geisterhandbedingung 98
Geöffnetes-Maul-Drohgebärde 70
Georgia 164
Gesichtsausdruck 150
Gestentechnik 152
Gombe-Strom-Reservat 34
Goodall, Jane Dr. 34
Gorilla 10, 44, 101, 102, 103, 116, 142, 158, 159, 160

Gorilla-Zeichensprache 158
GPS-System 65
Graupapagei 96
–, Afrikanischer 160, 166
Großer Tümmler 83
Großkatze 132, 180
Grünmeerkatze, Südliche 68, 69
Gruppenjagd 180
Guinea 34

H
Häher 137
Hakenwerkzeug 16
Halb-terrestrisch 68
Handlungsgesten 166
Harem 119
Hausziege 174
Hawaii 166
Hayes, Caty 150
–, Keith 150
Herdenverband 86
Herman, Louis 156, 166
Hierarchiestruktur 76
HMS Beagle 14
Honigbiene 63
Honigwabe 65
Hund 176
Hyperstriatum 137

I
Ich-Bewusstsein 108, 113, 116
Imitation 7, 16, 58, 91, 94, 95, 96, 98
Imitationshandlung 95
Imo 90
Imponieren 70
Indien 32, 86
Indonesien 32, 86, 100
Infraschall 86, 87
Infraschallgeräusch 86
Infraschall-Rumpelgeräusch 87
Intelligenz 16
–, menschliche 8

–, tierische 8
Interaktion, soziale 42

J
Jagdtaktik 180
Jäger und Sammler 178, 179
Japan 90, 94, 162
Japanische Wachtel 96
Japanmakake 90, 92, 94
Junggesellenverband 86

K
Kalifornien 24, 85
Kampfadler 68
Kampf-und-Tobe-Spiel 73
Kanarische Inseln 54
Kanzi (Schimpanse) 162
Kapazität, kognitive 52
Kappe-auf-dem-Stab-Versuch 112
Kappentest 112
Kapuzineraffe 22, 48, 50, 52, 92, 94, 95, 142, 178, 180, 183, 184, 185
Kartonwerkzeug 17
Katrina (Schimpanse) 100
Keuchheulen 76, 78, 79
Kewalo Basin Marine Mammal Laboratorium 156
Kibale Nationalforst 78, 79
Kicklaute 81
Kind 185
Kleinkinder 108
Kluger Hans 126, 157
Koehler, Otto 136
Köhler, Wolfgang 54
Koko (Gorilla) 158, 159
Kolonie 30
Kolumbien 116
Kommandogeste 156
Kommunikation 7, 65
Kommunikationssystem 62, 65, 150
Kommunikatoren 62
Kommunikation 70

Kongo 44
Königin 30
Kontinuum, kognitives 8
Koralle 26
Korallenriff 28
Koshima-Affe 90
Krabbe 92
Krähe 16, 136, 137
–, Neukaledonische 14, 18, 19, 20
Krallenaffe 94
Krebs 24
Krebstiere 25
Kronenadler 74, 75

L
Lana (Schimpanse) 162
LANA-Projekt 162
Language Analogue Project 162
Lautäußerung 70, 80, 86, 134, 150
Lautnachahmer 97
Leah (Gorilla) 44, 46
Lebensraum, semiarider 72
Leopard 68, 74
Leopardenalarmruf 69, 75
Lernen, empirisches 16, 28, 36, 58
–, imitierendes 91, 105
–, soziales 27, 28, 92, 94, 96, 98
Lexigrammsymbole 162
Life-Magazin 150
Lippengeräusch 103
Listzaffe 116
Long Marine Laboratory 166
Lorenz, Konrad 63
Loulis (Schimpanse) 153
Löwe 87, 132, 134, 174, 180
Löwengebrüll 134
Luftfeind 68

M
Mahale Mountains Nationalpark 78
Makake 142
Makakenarten 116
Malaysia 32, 86
Mama 175
Mangrovenreiher 14
Mantelpavian 70
Markierung 110, 111, 115, 118, 136
–, vorgetäuschte 115
Markierungstest 113, 116
Marmosette 94
Maus 176, 177
Meeresfrüchte 24, 26
Melone 80, 81
Menschenaffe 10, 20, 22, 44, 46, 101
Michael (Gorilla) 158
Mimik 74
Mirror self-recognition 112
Mitgefühl 176
Mittelamerika 170, 184
Molluske 25
Monkey Mia Beach 26
MSR 112, 114, 118, 120, 123
Munddrüsensekret 67
Musth 86

N
Nacktmull 30, 31
Nagetier 31
Nahrungsressource 40
Nasenschutz 26
Nashorn 87
Neesiabaum 103
Neesiafrucht 40
Nepal 32
Neukaledonien 16
Neuweltarten 116
Nevada 152
Nordamerika 96, 142
Nordaustralien 96
Nordpazifik 24
Nouabale-Ndoki-Nationalpark 46

190 REGISTER

O
Oki (Graupapagei) 96
Okichoro (Graupapagei) 96
Öko-Krieger 24
Ölpalme 34, 35
Orangentest 147
Orang-Utan 10, 40, 42, 54, 100, 101, 102, 103, 142, 159, 160, 164, 185
Ostafrika 70, 180
Ostasien 96
Osten, Wilhelm von 126
Oxford-Universität 20
Ozeansediment 28

P
Paarungsgesang 85
Paarungsritual 102
Paarungszeit 84
Packer, Craig 170
Palmenherz 35
Palmhornvogel 74, 75
Palmnuss 49
Pan troglodytes 37
Pandanussbaum 16
Panflöte 104, 105
Papagei 96, 136
Papageienintelligenz 161
Patterson Francine 158
Pavian 70, 180
Pavianart 116
Pavianjagd 180
Pavianmimik 73
Pazifik 14, 20
Pepperberg, Irene 160, 161
Pfeifalarm 67
Pfeiftonsignatur 81
Pfeiftontypus 83
Pferd 126, 128
Pfungst, Oskar 129
Plastiktestkammer 143
Playback-Studie 68, 81
Potenzial, kognitives 161
Prädisposition, genetische 28
Präzisionsgriff 50
Premack, David 154

Primat 22, 68, 72, 178, 179
Protokultur 16
Prozess, kognitiver 176
Pumpenhausbande 180
Pygmäen-Schimpanse 37

R
Rabe 16, 96, 98, 136, 137
Rabenvogel 16, 137
Rad 180
Rangordnung 145
Ratte 138, 140
Regelstruktur 76
Regenwald 45, 46
Reziproker Altruismus 170, 171
Rhesusaffe 116, 142
Rio (Seelöwe) 166
Roberta (Kapuzineraffe) 53
Rocky (Seelöwe) 166, 167
Rohrfalle 52
Rohrfallenaufgabe 53
Rostrum 26, 29
Rote-Farbe-Versuch 111
Rotrücken-Waldsalamander 142, 143
Rudel 134
Ruf, sozialer 69
Rumbaugh, Duane 162
Rumpelgeräusch 86
Rundtanz 63, 64

S
Saatkrähe 16, 137
Sahara 68, 130, 132, 180
Sahara-Wüsten-Ameise 130, 131
Salamander 142, 143
San Francisco 100
Sansibar-Colobusaffe 179
Santa Cruz 14
Sarah (Schimpanse) 154, 155
Savage-Rumbaugh, E. S. 162

Savanne 32, 39, 72
Scalesia-Zone 15
Schalentier 24
Schallsignal 80
Scheinmarkierungsverfahren 112
Schimpanse 10, 34, 39, 44, 54, 57, 74, 76, 100, 101, 104, 105, 137, 142, 144, 146, 147, 155, 160, 162, 174, 176, 178, 179, 180, 182, 184, 185
–, Gemeiner 37
Schlangenalarm 69
Schlichtung 175
Schmerzrezeptor 31
Schmutzgeier 14
Schusterman, Ronald 166
Schwammnutzer 28
Schwammschutztechnik 28
Schwammtragen 26
Schwänzeltanz 63, 64, 65
Schwarz-weißer Stummelaffe 116
Scott (Schimpanse) 100
Seehund 166
Seeigel 25
Seelöwe 160, 166
–, Kalifornischer 166
Seeohr 25
Seeotter 24
Seidenlaubenvogel 14
Selbsterkennung 108
Senegal 38, 39
Serengeti-Nationalpark 134
Sexualdimorphismus 72
Shark Bay 26
Sherman (Schimpanse) 162
Silberrücken 118
Silberrücken-Männchen 44
Simon says 94, 100
Siswoyo 100
Soldat 30
Sondierinstrument 49
Soziales Lernen 7
Soziales Modellierungsverfahren 160
Sozialisierung 78

Sozialstruktur 30
–, hierarchische 145
Sozialverhalten 10, 28
Spaltungs-und-Vereinigungs-Gesellschaft 76
Spechtfink 14
Speer 36
Speerjagd 38
Spiegelbild 110, 111, 112, 113, 116
–, eigenes 120
Spiegelbilderkennung 115
Spiegeltest 113
Spielgesicht 73
Spinner-Delfin 82
Sprachsystem, künstliches 10
Sri Lanka 32, 86
Stanford University 158
Stanford-Forschungsinstitut 166
Star 96
Steinfisch 28
Steinklinge 54
Steinwerkzeug 49
Steinwerkzeug-gebrauch 36
Stock- und Rohr-Rätsel 22, 23
Stockwerkzeug 16, 19, 34, 41, 54
Stösselstampfen 34
Strum, Shirley 180
Südamerika 48, 170, 184
Südchina 32, 86
Südostasien 32, 86
Sumatra 40, 102, 164
Supinah 100
Symbolverwendung 158

T
Tai Forest 182
Tansania 34, 134
Tanzsprache 65
Termite 34
Termitenfischen 38
Territorium 132, 135

Testosteron 86
Theory of Mind 112, 123, 155
Tiere, soziale 32
Tiersprache 7
Tinbergen, Niko 63
Tintenfisch 87
ToM 112, 155
Triller-Alarm 67
Triller-Alarmruf 66
Trivers, Robert 171
Trösten 174
Trostspenden, empathisches 177
Tümmler, Großer 80, 114, 120, 156
–, Großer atlantischer 80

U
Übertragung 94
–, emotionale 176
–, kulturelle 102, 105
Universität von Oklahoma 153
– von Hawaii 156
– von Tennessee 164
– Washington 153
USA 66
US-Militär 156

V
Vampirfledermaus 171
Vegetarier 44
Venusmuschel 24, 25
Verbale Etiketten 160
Verhalten, markierungsbetontes 122
Verhaltensneigung 22
Verständnis, numerisches 142
Versuch und Irrtum 167
Versuch-und-Irrtum-Lernen 56
Verwandtenselektion 170
Vicki (Schimpanse) 100, 144, 150
Virginia 143

W
Waal, Frans de 173, 177, 178
Wabe 63, 65
Wal 84, 85, 87
Waldelefant 86
Walgesang 84, 85
Walpopulation 85
Wanderameise 102
Warnruf 67
–, altruistischer 67
–, egoistischer 67
Warnsignal 70
Washoe (Schimpanse) 152, 153
Weißbüschelaffe 94
Wellen, seismische 87
Wellensitich 96
Werkzeugbenutzung 22
Werkzeuggebrauch 7, 15, 16, 22, 30, 105
Werkzeugherstellung 10
Werkzeugtyp 18
Werkzeugverwendung 14
Westafrika 116, 150, 162, 172, 176, 184

Wildhund, Afrikanischer 178
Wildschaf 174
Wilkinson, Gerald 171
Wolf 132
Wurzelknolle 31
Wüstenbeifuß 66

Y
Yerkes Laboratorioum 166
Yerkes Primate Research Center 101
Yerkes, Robert M. 101, 162

Z
Zahlensymbol 144
Zeichenprache 152
Zeichensprache 10
Zentralafrika 144, 150, 162, 172, 176, 184
Ziesel 66
Zufallsprinzip 138
Zuni (Bonobo) 177
Zura (Gorilla) 100
Zwergmanguste 174

BILDNACHWEIS

Quarto dankt den folgenden Agenturen und Forschungszentren dafür, dass sie freundlicherweise Fotos für das Buch zur Verfügung gestellt haben.

Abkürzungen: o = oben, u = unten, l = links, r = rechts

Alain Darroux: 131
Alamy: 99
Amanda Pippin: 165
Amy Fultz (www.chimphaven.org): 155
Ardea: 11, 17, 18–19, 21, 68ul, 79, 90, 97, 114, 119, 175, 181, 183
Arlene Levin-Rowe (www.alexfoundation.org): 160o
Behavioral Ecology Research Group, Oxford: 22–23
Corbis: 2, 8–9, 139, 168–169
Diana Reiss: 123
FLPA: 110, 116, 176
Getty: 37, 177, 185
iStock
Nature Picture Library: 31, 53, 62, 68ur, 75, 81, 111, 106–107, 171
NHPA: 37, 48, 51, 69ur
Photolibrary: 3, 4, 6–7, 10, 12–13, 15, 24–25, 33, 36, 39, 41, 45, 47o, 49, 55, 57, 67, 69ul, 60–61, 71, 73, 77, 84–85, 87, 101, 103, 105, 121, 122, 133, 137, 141, 143, 151, 161u, 173, 179
Shutterstock
Tatyana Humle (www.pri.Kyoto–u.ac.jp): 35
Tetsuro Maetsuzawa (www.greenpassage.org): 163
The Great Ape Trust of Iowa (www.thegreatapetrust.org): 162
Wikipedia: 47u, 129

Das Copyright für alle anderen Fotos liegt bei Quarto Publishing plc. Es wurde gewissenhaft versucht, alle Urheber als solche nachzuweisen. Quarto entschuldigt sich für mögliche Auslassungen oder Fehler – und macht gern entsprechende Korrekturen für folgende Ausgaben des Buches.